0-3세 둥이맘을 위한

천하무적 쌍둥이 생생 육아

0-3세 둥이맘을 위한

천하무적 쌍둥이 생생 육아

문화라, 최호경 지음 | 고시환 감수

북하우스

책머리에

  처음 쌍둥이를 임신했다는 사실을 알게 되었을 때 가장 먼저 든 생각은 '어떻게 두 아이를 키우지?'였습니다. 분명 쌍둥이를 키우는 것은 한 아이를 키우는 일과 차이가 많이 날 것 같아 걱정이 앞섰습니다. 그래서 쌍둥이 육아책을 찾아보았는데 의외로 쌍둥이 육아에 대해 자세하고 꼼꼼하게 알려주는 책을 찾기가 어려웠습니다. 이전과 다르게 쌍둥이 출산이 증가하여 쌍둥이를 키우는 경우가 많은데 왜 쌍둥이 육아에 대한 책이 많지 않을까 의아해했습니다. 그 후 온라인 쌍둥이 카페에 가입하고 선배맘의 이야기를 들으며 많은 도움을 받았지만, 매번 새롭게 부딪히는 문제상황과 고민이 생길 때마다 선배맘을 찾아갈 수도 없는 노릇이었지요.

  기존의 육아책도 여러 권 읽어보았지만, 사실 쌍둥이 육아는 한 아이 키우기와는 차이가 나서 일반 육아책이 도움이 되지 않을 때가 많았습니다. 게다가 일반 육아책에 나온 대로 따라서 하기에는 두 아이를 키우면서 도저히 할 수 없었던 것들도 있었습니다.

  흔히 갓 태어난 쌍둥이를 돌보려면 어른 네 명이 필요하다는 말이 있습니다. 그만큼 쌍둥이를 키우는 일이 아이 한 명을 키우는 것과 비교하기 어려울 정도로 힘들다는 말일 것입니다. 따라서 쌍둥이를 키우는 부모는 사전에 쌍둥이 육아에 관한 지식과 정보를 습득하며 준비를 해야 합니다. 물론 정보를 많이 안다고 해서 실제 쌍둥이 키우기가 수월해지진 않겠지만, 쌍둥이를 키우면서 겪는 수많은 문제들에 보다 더 잘 대처할 수 있을 것입니다.

  이 책은 까다로운 아들 쌍둥이들을 키우며 여러 번의 시행착오를 겪고 아들들 틈에서 고군분투하던 두 쌍둥이 엄마가 쌍둥이를 위한 육아책이 있었으면 좋겠다는 바람으로 시작해서 3년 넘게 준비해온 책입니다. 아이들을 키워가며 각 월령별로 가장 궁금하고 꼭 필요한 이야기들, 각 시기에 느낀 어려운 점과 그 해결방법을 담고자 했습니다. 저희 두 사람이 겪은 일들뿐만 아니라 같은 또래 둥이를 둔 엄마들 모임을 매달 진행하면서 쌍둥이 엄마들이 공통적으로 힘들어하는 점들을 가능한 한 많이 담고자 노력했습니다.

저희들은 쌍둥이 임신과 출산보다 육아에 더 비중을 두고 썼습니다. 물론 임신과 출산의 과정도 쉽진 않았지만, 아이를 낳은 후 일어나는 문제들이 실제로 더 어렵고 힘들었기 때문입니다. 두 아이를 먹이고 재우는 기본적인 문제부터 두 아이와 엄마의 애착형성, 아이들을 형평성 있게 대하는 문제에 이르기까지 어느 것 하나 쉬운 문제가 없었습니다. 특히 세 돌까지는 아이들이 급격하게 자라고 변하는 시기이기 때문에 곤란한 상황들이 계속 발생했습니다. 그래서 저희들은 아이들이 자라면서 생겨나는 여러 문제들을 끊임없이 고민하고 경험을 나누면서 이야기들을 정리해나갔습니다.

일반적인 육아상식이나 지식은 기존의 육아책에서 얼마든지 찾을 수 있습니다. 따라서 저희들은 일반적인 육아책에서 알려주는 내용은 꼭 필요한 정보만 간략하게 정리했고, 두 아이를 키우며 생기는 힘들고 고민스러운 문제들을 어떻게 해결할 수 있는지 그리고 어떻게 풀어나가는 것이 조금 더 효율적인지에 관해 실제적인 방법을 보다 상세하고 다양하게 다루고자 했습니다. 그리고 쌍둥이 엄마들이 가장 궁금해하는 질문들을 뽑아 Q&A에 실었습니다. 물론 육아에는 정답이 없고 저희들 역시 모든 문제에 정답을 제시할 수는 없습니다. 다만, 다양한 각도에서 문제를 해결하려는 노력들을 소개하는 것에 중점을 두었습니다.

저희가 직접 책을 쓰면서 생각해보니 왜 그동안 쌍둥이 육아책이 없었는지 알겠더군요. 쌍둥이 육아책은 직접 쌍둥이를 키운 사람만이 쓸 수 있는 책인데, 쌍둥이들이 어렸을 때는 아이들 키우는 일이 너무 힘들고 여유가 없어서 쓰기가 어렵고, 아이들을 어느 정도 키우고 나서는 어떻게 키웠는지 기억이 가물가물해져서 쓸 수가 없습니다. 저희처럼 마음먹고 시작하지 않는 이상 쌍둥이 육아책은 쓰기가 어려운 것이지요.

이 책이 오늘도 쌍둥이들과 씨름하느라 힘든 모든 둥이맘들께 조금이나마 도움이 되고 힘이 되길 바랍니다. 이 책을 쓰기까지 쌍둥이 엄마가 된다는 것이 절대 쉬운 일이 아님을 알게 해주고, 더 좋은 엄마가 되는 길이 무엇인가를 고민하게 해준 저희 둥이들(준서와 성연, 건우와 태우)과 쌍둥이 육아의 어려움을 함께 나누고 서로 위로해 주었던 〈08년 쌍둥맘〉 모임분들께 진심으로 감사의 마음을 전합니다.

문화라, 최호경

최근 들어 진료실에 찾아오는 소아 환자 중에 쌍둥이 어린이가 점차 늘어나는 것을 보면서, 쌍둥이 출산율이 높아졌음을 실감하고 있습니다. 통계청이 발표한 자료만 보더라도 2011년 다태아는 총 1만 3,852명으로 2010년에 비해 1,011명이 증가하고, 총 출생아수 대비 다태아 구성비 역시 2.94%로 전년보다 0.2% 증가했다고 합니다. 그러나 쌍둥이를 키우는 엄마 아빠가 수치상으로 늘어났음에도 그들에게 육아에 도움이 될 만한 자료가 얼마나 있을지 생각해보면 그다지 많지 않은 듯합니다.

가 보지 않았지만 자주 듣고 접해봐서 마치 잘 아는 듯한 나라와 도시라 해도 막상 여행을 하면 가기 전에 알았던 것과 가서 직접 느끼는 것은 다릅니다. 쌍둥이 육아는 낯선 도시로도 모자라 낯선 동반자, 그것도 말이 통하지 않는 누군가와의 여행을 생각하면 어떨까 싶습니다. 그렇지 않아도 불안하고 힘든 것을 더 당황스럽게 만드는 여행이 되겠지요. 하지만 여행의 본질은 즐거움, 행복이고, 마치고 돌아서면 뿌듯함과 채워짐, 그리고 아쉬움이 남습니다. 아이를 키우는 것도 그러하지 않을까요? 처음으로 엄마가 되고 아빠가 되어서 느끼는 마음은 낯선 도시에 온 여행자의 마음일 것이고, 더구나 쌍둥이의 부모가 된다는 것은 낯설고 말도 통하지 않아 더 당혹스런 육아의 시작일 것입니다.

여행자에게 가장 필요한 것은 지도입니다. 낯선 도시에서 잘 그려지고 믿음직한 지도 한 장은 무엇보다 소중할 것입니다. 과거에는 한집에 할머니, 할아버지, 고모, 이모, 삼촌 등 여러 가족, 친지분들이 함께 또는 가까이 어울리며 육아에 대한 경험을 나누고 도움을 받을 수 있었지만, 현대 가족문화에서는 이러한 경험을 접할 기회는

다소 줄었습니다. 그만큼 제대로 만들어진 육아책의 필요성이 더 커진 셈이지요.

　서점에 나가 보면 참 많은 육아책들이 자리를 차지하고 있습니다. 그때그때 유행을 타는 육아법도 많고, 주장하는 바도 제각각인 육아책들을 읽다 보면 간혹 혼란스럽기도 합니다. 실제로 책 출간을 의뢰 받아 원고를 쓰다 보면 가장 곤혹스러운 것이 육아책입니다. 시대가 변한다고 아이 키우는 법도 다를까 싶으면서도 이전의 육아책과는 다른, 새로운 내용을 적어야 하다 보니 쓰면서도 고민에 빠지게 되고는 합니다. 물론 시대에 따라, 환경에 따라 더 중요시 여겨지는 것은 있겠지만, 과거의 경험만큼 중요한 육아법은 없으니까요.

　따라서 가장 중요한 육아책의 덕목도 경험이 아닐까 생각합니다. 같은 하늘, 같은 땅 위에서 동시대를 살아오며 겪은 경험만큼 소중한 것은 없겠지요. 그 경험이 어느 한두 분의 것이 아닌 좀 더 많은 분들의 이야기를 담을 수 있다면 더없이 좋을 것이고, 그 위에 소아과 의사의 첨언과 전문지식을 담을 수 있으면 안전도를 더할 수 있을 것입니다.

　이 책의 감수를 의뢰 받고 원고를 읽으며, 쌍둥이 육아가 아이 하나 키우는 것과 얼마나 다른 세상의 일인지 다시금 느낍니다. 소아과 전문의로 진료실을 지킨 게 20여 년 되다 보니 그간 조금은 기계적으로 일했구나 싶고, 쌍둥이들을 진료실에서 잠시 보는 것과 항상 함께 육아를 하는 것은 다른 것인데도 쌍둥이라 해서 달리 보지 않았던 것에 대한 반성도 들었습니다.

　첫 소아과 전공의 과정에 들어가면서 은사분께서 하신 말씀이 있습니다. 소아과 의

사는 아이들의 울음을 크라잉 심포니로서 들을 수 있어야 하고, 남들은 똑같이 들리는 소리의 차이를 지휘자처럼 하나하나 찾아낼 수 있어야 한다고 하셨습니다. 그런데 이 가르침이 쌍둥이 엄마 아빠에게도 꼭 필요한 이야기가 아닐까 싶습니다.

엄마가 되고 아빠가 된다는 것은 생각만큼 쉽고 편한 길이 아닐 수 있습니다. 하물며 쌍둥이 엄마 아빠는 배로 힘들지요. 하지만 그 길 위에서 얻는 것은 아마도 글이나 말, 그 어떠한 표현으로도 불가능한 것들이 아닐까 생각됩니다. 쌍둥이를 키우며 경험했던 시행착오들을 가감 없이 보여주고 있는 이 책이, 하나만으로도 소중한 아기를 동시에 둘이나 얻은 복 받은 엄마 아빠에게 큰 도움이 되어줄 것입니다. 이 책을 지도 삼아 쌍둥이 육아라는 낯선 길에서 헤매지 않고 아이들과 함께하는 행복을 온전히 누릴 수 있기를 바랍니다.

고시환성장클리닉 원장
고시환

CONTENTS

책머리에　4
감수자의 글　고시환(소아과 전문의, 고시환성장클리닉 원장)　7
프롤로그　쌍둥이 엄마가 되었어요　14

PART 1　쌍둥이 임신과 출산

22　쌍둥이 임신 쇼크 극복하기
24　쌍둥이 출산준비물
26　쌍둥이 출산
　　출산 방법 | 출산 신호 | 출산 과정
30　Q&A 쌍둥이 임신과 출산

PART 2　산후조리와 신생아 돌보기

36　산후조리
　　산후조리원 | 산후도우미 | 육아도우미
40　쌍둥이 신생아 돌보기
　　쌍둥이 안는 법 | 목욕하기 | 입히기 | 재우기 | 수유방법 결정
46　Q&A 쌍둥이 신생아 돌보기
52　쌍둥이 엄마의 육아 마인드 십계명
　　쌍둥이 육아의 어려움 극복하기

3　월령별 육아

생후 1~2개월 쌍둥이 돌보기

62　수유하기
　　모유 먹이기 | 분유 먹이기
68　Q&A 수유하기

70 **예방접종**
   예방접종의 시기 | 예방접종 주의사항 | 필수 예방접종 | 선택 예방접종
76 Q&A **예방접종**

생후 3~4개월 쌍둥이 돌보기

82 **재우기**
   쌍둥이 밤잠 재우기 | 쌍둥이라서 꼭 필요한 수면교육
88 Q&A **재우기**

생후 5~6개월 쌍둥이 돌보기

94 **이유식**
   이유식을 시작하기 전에 | 이유식의 진행단계
   알레르기 반응을 보일 때 | 이유식 만들기 요령
108 Q&A **이유식**
110 **밤중수유 떼기**
   밤중수유, 떼야 하는 이유 | 밤중수유 떼기 요령
114 Q&A **밤중수유 떼기**

생후 7~8개월 쌍둥이 돌보기

118 **낮잠 재우기**
   쌍둥이 낮잠 재우기 | 낮잠, 언제 어느 정도 재울까?

생후 9~10개월 쌍둥이 돌보기

124 **건강관리**
   쌍둥이 건강관리 | 아이들이 흔히 걸리는 질병
   야간이나 공휴일에 아이가 아플 때 | 약 먹이기

생후 11~12개월 쌍둥이 돌보기

134 **쌍둥이와 외출하기**
   외출 준비와 가방 싸기 | 돌 전후의 나들이
   아이들과 밖에서 밥 먹기 | 장거리 여행 시 이동수단별 유의사항
146 Q&A **쌍둥이와 외출하기**

생후 13~15개월 쌍둥이 돌보기

152 쌍둥이 밥 먹이기
유아식의 시작 | 든든한 한 그릇 요리 | 좋은 식습관 잡아주기

162 Q&A 쌍둥이 밥 먹이기

166 젖병과 노리개젖꼭지 떼기
젖병 떼기 | 노리개젖꼭지 떼기

170 Q&A 젖병 떼기

생후 16~18개월 쌍둥이 돌보기

174 치아관리
치아관리, 언제 시작해야 할까? | 유치관리법 | 사고로 이를 다쳤을 때
불소도포하기

178 Q&A 치아관리

생후 19~24개월 쌍둥이 돌보기

182 안전사고와 대처법
화상을 입었을 때 | 날카로운 물건에 베이거나 찢어졌을 때
높은 곳에서 떨어지거나 넘어졌을 때 | 문이나 창문, 서랍에 손이 끼었을 때
방문이나 현관문을 아이가 안에서 잠갔을 때

188 분리불안
분리불안의 증상 | 분리불안 대처법 | 낯선 환경에 적응하기

생후 25~30개월 쌍둥이 돌보기

196 편식과 간식 문제
아이들은 왜 편식을 할까? | 편식 대처요령 | 간식 먹이기

202 Q&A 편식과 간식 문제

204 배변훈련
배변훈련, 언제 시작해야 할까? | 배변훈련을 시작하기 전에
배변훈련의 방법 | 외출할 때 | 밤 기저귀 문제

212 Q&A 배변훈련

생후 31~36개월 쌍둥이 돌보기
- 216 보육시설 보내기
  보육시설 선택하기 | 보육시설 적응하기
- 220 Q&A 보육시설 보내기
- 224 언어발달
  쌍둥이의 언어발달 | 언어발달의 단계 | 언어발달을 도와주는 육아 원칙
- 232 Q&A 언어발달

PART 4 애착 형성과 감정코칭
- 238 균등한 애착 형성하기
  엄마를 서로 차지하려는 아이들 | 주 양육자가 엄마 혼자인 경우
  주 양육자가 엄마와 할머니인 경우 | 주 양육자가 엄마와 도우미인 경우
  주 양육자가 엄마가 아닌 경우 | 쌍둥이 아빠의 육아 참여도 높이기
- 250 일관된 육아태도 형성하기
  성향과 기질이 다른 아이들 이해하기 | 부모의 중립적 태도
  쌍둥이 육아를 위한 감정코칭 원칙 | 칭찬하기 | 훈육하기 | 중재하기
- 264 Q&A 일관된 육아태도 형성하기

PART 5 놀이와 교육
- 268 쌍둥이 놀이법
  월령별 놀이법 | 종류별 놀이법 | 일상생활에서 손쉽게 하는 엄마와의 놀이
- 282 Q&A 쌍둥이 놀이법
- 284 0-3세를 위한 유아교육
  홈스쿨 방문 수업 | 엄마표 홈스쿨 | 문화센터 수업 | 그 외 유아교육 기관들
- 292 Q&A 0~3세를 위한 유아교육
- 294 책읽기 교육
  월령별 책놀이법
- 300 Q&A 책읽기 교육

에필로그 3년, 아이와 엄마가 함께 성장하는 시간   302

프롤로그

쌍둥이 엄마가 되었어요

꿈의 세 돌이 찾아왔어요—준서성연맘

큰애가 아홉 살이었을 때 임신을 하게 되었어요. 처음 병원에 갔는데, 초음파를 보시던 선생님이 쌍둥이라고 하셨을 때 얼마나 놀랐는지, 아직도 그날이 생생하게 기억납니다. 쌍둥이 임신은 생각지도 못했고, 양쪽 집안 모두 쌍둥이 내력이 없었기에 의사 선생님께 쌍둥이를 임신했을 리가 없다고까지 말했어요. 걱정스럽기도 하고 심란하기도 하고, 무거운 마음으로 집에 돌아왔습니다. 하지만 곧 쌍둥이를 임신했다는 사실을 자연스럽게 받아들이게 되었습니다.

쌍둥이 임신이라 그런지 입덧할 때도 힘들었고, 배도 일찍 불러오고, 점점 걷기도 힘들고 눕기도 힘들어져서 막달이 가까워질수록 정말 힘들었어요. 막달에는 앉았다가 일어날 때도 누가 잡아주지 않으면 못 일어났고, 부른 배 위로 책을 올려놓고 읽을 수 있을 정도로 배가 불러왔지요. 이러다 배가 터지는 게 아닌가 싶을 정도였습니다.

다행히 자연분만으로 2.6kg, 2.8kg의 건강한 일란성 아들 쌍둥이를 만나게 되었습니다. 2.6kg로 태어난 준서는 산후조리원에서 가장 작은 아이였습니다. 기저귀를 갈 때면 앙상한 엉덩이가 얼마나 안쓰러워 보이던지요. 그런데 신기하게도 날마다 부쩍부쩍 자라서 금방 여느 아이들과 비슷해졌어요.

저희 부부는 아이들 이름을 지을 때, 쌍둥이는 크면서 사람들이 동일하게 대하는 경우가 많을 것 같아 개별적으로 대해주었으면 하는 뜻에서, 돌림자로 짓지 않고 '준서', '성연'이라고 지었어요. 일란성 쌍둥이인 준서와 성연이는 백일 전까지는 구분할 수 없을 정도로 생김새가 똑같았답니다. 얼굴로는 구분하기가 어려워서 발목에 끈을 묶어두기도 했는데, 한 번은 끈이 풀려서 며칠 동안 준서와 성연이가 뒤바뀌기도 했지요. 며칠 후에야 신생아 때 찍은 사진을 정밀 비교하면서 다시 구분하는 웃지 못할 에피소드도 있었습니다. 그런데 그렇게 똑같던 아이들이 돌이 지나면서부터 얼굴 생김새가 차이 나기 시작하더니, 지금은 쉽게 구분할 수 있게 되었어요.

처음 쌍둥이를 낳아서는 정말 긴장의 연속이었습니다. 큰애를 키워본 경험이 있었지만 시간도 많이 흘렀고, 게다가 두 아이를 동시에 키워야 하니 손이 몇 개라도 부족했어요. 예방접종을 하러 병원이라도 가려면 얼마나 정신이 없고 긴장이 되던지요. 저는 쌍둥이와 외출하는 일이 가장 힘들었어요. 오죽하면 백일 사진, 돌 사진도 스튜디오에 가서 찍지 못하고 집으로 출장사진을 불러 찍었을 정도였으니까요. 지금 생각해보면 너무 조심했나 하는 생각이 들기도 합니다.

첫째와 둘째가 열 살 터울이 나서 같이 놀기 어려운 상황이었는데, 쌍둥이로 태어나서 서로 평생 친구처럼 같이 지낼 수 있다는 점이 제일 안도가 되었어요. 물론 사이좋게 놀 때보다는 치고 박고 싸울 때가 훨씬 많긴 하지만요.

쌍둥이를 키우면서 간혹 이런 질문을 받게 될 때가 있습니다. "쌍둥이 키우기는 언제가 제일 힘든가요?" 곰곰이 지난 세월을 돌아보면 매 순간 안 힘들었던 때가 있었나 하는 생각이 들어요. 백일 전에는 밤에 수유하는 것 때문에 힘들고, 돌 지나서는 낮잠 재우고 밤잠 재울 때마다 힘들고, 외출이라도 하려면 챙겨야 할 것도 너무 많고, 어쩌다 데리고 나가면 엄마 손을 뿌리치고 양쪽으로 달려가버리는 아이들 때문에 진땀 흘리기 일쑤였지요.

그래도 흔히 쌍둥이 키우기는 세 돌을 기점으로 기본 생활 자체가 수월해지기 시작합니다. 기저귀도 떼고, 아이들과의 외출도 이전보다 수월해지고, 그전까지는 엄두도 못 냈던 엄마 혼자서 아이 둘을 데리고 하는 여행도 시도해볼 수 있게 되지요. 그래서 쌍둥이 엄마들 사이에서 세 돌을 흔히 '꿈의 세 돌'이라고 부르나 봅니다.

돌이켜 보면 매 순간 몇 배로 힘들고 몇 배로 재미있기도 한 게 쌍둥이 키우기의 묘미가 아닐까 생각합니다. 만약 아이가 한 명이었으면, 두 아이가 동시에 엄마에게 기어오는 장면을 볼 수 있었을 것이며, 두 아이가 동시에 달려와 내 품에 안겨 가슴이 꽉 찬 느낌을 경험할 수 있었을까 싶어요. 그리고 부모로서 사고의 폭도 더 유연해지고, 상황을 해결하기 위해 다양한 방법을 제시하게 되는 것도 쌍둥이 엄마로서 얻게 된 경험들입니다. 예를 들어, 하나밖에 없는 지붕차 때문에 늘 싸움이 났어요. 한 명이 타고 있으면 꼭 다른 아이가 타겠다고 해서 싸움이 나지요. 그러면 싸움을 중재하기 위해 한 명을 지붕차 위에 태워서 둘을 동시에 밀어주는 등 여러 방법을 제시하여 두 아이가 싸우지 않고 즐겁게 보낼 수 있게 노력했습니다.

아이들이 세 돌에 가까워지면서 당황스러웠던 것은 일란성 쌍둥이임에도 불구하고 성격이나 기질, 취향이 다르다는 점이었어요. 물론 비슷한 점도 많았지만 차이 나는 부분이 훨씬 많았습니다. 성격, 기질, 좋아하는 것, 싫어하는 것, 식성, 취향 등 참 많은 것들이 달랐지요. 준서는 무서움이 많고 낯선 곳을 싫어하면서도 익숙한 것들 역시 지겨워했어요. 반면에 성연이는 호기심이 많고 도전적이며 심부름도 잘하고 다정다감한 성격이에요. 또한 준서는 엄마, 아빠를 잘 챙기고 어른스러운 말도 많이 하고 생각이 깊은 편인데 반해, 성연이는 소소한 것까지도 잘 기억했다가 이야기하고 경쟁심도 많은 편이지요. 이처럼 다른 기질로 인해 두 아이의 요구를 들어주고 각자의 특성을 인정해주기까지 겪어야만 했던 우여곡절이 참 많았어요. 그러면서 쌍둥이 키우기에서 중요한 한 가지 원칙을 깨달았습니다. 서로 다른 아이들을 개성 있게 키우는 것, 두 아이가 서로 다르다는 것을 인정해주고 받아들이는 것이 참 중요하다는 사실을 말이지요.

서로에게 힘이 될 아이들—건우태우맘

저는 인공수정 세 번, 시험관시술 세 번 후에 쌍둥이를 가졌어요. 인공수정을 할 때만 해도 불임기간이 길어질지 몰랐고 특별한 이상도 없었기에 금방 아이가 생길 거라 생각했는데, 시간이 길어지고 실패를 거듭할수록 자신감도 없어지고 몸도 마음도 참 힘들더군요. 인공수정을 세 차례나 실패한 이후, 나이도 있고 해서 시험관시술을 권유 받게 되었어요. 시험관시술은 인공수정과 달리 맞아야 하는 주사도 더 많고, 한 번 실패하면 그다음 달에는 쉬어야 하고, 주사 때문에 엉덩이 근육이 마비되기도 하고, 시술 후에는 많이 움직이면 좋지 않다고 해서 집에만 있어야 하는 등 여러모로 쉽지 않았습니다.

시험관시술 세 번째에 드디어 임신이 되었어요. 쌍둥이라는 소리를 듣고는 기다렸던 아이를 한꺼번에 둘이나 갖게 되었다는 생각에 정말 기쁘고 감사했습니다. 하지만 쌍둥이 임신은 입덧부터가 쉽지 않은 현실이었습니다. 남들보다 이른 임신 6주부터 시작한 입덧이 임신 중기까지 계속되었고, 후기에 가서는 배가 너무 불러와서 위가 눌리면서 먹기만 해도 신물이 올라왔어요. 배는 임신 6개월에 이미 만삭만큼 불러왔고, 갑자기 늘어난 체중을 버티지 못하고 무릎이며 손목이 시리고 아프기 시작했지요. 배가 너무 무거워서 임신 5개월부터 잠도 제대로 못 잤을 뿐만 아니라 누웠다가 일어나는 일도 고역이었습니다. 막달에는 제대로 걷지도 못했는데, 하루하루 버티는 것이 힘들던 그때, 집에 혼자 있으면 어찌나 서럽던지요.

그렇게 38주를 꽉 채워 만난 아들들은 2.5kg, 3kg로 쌍둥이 치고는 큰 편이었지만, 너무 작고 가냘파서 만지고 안아보기가 조심스러웠어요. 아기 때는 둘이 웃어주면 정말 세상을 다 얻은 것 같은 기분이 들기도 했고, 두 녀석이 아장아장 걷기 시작해서 엄마한테로 달려오면 그 뿌듯한 마음은 말로 설명할 수도 없을 만큼 벅찼어요. 두 아이를 양손에 잡고 이것저것 짐을 챙겨 나가면 다들 힘들겠다 하면서도 둘이라 더 이쁘다 해주면, 엄마로서는 그게 최고의 칭찬처럼 느껴졌습니다. 생후 18개월부터 두 돌 무렵까지 말은 안 통하고 무작정 고집부리며 떼쓰고 할 때는 하루하루가 너무 힘들어서 어쩌자고 감당도 못하게 내게 두 아이를 주셨나 싶은 생각이 든 적도 있었고, 서로 엄마를 차지하겠다고 싸울 때면 한 아이였으면 더 많이 안아주고 업어주고 장난감이나 엄마 가지고도 안 싸웠을 거란 생각에 안쓰럽고 가엾기도 했습니다. 그런데 요즘은 조금 수월해져서 그런지, 잠든 두 아이들을 보면 제가 세상에 태어나서 가장 잘한 일이 이 두 아이를 낳은 일이 아닌가 싶어요.

'백일의 기적'이라든가 '돌만 지나도 수월하다', '두 돌이 되면 다 키웠다' 등 많은 이야기를 들었지만 쌍둥이 엄마에게 실질적으로 와 닿는 말은 '꿈의 세 돌'이란 말이 아닌가 싶어요. 아이가 하나일 경우 돌이 되고 두 돌이 되면 점점 수월해지는 것과 달리 쌍둥이는 돌이 지나도 두 돌을 넘겨도 나름의 문제들이 더 부각되고, 그 고충이 더하면 더하지 덜하지 않았기에 '기적은 없다'는 농담도 하곤 했었어요. 그런데 언제부터인지 육아가 한결 수월해졌다고 느꼈는데 그게 바로 세 돌이 지난 다음부터였지요.

물론 여전히 졸리거나 아프면 둘 다 엄마한테 매달리고, 치우면 돌아서서 어지르고, 같이 잘 노나 싶다가도 금세 치고 박고 위험하게 싸워서 떼어놓아야 하기 일쑤지만, 그래도 이제는 둘이 제법 친구처럼 잘 놀고, 양보도 잘하고, 둘이서 대화하며 의견을 조정하기도 해요. 또 힘이 세다며 엄마를 도와주기도 하고, 스스로 하는 일도 더 많아지고, 다른 친구와 어울려 지내는 것도 더 잘하는 듯합니다.

돌이켜 보면 아이들은 끊임없이 변해온 것 같습니다. 전혀 입에도 안 대던 음식을 어느 날 갑자기 잘 먹기도 하고, 소변을 잘 가려서 마음 놓았던 아이가 계속 실수를 하기도 하고, 수월하다 했던 아이가 고집불통이 되기도 하고요. 또, '엄마 껌딱지'이던 아이가 씩씩해지자 기다렸다는 듯이 다른 아이가 엄마만 찾는 등 '이 아이는 어떻다'라고 단정 지어 말하기 우스울 정도로 아이들은 많이 변해왔어요. 물론 기본적인 성향은 있겠지만, 쌍둥이라 그런지 서로서로 닮아가는 부분도 있었지요.

아이들을 다 키운 선배 쌍둥이 엄마들을 만나면 이런 말들을 많이 하더군요. 아이들이 크면 둘이라는 이유로 힘들어서 더 많이 안아주지 못하고 보듬어주지 못한 게 아쉬워진다고. 가장 예쁘고 사랑 받을 시기에 육아가 너무 힘들어서 아이들의 예쁜 모습을 다 보지 못한다는 거지요. 어느덧 세 돌을 넘기고 유치원에 보내고서야 저도 이런 후회 아닌 후회를 하고 있습니다. 조금 힘들더라도 더 많이 받아주고 안아줄걸 하는 생각이 자주 든답니다. 그래서 요즘은 하루하루가 아쉽습니다.

매일 다투고 엄마를 차지하기 위해 치열한 아이들이지만, 앞으로도 세상을 살아가는 데 있어 이 아이들은 서로에게 힘이 되고 의지가 되겠지요?

쌍둥이 임신은 단태 임신보다 임신기간 내내 몸도 마음도 더 힘듭니다. 입덧을 빨리 시작하는 편이고 더 오래하기도 하고요. 임신부터 출산까지 조심해야 할 점이 많아 심리적으로도 편안하기가 어렵습니다. 쌍둥이 임신과 출산에 대한 구체적인 정보를 알아보고 육아계획을 세우면서 좀 더 여유로운 마음으로 쌍둥이를 만나보세요.

PART
1

쌍둥이 임신과 출산

쌍둥이
임신 쇼크
극복하기

　최근 들어 노산과 난임으로 인해 인공수정이나 시험관시술이 늘면서 쌍둥이 출산율이 증가하고 있습니다. 또한 여성들의 경제활동으로 인해 점차 출산연령이 늦어지면서 한꺼번에 두 명을 낳아 기르면 좋겠다고 생각하는 사람들도 예전보다 많아졌습니다. 하지만 막상 쌍둥이를 임신했다는 이야기를 들으면 기쁘기보다 놀랍고 당황스럽기 마련입니다. 위로 아이들이 있다면 갑자기 두 명 이상의 아이가 더 늘게 된 데 대해 경제적인 부담감을 느낄 수 있고, 반대로 첫 아이가 쌍둥이라면 육아에 경험이 없어 아무것도 모르는데 갑자기 아이가 둘이나 생긴 것이 걱정스러울 수 있습니다.

　대체로 쌍둥이 임신은 한 아이를 임신한 것보다 임신기간 내내 몸도 더 힘듭니다. 입덧도 빨리 시작하는 편이고 더 오래하기도 합니다. 배도 금방 불러서 임신 6개월 정도 되면 만삭이라는 소리를 들을 정도로 불러오고, 무거운 배 때문에 일상생활이 어려워지면서 혼자 힘으로는 간단한 일조차 하기 힘든 자신에게 실망하거나 호르몬의 급작스러운 변화로 우울증이 찾아오기도 합니다.

　쌍둥이 임신은 조심해야 할 점도 많아 임신기간 내내 심리적으로 편안하기 어렵습니다. 초기 유산의 위험도 큰 편이고, 혈액체취를 통한 기형아 검사(트리플/쿼드 검사)에서 단태아 기준의 정상수치보다 높게 나오는 경우가 있어 임산부들이 불안해하기도 합니다. 두 아이 모두 잘 자라고 있을까, 뱃속에서 불편하지는 않을까 걱정도 되고,

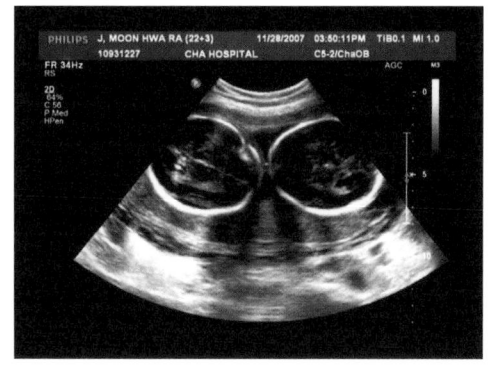

출산이 임박하면 두 아이를 어떻게 낳을 것인지, 아이들이 너무 작으면 어떻게 할지 등등 쌍둥이는 임신부터 출산까지 걱정이 끊이지 않는 것이 사실입니다.

하지만 흔히 쌍둥이 엄마들 사이에서는 '쌍둥이를 키울 만한 사람에게 쌍둥이가 찾아온다'는 이야기가 있습니다. 아이들을 키우는 동안 많이 힘들긴 하지만 두 아이가 주는 기쁨 또한 배 이상이니 감사한 마음으로 아이들을 받아들일 준비를 해보세요. 먼저 쌍둥이 임신과 출산에 대해 다양하고 구체적인 정보를 많이 찾아보고 육아계획을 세우면서 마음을 안정시켜나가면 좀 더 여유로운 마음으로 쌍둥이를 만날 수 있을 것입니다.

무엇보다 중요한 것은 긍정의 힘이고, 아이에게 가장 큰 영향을 미치는 것은 엄마의 마음입니다. 주신 생명을 감사히 받아들이고 건강한 아이를 낳을 것이라는 믿음을 가지고 즐겁게 생활하는 것이 중요합니다. 엄마가 걱정하는 것보다 아이들은 엄마의 좁은 뱃속에서도 사이좋게 건강하게 잘 자라며, 단태아보다 작게 그리고 빨리 태어난다 해도 돌 즈음이 되면 성장속도가 비슷해지니 너무 걱정할 필요는 없습니다.

쌍둥이 출산준비물

쌍둥이를 출산한다고 해서 별도로 필요한 출산준비물이 많이 있는 것은 아닙니다. 그보다는 수량이 더 많이 필요한 품목들이 몇 가지 있습니다. 예를 들어, 모유수유를 하지 않고 분유수유를 할 계획이라면 젖병을 넉넉하게 준비해야 합니다. 특히 밤중수유를 해야 하는 신생아 시기에는 밤에만 사용해야 할 젖병이 최소 6개 이상 필요합니다. 젖병이 많으니 젖병소독기도 꼭 필요하고, 많은 젖병이 들어가는 대용량 소독기이면 더 편리합니다.

가제수건이나 신생아용 의류도 많으면 많을수록 좋습니다. 다만 시중에서 파는 배냇저고리는 많이 준비할 필요가 없습니다. 대부분의 쌍둥이들은 3kg 이하로 태어나는 것이 일반적이므로 일반 배냇저고리는 너무 커서 제대로 못 입힐 수 있습니다.

천기저귀는 기저귀로 쓰지 않더라도 속싸개나 베개 등으로 활용할 수 있고, 목욕 후에 몸을 닦거나 여름에는 이불 대용으로 쓰는 등 다양한 용도로 쓸 수 있습니다.

빨랫감이 많으니 아이 전용 세탁기를 준비해도 유용하게 쓸 수 있습니다. 이 밖에 쌍둥이 유모차 등 쌍둥이 육아를 도와주는 육아용품에 대한 설명을 참고하세요.

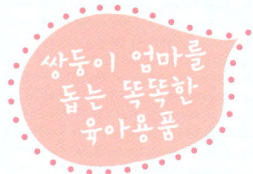

쌍둥이 엄마들의 일손을 도와주는 육아용품이 시중에 많이 나와 있습니다. 특히 쌍둥이가 어릴수록 더욱 많은 도움이 됩니다. 다만 아이들의 성향에 따라 얼마나 유용하게 쓸 수 있는가는 약간의 차이가 있을 수 있습니다.

쌍둥이 유모차
엄마 혼자 쌍둥이를 키워야 한다면 쌍둥이 유모차는 필수입니다. 외출할 때뿐만 아니라 아이들이 어릴 때는 쌍둥이 유모차에 태워서 재울 수도 있습니다.

바운서
쌍둥이는 2대를 가지고 사용해도 괜찮은 육아용품입니다. 생후 1개월 이상의 아기 때부터 유용하게 사용할 수 있으며 돌 이후에도 쓸 수 있습니다. 재울 때, 음식을 먹일 때, 아이를 놀게 할 때 등 이용의 폭이 넓습니다.

베이비룸
쌍둥이 엄마들이 많이 이용하는 육아용품입니다. 2세트 이상 연결해서 아이들의 안전한 놀이공간을 만들어주거나, 부엌일을 하는 동안 아이들이 위험한 곳으로 가지 못하도록 펜스로 사용하기도 합니다. 또, 현관, 화장실, 베란다 등을 막는 용도로도 많이 사용합니다. 두 돌이 넘으면 아이들이 타고 넘거나 밀어트릴 수 있으니 주의해야 합니다.

부스터
부스터도 2대를 가지고 있으면 좋습니다. 밥 먹일 때, 책을 읽어줄 때, 놀아줄 때 등 다양하게 활용할 수 있습니다. 야외에 나갈 때도 휴대가 간편해 유용하게 사용할 수 있습니다. 다만 아이에 따라 부스터에 앉아 있지 않으려 해서 몇 달 쓰지 못하는 경우도 있습니다.

식탁의자
돌 이전에는 부스터를 많이 사용하고, 식탁의자는 돌 전후해서 세 돌 이후까지 오랫동안 사용할 수 있습니다. 식탁에서 어른들과 함께 밥을 먹을 수 있을 만큼 높은 것이 좋습니다.

쌍둥이 출산

출산 방법

쌍둥이는 출산예정일보다 일찍 출산하게 되는 경우가 많고, 출산 시 여러 위급상황이 일어날 수도 있기 때문에 자연분만을 원한다면 중소병원보다는 대형병원에서 출산하는 것이 좋습니다. 또한 한 명의 아기를 출산할 때보다 제왕절개 수술을 받을 확률이 높습니다. 쌍둥이 출산은 임신 37주 정도에 유도분만이나 제왕절개 수술을 통해 낳는 것이 더 안전하다고 말하는 의사들도 있습니다만, 반드시 제왕절개 수술을 해야 하는 것은 아닙니다. 쌍둥이 중 처음으로 나오게 될 아기의 자세에 따라 제왕절개 수술을 받아야 할지 자연분만을 할지 여부가 결정됩니다. 아기의 머리가 아래로 향해 있고 태반이 자궁경관을 막고 있지 않다면 자연분만이 가능합니다.

굳이 제왕절개 수술을 받고 싶지 않다면 담당의사와 원하는 분만방법에 대해 의논하세요. 쌍둥이 분만 경험이 풍부한 의사를 선택하면 어떤 분만방법을 선택할지 결정을 내리는 데 도움이 될 것입니다.

그러나 다음의 경우에는 꼭 제왕절개 수술을 통해 분만해야 합니다.

+ 분만에 문제가 될 수 있는 합병증이 생겼을 때
+ 아기가 산도에 맞지 않는 경우
+ 아기 한 명이나 두 명 모두 심박수가 급격하게 떨어질 때

- 심각한 임신중독증의 경우
- 태반조기박리(태반이 자궁벽에서 분리되어 출혈을 일으키는 것)가 발생할 경우
- 임신기간에 비해 아기가 작은 경우
- 태아의 위치가 둘 다 둔위(엉덩이나 다리가 머리보다 아래쪽에 있는 위치로 역아라고도 함)인 경우

출산 신호

임신 후기, 특히 막달이 되면, 언제 태어날지 모르는 아기와의 만남에 기대도 되지만 출산에 대한 두려움도 찾아옵니다. 출산이 임박하면 당황하지 않도록 출산 징후와 출산 신호를 미리 알아두는 것이 도움이 됩니다. 특히 쌍둥이는 단태아보다 2주 정도 출산 시기가 빠르고 응급상황이 일어나는 경우도 많기 때문에 출산 징후와 신호를 잘 알아두는 것이 좋습니다.

출산 징후로는 자궁이 더 내려오는 느낌이 들고 소변을 자주 보게 되고 잔뇨감이 들기도 합니다. 전보다 분비물이 늘어나고 태동이 눈에 띄게 줄어듭니다. 대변을 자주 보기도 하고 몸이 무겁고 쉽게 피로해집니다.

출산이 임박했다는 출산 신호로는 배가 자주 뭉치기 시작하고 태아의 움직임이 적어집니다. 피가 섞여 있는 이슬이 보이면 곧 출산을 시작할 신호입니다. 이때부터 주기적으로 진통이 오게 되는데, 진통의 시간 간격이 10분 이내가 되면 병원으로 가야 합니다.

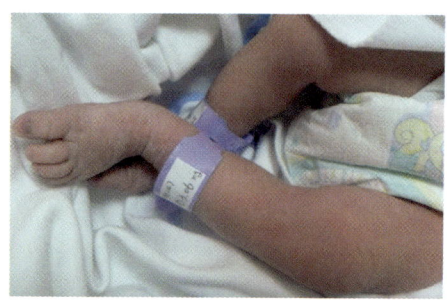

출산 과정

자연분만

두 아이가 모두 정상자세(두위, 66자세)일 경우는 자연분만이 가능합니다. 그 중 한 명이 엉덩이를 밑으로 하고 있는 자세(69자세)에서도 자연분만이 불가능한 것은 아니지만, 산모나 아이의 상태에 따라 의사가 결정할 수 있습니다. 진통이 와서 첫째아를 출산한 지 15분 이내로 진통이 다시 시작되어 둘째아를 출산합니다. 그러나 첫째아가 나온 후 20분이 넘어가도록 둘째아가 분만되지 않고 지연될 때는 위험률이 증가하며 제왕절개를 할 가능성이 높아집니다.

제왕절개분만

산모의 복부와 자궁을 절개하여 아이를 분만하는 방법을 제왕절개라고 합니다. 제왕절개로 분만하는 경우에는 하루 전부터 금식해야 하며, 수술 후 4~5일 정도 입원하고, 출산 후 일주일이 경과되었을 때 실밥을 제거합니다. 제왕절개분만도 자연분만과 마찬가지로 훗배앓이, 자궁크기의 축소, 오로 배출 같은 출산 후 과정을 겪습니다. 쌍둥이는 산모와 태아의 건강을 고려해 제왕절개로 분만하는 경우가 더 많으며, 자연분만을 시도하는 경우에도 한 아이가 나오고 다른 아이의 위치가 달라지거나 분만이 지체되는 경우에는 제왕절개로 바꾸어 분만하기도 합니다. 특히 제왕절개 경험이 있거나 자궁근종절제술 등의 산부인과 수술을 했던 산모는 제왕절개로 분만하는 것이 권장됩니다.

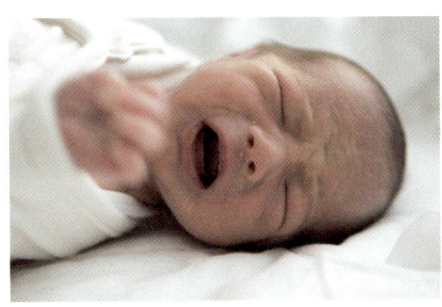

아이돌보미 서비스
만 12세 이하 취업부모 자녀 등을 대상으로 돌보미가 아동의 집으로 찾아가 돌봄 서비스를 제공하는 국가 지원 사업입니다. 취업부모가 아닐지라도 36개월 미만의 영아가 둘 이상인 경우에는 이용 가능하므로 쌍둥이의 경우에는 부모의 취업과 관계없이 이용 가능합니다. 단 1년에 240시간으로 제한이 있으니 필요한 시기에 적절히 활용해야 합니다. 상황에 따라 시간제나 영아전일제를 나누어 택할 수 있으며 미리 신청해두어야 원하는 시일에 이용할 수 있습니다.
홈페이지 http://idolbom.mogef.go.kr

다솜이 작은 숨결 살리기
쌍둥이는 미숙아로 출생하는 경우도 종종 발생합니다. 다솜이 작은 숨결 살리기는 아름다운재단과 교보생명에서 2.5kg 미만, 37주 미만의 미숙아(이른둥이)를 출산한 저소득 가정에 치료비를 지원하는 사업입니다. 인큐베이터에 들어가게 될 경우, 입원비와 재입원 치료비를 지원해주는데 최대 700만 원까지 지원합니다. 재활치료가 필요한 만 6세 이하의 이른둥이에게도 재활치료비를 1차 150만 원, 2차 150만 원 한도 내에서 지원해줍니다.
홈페이지 http://babydasom.org

보건소 영양플러스 사업
보건소에서 지원하는 임신부, 출산수유부, 만 6세 미만의 영유아에게 보충식품이 지원되는 사업으로 가구 규모별 최저소득 200% 미만의 가정에 지원됩니다. 각 지역 보건소 홈페이지를 참고하세요.

고운맘 카드
고운맘 카드는 임산부의 임신 및 출산에 관련된 의료비 부담을 경감하기 위한 보험급여로 임신기간 중 지원 신청한 경우 본인부담금 일부를 바우처 형태로 지원하는 제도입니다. 2012년 4월부터 40만 원에서 50만 원으로 증액되었으며, 2012년 7월부터는 다태아 임신 산모에 대해서 20만 원이 추가로 지원됩니다.

쌍둥이 임신과 출산

Q 쌍둥이도 태아보험에 가입할 수 있나요?

A 태아보험은 주로 생명보험사에서 취급합니다. 2011년까지만 해도 쌍둥이 태아보험은 선태아만 가입할 수 있었지만, 2012년 2월부터 쌍둥이 둘 다 가입할 수 있는 상품이 나오고 있습니다. 쌍둥이 태아보험을 취급하는 보험사도 점점 늘어나고 있으며, 인공수정을 한 경우에도 가입할 수 있는 상품이 나와 있습니다.

생명보험사 태아보험은 주로 선천이상(다운증후군, 구개순열, 다지증 등)에 따른 진단비나 선천성 질병, 신생아 관련 질병, 조산으로 인한 미숙아의 인큐베이터 입원비용 등을 보장받을 수 있어 만약의 경우에 대비할 수 있습니다. 태아보험의 가입은 임신주수와 상관없이 가입이 가능한 보험사도 있고, 임신 18주 이상이어야만 가입이 가능한 곳도 있습니다. 각 보험사마다 태아보험 가입 시 필요한 서류가 있습니다. 의사소견서, 산전기록지, 기형아검사 결과지 등 보험사마다 다르니 확인한 후에 준비하는 것이 좋습니다.

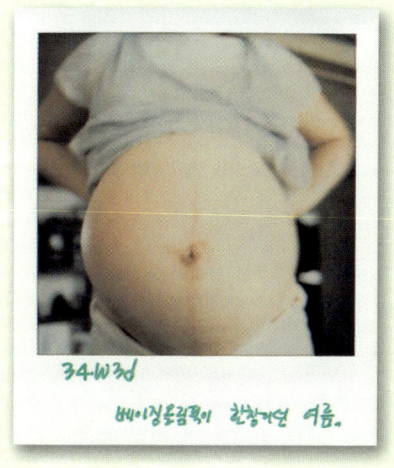

Q 쌍둥이도 자연분만 할 수 있나요?

A 쌍둥이 출산 자체는 고위험군에 속해 제왕절개를 많이 합니다만, 반드시 제왕절개를 해야 하는 것은 아닙니다. 산모가 건강에 아무런 문제가 없고 태아의 위치가 좋으면 충분히 자연분만을 할 수 있습니다. 일반적으로는 두 아이 모두 머리를 아래로 하고 있는 자세일 때 자연분만 하기가 가장 좋습니다. 그러나 둘째아가 엉덩이를 밑으로 하고 있는 둔위일 경우에도 위치가 바뀌어 제자리로 돌아올 수도 있고 그렇지 않다 해도 자연분만에 성공할 수 있습니다. 자연분만을 할 계획이라면 만약의 상황에 대비하여 대형병원에서 낳는 것이 좋습니다. 쌍둥이 자연분만이 가능한 병원을 미리 알아보고 병원에 가서 의사와 충분히 상의하도록 하세요.

Q 쌍둥이를 임신하면 입덧이 더 심한가요?

A 쌍둥이를 임신하면 일반적으로 입덧을 일찍 시작해서 오래하기도 합니다. 심한 경우는 입덧기간 내내 아무것도 먹지 못하여 입원을 하기도 합니다. 이는 태반이나 난소에서 임신을 유지시키는 호르몬이 단태 임신보다 더 많이 나오기 때문인데요. 입덧

은 공복 상태에서 가장 심해지기 때문에 입덧이 심하다고 음식섭취를 몰아서 하지 말고 조금씩 여러 번에 걸쳐 나눠 먹는 것이 좋습니다. 공복에는 비스킷을 틈틈이 먹어주는 것도 도움이 되며, 뜨거운 음식보다는 차가운 음식이 냄새가 적게 나 입덧을 줄일 수 있습니다. 구토를 할 때는 물을 수시로 마셔 탈수를 방지하고, 비타민을 복용하는 것도 도움이 됩니다. 무엇보다 중요한 것은 마음을 편하게 갖는 일입니다. 스트레스도 입덧을 심하게 하는 원인이 됩니다. 시중에 나와 있는 입덧 예방 팔찌나 입덧 방지 사탕, 차 등은 초기에는 입덧을 약간 완화시키는 데 도움을 줄 수도 있으나, 입덧을 하지 않게 해주는 것은 아닙니다.

Q 쌍둥이 임신 중에 주의할 사항은 무엇이 있나요?

A 단태아의 경우 임신 초기만 지나면 일상생활에 지장 없이 움직일 수 있고 운동을 많이 하라고 하는 데 반해, 쌍둥이는 가능하면 움직임을 최소로 하는 것이 좋습니다. 특히 시험관시술로 쌍둥이를 임신했다면 유산의 위험이 있으므로 주의해야 합니다. 또, 임신 후기에 지나친 운동을 하면 자궁수축이 심해져 조산으로 이어질 수 있으므로 무리한 운동은 절대 삼가야 합니다.

쌍둥이 임신은 빈혈 발생도 단태 임신보다 많습니다. 특히 태아와 태반이 자라면서 철분 수요가 늘어나므로 철결핍성 빈혈의 발생 비율이 단태 임신보다 높고, 양수과다증이나 임신중독증 같은 후유증 발생 확률도 높은 편이므로, 엽산제와 철분제를 반드시 섭취하고 열량 섭취도 조금 더 늘려야 합니다. 또한, 임신 중 손발이 붓는 등 보통 때와 다른 증상이 나타나면 바로 병원에 가야 합니다.

출산 후유증도 단태 임신보다 심한 편입니다. 태아가 둘 이상 자라다 보니 자궁이 과도하게 늘어나 분만 후 수축이 잘 안 되어 산후출혈 가능성이 좀 더 높은 편이므로, 출산 후에도 면밀한 관찰과 충분한 휴식이 필요합니다.

Q 쌍둥이를 미숙아로 출산했어요. 교정일을 따져서 발달과정을 체크해야 하나요?

A 교정일이란 출산예정일보다 일찍 나온 쌍둥이를 단태아 기준으로 원래 예정일로 따져서 날짜를 세는 것을 의미합니다. 쌍둥이는 미숙아로 태어나는 경우가 있는데, 이때 초기에는 발달이 늦을 수도 있기 때문에 교정일을 따지는 경우가 많습니다. 37주 미만, 2.5kg 미만으로 출생한 아기를 미숙아라고 합니다. 쌍둥이라고 할지라도 37주 이후에 출산했거나 2.5kg가 넘어서 태어난 경우라면 굳이 교정일을 따질 필요는 없습니다.

만약 미숙아로 태어났다면 이유식을 좀 더 늦게 시작할 수 있습니다. 아이의 발달 상황을 체크할 때도 교정일을 따질 수 있습니다. 그러나 미숙아로 태어났다고 하더라도 생후 6개월 이상 되면 성숙아의 발달상황과 크게 다르지 않으니 교정일을 따지지 않아도 괜찮습니다.

Q 쌍둥이 간의 호칭이나 관계는 어떻게 정하나요?

A 예전에는 '1분 먼저 태어나도 형'이라며 쌍둥이의 경우에도 손위·아래를 확실하게 하는 일이 많았습니다만, 요즘은 형이나 누나, 오빠 등의 호칭을 생략하고 친구같이 지내는 쌍둥이들이 많아졌습니다. 아무래도 아이들이 학교나 유치원에 가서 마주치는 혼란을 피하기 위함인데요. 같은 학년으로 들어가게 되는 쌍둥이가 한 아이는 형, 다른 아이는 동생으로 불리게 되면 친구관계를 맺는 데 어려움이 생기기도 하고, 동생인 아이는 피해의식을 느낄 수 있어 가능하면 형, 동생의 구분 없이 이름으로 쌍둥이를 지칭하고 구분하는 것이 좋습니다. 쌍둥이라 해도 각자의 개성을 존중해야 하며, 집안 어른들이 형, 동생을 굳이 구분하더라도 아이들에게는 형이나 동생으로서의 책임감이나 부담감을 가질 필요가 없음을 알려주고, 동등한 개인임을 느끼게 해주는 것이 중요합니다.

산후조리 기간이 끝나면 본격적으로 아기 돌보기가 시작됩니다. 아직 몸이 다 회복되지 않았는데 둘 이상의 아기를 돌보기란 쉬운 일이 아니에요. 쌍둥이는 평균적으로 단태아보다 작게 태어나서 안는 것도 옷 입히는 것도 조심스럽기만 합니다. 아기 돌보기 요령을 빨리 터득할수록 신생아 쌍둥이 돌보기가 조금 더 수월해질 수 있겠지요.

PART
2

산후조리와
신생아 돌보기

산후조리

산후조리원

집에서 산후조리를 하다 보면 친척, 친지들이 자주 방문하여 몸조리를 편하게 할 수 없는 경우도 있는데, 산후조리원은 가족 외에는 면회시간이 따로 정해져서 좀 더 편히 쉴 수 있습니다. 또한 같은 시기에 아이를 낳은 다른 산모들과 함께 이야기를 나눌 수 있고 육아정보도 공유할 수 있지요. 마사지 등 산모를 위한 프로그램이 다양하다는 점도 산후조리원의 장점입니다.

하지만 산후조리원은 비용이 많이 듭니다. 특히 쌍둥이는 단태아보다 추가요금이 있어서 비용이 더 많이 들지요. 그래서 보통 2주 정도 산후조리원에 머무는 것이 일반적입니다.

쌍둥이를 낳은 산모라면 가능하면 산후조리원에 가는 것을 추천합니다. 물론 숙련된 산후도우미도 많지만, 마음에 드는 분을 만나기 어려울 수 있고, 배정 받은 도우미가 초보이거나 마음에 들지 않은 경우 산후조리 자체가 더 힘들어지기도 합니다. 또, 쌍둥이들을 데리고 자면서 집안일까지 해주는 산후도우미를 구하기는 어렵기 때문에 아무래도 엄마가 한 아이를 데리고 자거나 집안일을 신경 쓰게 되는 등 몸을 더 많이 움직일 수밖에 없습니다.

힘든 임신기간을 지냈던 만큼 출산 후에 적어도 2~3주는 쉬어야 몸을 회복할 수 있습니다. 산후조리원에서 2주 정도 머물면, 단태아보다 작게 태어난 아이들이 조금 큰 후에 집으로 데려올 수 있다는 점도 장점입니다. 모유수유를 하기로 마음먹었다면 모유수유를 전문으로 하는 조리원을 택하면 많은 도움을 받을 수 있습니다.

산후도우미

산후조리원이 산모에게 더 많은 장점이 있다면 산후도우미는 아이 돌보기에 더 많은 장점이 있습니다. 산후조리원에서는 아이를 일대일로 돌봐주는 것이 아닌 데 반해 산후도우미를 쓰면 아이를 일대일로 돌봐줄 수 있어 내가 원하는 방향대로 더 세심한 돌봄이 가능합니다. 또한 위로 아이가 있을 때도 아이를 떼어놓고 산후조리원에 들어가 있기가 어려우므로 이럴 때는 산후도우미를 쓰는 것이 더 편할 수 있습니다.

다만 어떤 산후도우미를 만나느냐가 중요합니다. 주변에서 평이 좋은 분을 소개 받는 것도 한 방법입니다. 산후도우미 파견업체를 출산 전에 미리 알아보고, 마음에 들지 않는 도우미를 소개 받았을 때는 다른 분으로 교체해달라고 요구하는 등 나에게 맞는 산후도우미를 선택할 수 있도록 해보세요.

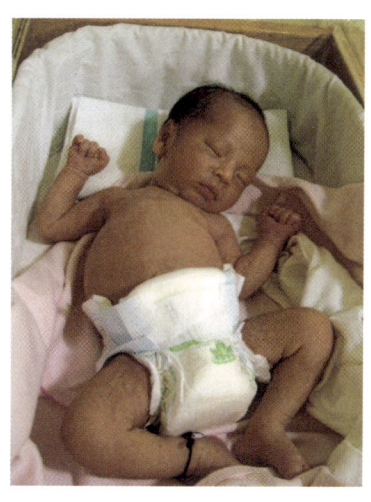

육아도우미

쌍둥이를 낳기 전 육아도우미를 구하고자 하는 분들이 있습니다. 특히 친정이나 시댁 등 주변에서 도움을 받을 수 없는 분들이 쌍둥이가 어렸을 때만이라도 도우미를 쓰고자 하는데요. 육아도우미는 도우미 중개업체에서 중개수수료를 지불하고 소개를 받을 수 있고, 여러 인터넷 중개사이트(이모넷, 시터넷, 헬퍼114 등)에 구인글을 올려 구하는 방법도 있습니다. 또는 지역카페나 쌍둥이 육아카페에서 소개받을 수도 있습니다. 중개업체의 경우 신원보장이 되고 여러 사람을 소개 받을 수 있는 장점이 있으나 중개수수료가 비싸고 쌍둥이라고 비용을 시세보다 훨씬 더 많이 요구하기도 합니다.

중개업체에 육아도우미를 요청하기 전에 어떤 형태로 도우미를 쓸 것인지를 결정해야 합니다. 입주, 출퇴근, 시간제 중 어떤 형태로 쓸 것인지, 또 육아만 전담시킬 것인지, 가사도 어느 정도 해줄 분을 찾는지 등에 대해서도 미리 결정해야 합니다. 그런데 보통 쌍둥이가 어릴 경우에는 쌍둥이를 보면서 가사일까지 다 하기는 어려울 수 있습니다. 그리고 엄마와 함께 아이를 돌보는지, 엄마가 직장을 다니는지 여부, 만약 직장을 다닌다면 도우미 혼자서 쌍둥이를 보아야 하는지, 같이 돌볼 사람이 있는지에 따라서도 급여가 달라질 수 있으니 이런 조건을 구체적으로 정한 후에 도우미를 구하는 것이 좋습니다.

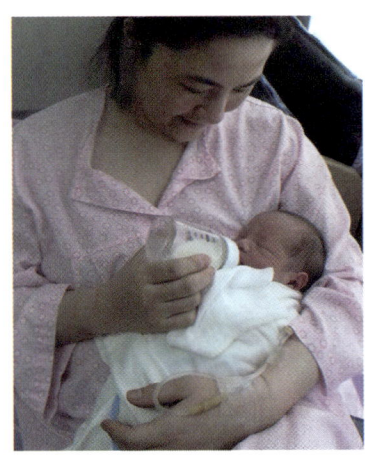

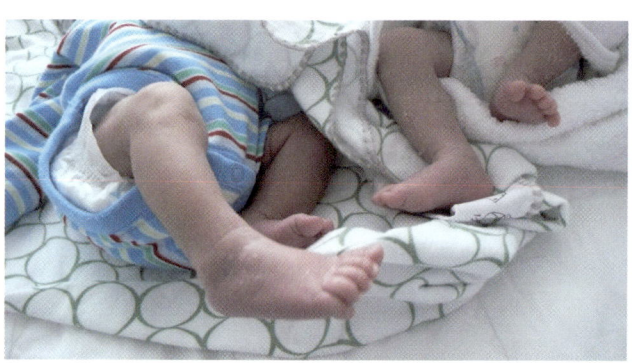

쌍둥이 신생아 돌보기

쌍둥이 안는 법

아기는 생후 3개월 무렵까지 머리와 목을 가누지 못하므로 아기를 안을 때는 팔로 머리와 등을 받쳐 안아줍니다. 쌍둥이는 동시에 안아야 할 때가 있는데, 먼저 손바닥으로 머리와 목을 받치고 팔로 몸을 감싸 한 아이를 안은 후 다른 팔로 남은 아이를 안습니다. 신생아 시기에는 몸무게가 가벼운 편이므로 두 아이를 한 팔에 같이 받쳐 안을 수도 있습니다. 한 팔로 두 아이를 안는 경우에는 남은 한 팔을 움직일 수 있어 행동이 보다 더 자유롭지만, 아무래도 한 팔에 무게가 쏠리기 때문에 오래 안고 있기는 힘이 듭니다.

목욕하기

산후조리기간이 끝나면 보통 엄마가 직접 목욕을 시키기 시작합니다. 쌍둥이 신생아는 아주 작기 때문에 엄마 혼자 두 아기를 목욕시켜야 하는 일이 두렵고 걱정되기 마련입니다. 처음 몇 번은 도와줄 사람이 있을 때 연습해보는 것이 좋습니다.

목욕을 시키기 전에 미리 실내 온도를 조금 올려놓은 뒤 목욕물과 헹굼물, 베이비 바쓰와 수건 등을 준비해놓고, 씻기고 나서 바로 옷을 입힐 수 있도록 옷가지를 준비

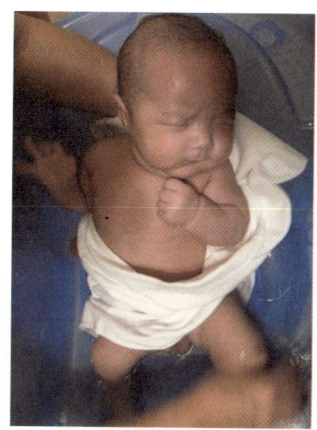 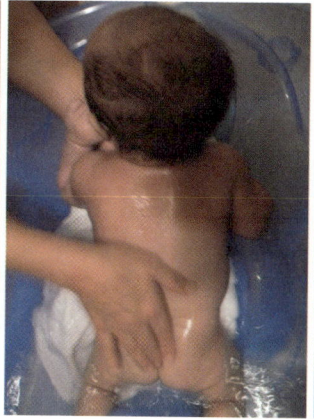 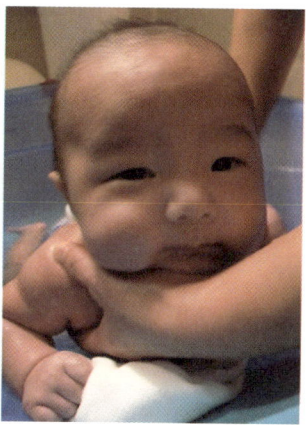

해서 속싸개 위에 펼쳐둡니다. 로션도 같이 준비해두어 빠른 시간 내에 아이를 닦고 로션을 바르고 옷을 입혀 체온을 떨어뜨리지 않게 합니다. 아직은 두 아이를 한꺼번에 목욕시키기는 어려운 시기이므로 차례대로 목욕시키거나, 매일 목욕이 필요한 것은 아니므로 하루에 한 아이씩 목욕을 시키기도 합니다.

아기를 씻길 때는, 아기를 눕힌 자세에서 한 팔에 끼고 손으로 목과 머리를 받친 후 엄지와 중지로 양쪽 귓불을 접어 귓속으로 물이 들어가지 않도록 한 뒤 다른 한 손을 이용해 머리부터 감깁니다. 베이비샴푸와 바쓰 제품들이 많이 있으나 머리와 몸을 한꺼번에 씻길 수 있는 제품을 사용하는 것이 좀 더 편리하며, 신생아 때는 물로만 씻겨도 괜찮습니다. 머리감기가 끝나면 얼른 머리의 물기부터 제거해준 후, 아기가 놀라지 않도록 조심스럽게 배가 아래로 가도록 아기를 살짝 엎은 자세로 발부터 물속에 넣어주며 물을 끼얹어줍니다. 아기들은 목욕하면서도 대소변을 보는 경우가 있으므로 이때 기저귀를 벗겨냅니다. 옷을 처음부터 벗기면 아기가 놀랄 수도 있으니 옷을 입힌 채 물에 넣어 아기를 안정시키고, 아기가 물에 적응되면 옷을 벗기고 몸을 씻깁니다.

신생아의 목욕은 5~10분 정도면 충분합니다. 수건으로 잘 싸서 안고 나와 엉덩이부터 로션을 발라준 뒤 기저귀를 채웁니다. 충분한 보습을 위해 목욕 후 3분 이내에 로션이나 크림을 발라주세요.

입히기

갈아입히기 편한 옷을 준비합니다. 옷을 갈아입힐 때는 갈아입을 옷과 기저귀를 미리 속싸개 위에 차례로 펼쳐둡니다. 신생아 쌍둥이들은 일반적으로 단태아보다 몸무게가 1kg 정도 적게 나가므로 배냇저고리를 입히면 너무 커서 어깨가 훤히 들어나기도 합니다. 우리나라에는 아직 미숙아를 위한 작은 사이즈의 옷이 없어서 보통은 배냇저고리를 그냥 입히는데, 체구가 작은 쌍둥이들에게는 배냇저고리보다는 원지 혹은 바디수트라고 하는 서양식 옷이 더 편합니다. 최근에는 인터넷으로도 쉽게 구매할 수 있으므로 작은 사이즈로 여러 장 준비해놓는 것이 좋습니다.

재우기

신생아는 일반적으로 하루에 17~20시간가량 잡니다. 먹이면 바로 잠들거나 눕혀서 토닥이기만 해도 잠드는 순한 아기도 있지만, 안아주거나 안아서 걸어야만 잠이 드는 아기도 있습니다. 물론 아기가 울면 당연히 안아주어야겠지만, 처음부터 안아서 재우는 습관을 들이다 보면 아이들이 커가면서 더 힘들어지기 마련입니다. 가능하면 먹이고 트림시킨 후 눕혀서 토닥거리거나 자장가를 불러주는 등의 방법으로 누워서 재우기를 연습시키는 것이 좋습니다.

두상을 예쁘게 한다고 엎어 재우는 것이 유행하던 시기도 있었으나 요즘에는 질식사를 일으킬 우려가 있어 엎어 재우기를 권하지 않습니다. 바로 눕혀 재우거나 옆으로 재우기를 추천하는데요. 머리 모양이 비뚤어지는 것을 막고 목 근육에 무리가 가지 않도록 머리를 양쪽으로 번갈아가며 돌려주는 것이 중요합니다. 두 아이를 재우는 곳을 정해놓고 눕힐 때마다 고개를 다른 방향으로 돌려주거나, 자리를 바꾸어가며 눕힌다면 눕힐 때는 마주 보게 눕힌다는 원칙을 세워두면 헷갈리지 않고 방향을 바꾸어가며 재울 수 있습니다.

또한 아기가 숙면을 취하게 하기 위해서는 실내환경도 중요합니다. 아기들은 추위와 더위에 매우 약하므로 실내온도는 22~24℃ 정도를 유지하는 것이 좋고, 습도는 50~60% 정도를 유지해주어야 합니다. 또한 온도와 습도만큼 중요한 것이 환기입니

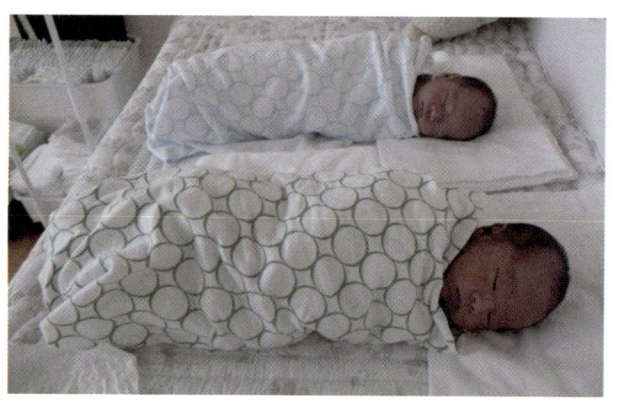

다. 특히 가습기를 사용할 때는 자주 환기해주는 것이 좋습니다. 더울 때는 땀이 나거나 아기가 짜증을 내기 때문에 쉽게 알 수 있지만 추울 경우에는 알아채기가 다소 힘듭니다. 온습도계를 비치해놓고 수시로 체크해야만 합니다.

 아기침대를 살 때는 단단한 매트리스를 구입해야 합니다. 요나 이불도 너무 푹신거리면 질식의 우려가 높아지므로 약간 단단한 것을 골라야 아기들이 안전하고 쾌적하게 잘 수 있습니다.

수유방법 결정

출산 전에 대부분의 임산부는 수유방법을 결정하고 출산준비를 합니다. 모유수유를 하기로 결정했다면 별다른 준비물이 필요 없지만, 분유수유를 하기로 했다면 젖병, 젖병소독기, 젖병세척솔, 세정제 등을 미리 준비해야 합니다.

 모유는 아기에게 최고의 음식이자 최고의 영양제이며, 아기의 두뇌발달과 엄마 몸의 빠른 회복을 위해서도 모유수유가 권장됩니다. 특히 쌍둥이의 경우 경제적인 측면에서도 모유수유가 훨씬 도움이 됩니다. 모유수유를 하기로 마음먹었다면, 집에서 산후조리를 하기보다는 모유수유를 권장하여 많이 도와주는 병원이나 조리원을 선택하는 것이 모유수유를 시작하는 데 큰 도움이 됩니다. 하지만 임신 중에 모유수유를 계획했다 하더라도 출산 이후에 모유수유가 생각보다 힘든 경우도 많습니다. 아기가 너무 작게 태어나 젖 물기를 힘들어하는 경우도 있고, 그래서 분유를 먹이다 보면 유두 혼동이 생겨 젖 물기를 거부하기도 하고 쉽게 나오는 분유만 찾기도 합니다. 생각보다 모유가 많이 안 나오는 경우도 많습니다. 두 아이를 혼자 돌보느라 수면부족이나 영양부족으로 젖이 빨리 마르는 경우도 있고, 혼자서 두 아이의 모유수유까지 해내려다 보면 엄마가 쉴 틈이 없어서 몸이 회복되지 않는 경우도 있습니다. 따라서 처음부터 완모하겠다는 생각으로 무리해서 물리기보다는 혼합수유를 하면서 엄마가 몸을 회복한 후에 천천히 양을 늘려가는 것도 방법입니다. 혼합수유를 하면 아이의 밤중수유 횟수를 줄일 수 있고 분유를 먹일 때 주변에 도움을 청할 수도 있습니다. 다만 아토피 등 알레르기의 주 원인이 분유와 같은 유제품이므로, 먹는 양에 무관하게 노출 여부에 따라 알레르기 유병율이 높아질 수 있습니다.

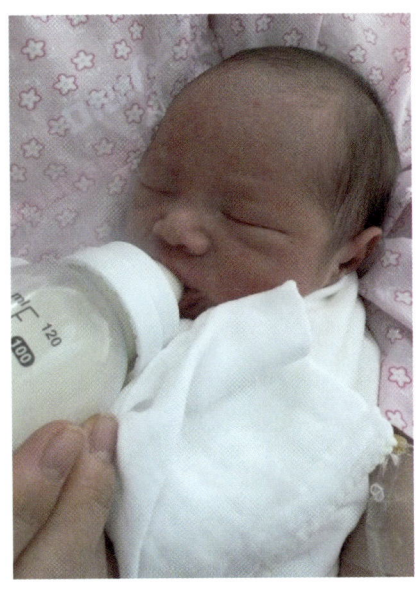

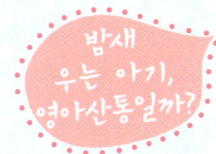

영아산통이란?
영아산통은 정확한 원인이 밝혀져 있지 않지만 소화기능의 미숙함에 의해 아기들이 호소하는 복부통증입니다. 보통 생후 6주경에 가장 심하게 나타나 생후 4~6개월 정도까지 지속되며, 길게는 돌 전까지도 이런 증상을 보일 수 있습니다. 빠르면 생후 2~3주경부터 나타나기도 합니다.

영아산통의 증상
아기가 원인 없이 갑작스럽게 발작적으로 자지러지게 울기 시작하여 몇 시간 동안 전혀 달래지지 않다가 저절로 울음을 멈추는 일이 반복된다면 영아산통을 의심해보아야 합니다. 영아산통은 주로 저녁부터 늦은 밤에 많이 나타나므로 낮에는 잘 놀던 아기가 밤마다 운다면 영아산통을 의심해볼 수 있습니다. 영아산통이 나타날 때 아기는 인상을 쓰고 복부팽만이 있으며 양손을 움켜쥐고, 배에 잔뜩 힘을 주기도 합니다. 하지만 이런 증세는 장이 막혔을 때나 복막에 염증이 있을 때의 증세와 감별하기 힘들 수도 있으므로 토하거나 대변에 피가 섞여 나오면 즉시 병원에 가야 합니다.

영아산통으로 힘든 아기 달래주기
아기가 힘들어서 울기 시작하면 세워 안아주고 배를 살살 문질러주거나 무릎에 엎드리게 하여 등을 문질러주는 방법도 도움이 됩니다. 영아산통이 있는 아기라면 트림을 자주 시키고, 목욕시키면서도 배를 문질러주어 가스가 빠져나오게 해야 합니다. 또한 수유할 때 공기가 장으로 유입되지 않도록 주의합니다. 안고 천천히 걸어주거나 유모차에 태워 밀어주는 것도 도움이 되며, 진공청소기나 헤어드라이어 같은 백색소음도 아기가 안정을 찾는 데 도움이 됩니다.
두 아이를 같이 돌보아야 하는 쌍둥이 엄마에게는 영아산통이 있는 아기가 하나만 있어도 정말 고됩니다. 어떻게 해주어야 아기가 가장 편안하게 느끼고 빨리 진정이 되는지 여러 가지 방법을 시도해보는 것이 좋습니다. 영아산통인 아기들을 위해 소화가 잘 되는 분유도 판매되고 있으므로 아기가 영아산통이라는 생각이 들면 소아과에 문의하여 분유를 바꾸어보는 것도 고려해볼 수 있습니다.

쌍둥이 신생아 돌보기

Q 쌍둥이를 산후조리 후에 혼자 돌보게 되었어요. 어떻게 해야 하나요?

A 쌍둥이를 임신하여 출산할 시기가 가까워오면 과연 쌍둥이를 혼자서 돌볼 수 있을까 하는 걱정이 가장 먼저 들 것입니다. 쌍둥이를 친정엄마나 시어머니, 육아도우미 등의 도움을 받아서 키우는 분들도 많지만 혼자서 키우는 분들도 많습니다. 이 시기에 쌍둥이를 혼자 키우면서 가장 힘든 순간은 두 아이가 동시에 울고 보챌 때나 동시에 모유(분유)수유를 해야 할 때입니다. 따라서 혼자서 쌍둥이를 돌봐야 할 경우에는, 동시에 우는 아이를 달랠 수 있거나 동시에 수유를 할 수 있는 요령을 빨리 터득해야 합니다. 처음에는 엄마도 아기들도 모두 지치고 힘들겠지만 점점 둘을 동시에 돌보는 요령도 생겨나고 아기들의 규칙적인 일과도 잡혀나가기 때문에 시간이 지날수록 처음보다는 더 수월하게 돌볼 수 있게 됩니다.

이 시기에는 되도록 두 아이를 동시에 먹이고 동시에 재우는 등 규칙적인 습관이 잡힐 수 있도록 해보세요. 그래야 훨씬 수월하게 쌍둥이를 돌볼 수 있습니다. 한 명은 자는데 한 명은 깨어있는 일들이 계속 일어나면 엄마는 단 한순간도 쉴 수 없게 되어 피로가 쌓일 수밖에 없습니다. 쌍둥이를 한꺼번에 재운 다음에 엄마도 같이 휴식을 취하도록 하세요. 이 시기에는 아기가 잠을 자면 엄마도 함께 자서 부족한 수면을 보충할 수 있어야 합니다.

혼자 쌍둥이를 돌봐야 할 경우에는 다양한 육아용품들을 활용하는 것이 도움이 됩니다. 예를 들어, 바운서나 흔들침대에 두 아이를 눕혀 동시에 수유를 할 수도 있고, 흔들어서 함께 재울 수도 있습니다. 이와 같은 육아용품들은 2개를 준비하여 사용할 수도 있고, 만약 하나밖에 갖추지 못했다면 한 명은 바운서에 눕히고 한 명은 안거나 수유쿠션 등에 눕혀서 수유를 하거나 재울 수 있습니다. 또한 쌍둥이 유모차를 이용하여 둘을 동시에 재우는 엄마들도 많습니다.

특히 혼자서 쌍둥이를 키우는 엄마는 시간에 쫓겨 식사를 거를 수 있기 때문에 규칙적인 영양섭취를 할 수 있도록 유의해야 합니다. 만약 식사준비를 할 시간이 충분하지 않다면 바로 먹을 수 있는 음식들을 준비해놓는 것도 좋습니다. 쌍둥이를 혼자서 돌보는 일이 결코 쉬운 일은 아니지만 그렇다고 해서 불가능하지도 않습니다. 하지만 쌍둥이가 어릴 때는 주변의 도움을 받는 것이 좋으니 도움을 요청하도록 해보세요. 특히 이 시기에는 남편의 육아 참여가 꼭 필요합니다. 아빠가 적극적으로 육아에 참여할 수 있도록 이끌어보세요.

Q 둘이 동시에 울어요. 둘을 한꺼번에 어떻게 달래야 할까요?

A 아마도 이 시기에 쌍둥이를 키우면서 가장 난감할 때는 동시에 두 아이가 울어대기 시작할 때일 것입니다. 두 아이가 동시에 울면 누구를 달래야 할지, 어떤 일을 먼저 해주어야 할지 당황스러울 때가 많습니다. 이럴 때는 당황하지 말고 우선 한 명을 달래면서 다른 한 아이에게 무엇을 해주어야 하는지 살펴보도록 하세요.

먼저 아이들이 우는 이유를 순서대로 확인합니다. 아기들은 말을 하지 못하기 때문에 자신의 의사를 울음으로 표현하는데요. 아기들이 우는 이유는 배가 고프거나 기저귀가 젖었거나 졸리거나 몸이 아플 때가 대부분입니다. 수유시간을 확인하여 배가 고플 시간인지를 체크하여 수유를 하거나, 기저귀가 젖었는지 확인하세요. 만약에 배도 부르고 기저귀도 젖지 않았는데 우는 것이라면 누워 있기 심심해서일 수도 있으니 모빌을 보여주거나 음악을 틀어주거나 말을 걸어주도록 하세요. 졸려서 우는 거라면 안거나 흔들침대 등에 눕혀서 아기가 잘 수 있도록 도와주세요. 아기가 운다고 해서 울 때마다 분유를 먹이거나 젖을 먹이는 것은 좋지 않습니다. 수유는 수유 간격을 맞

추어서 해야 하기 때문입니다.

　수돗물을 틀어주거나 청소기, 헤어드라이어 등을 틀어주면 울음을 그치는 아기들도 있습니다. 이 소리들이 아기들이 뱃속에 있을 때 들었던 소리와 유사하기 때문에 심리적 안정감을 얻는다고 합니다. 잘 자던 아이가 갑자기 깨서 우는 경우라면 장기능이 미숙해서 그럴 수도 있습니다. 분유를 먹인 다음에는 꼭 트림을 해주어야 합니다.

　그리고 아직까지는 아기들이 빨고 싶은 욕구가 많은 시기이므로 노리개젖꼭지를 물려줄 수도 있습니다. 그러나 노리개젖꼭지는 물리기 시작하면 계속 물려야 하므로 처음 물릴 때 신중하게 생각하고 사용하세요.

Q 혼자서 두 아이를 목욕시키는 방법이 있나요?

A 혼자서 두 아이를 돌볼 때 또 하나의 문제가 둘을 어떻게 목욕시키느냐 하는 문제입니다. 한 아이를 목욕시키는 동안 다른 아이는 엄마의 눈에서 벗어나 있기 때문에 사고의 위험도 있고요. 그렇다고 둘을 같이 목욕시키자니 아직 움직임이 서투른 아기들을 욕조에서 감당하는 것은 더욱 어렵습니다. 말귀를 제법 알아들을 시기가 되어도 아이들은 뜻대로 욕조에서 기다려주질 않고, 미끄러운 욕실에서 사고라도 일어날까봐 정말 조마조마합니다.

　신생아의 경우 매일 목욕을 할 필요는 없습니다. 따뜻한 수건으로 닦아주는 간이목욕을 하거나 하루에 한 명씩 번갈아 시킬 수도 있습니다. 간혹 겨울에 태어난 아기들은 방으로 욕조를 가져와 목욕시키는 경우도 있는데, 도와주는 사람이 없으면 두 아이를 목욕시키기 위해 물을 여러 번 나르는 것부터 번거롭고 힘듭니다. 차라리 욕실 문을 닫아놓고 먼저 따뜻한 물을 충분히 받아 욕실을 데운 후 아기들을 목욕탕에서 씻기는 것이 더 따뜻하고 물의 온도 유지에도 좋습니다. 대신 욕실에서 나와서 아기의 체온이 떨어지지 않도록 실내 온도를 조금 높이고 아기를 싸서 안을 수건과 갈아입힐 옷, 로션 등을 미리 준비해두도록 합니다.

　뒤집기를 잘하기 전까지는 한 아기를 목욕시키는 동안 다른 아기를 바운서나 범보 의자, 부스터, 유모차 등에 앉혀 목욕탕 앞에 두고 문을 살짝 열어둔 채 엄마가 살피며 번갈아 목욕시킬 수 있습니다. 아기에게 엄마 목소리를 계속 들려주어 엄마가 옆에 있음을 알려주는 것이 아기를 안정시키는 데 도움이 됩니다.

　제법 잘 앉아 있을 수 있고, 물놀이를 좋아하게 되면 둘을 같이 아기 욕조에 넣고 앉혀서 목욕시키거나 목튜브 등을 이용하여 큰 욕조에 띄워놓고 목욕을 시킵니다. 목욕을 놀이로 인지하게 하면 앞으로 목욕시키는 일이 수월해질 수 있습니다. 샤워기 사용 또한 처음부터 재미난 물놀이의 하나로 인식하게 되면 어린 아기라도 두려워하지 않고 샤워기로 머리를 헹굴 수도 있으므로, 샤워기를 조금씩 사용해보는 것도 좋습니다.

　걷기 시작하는 아이는 목욕탕 문이 열려 있으면 혼자 나가려고 시도하다가 안전사고를 일으킬 수도 있으므로 욕실 문을 닫고 목욕시키는 것이 좋고, 다른 아이를 헹궈서 나오는 동안 먼저 나온 아이에게 타월 소재의 목욕가운이나 모자가 달린 목욕수건 같은 것을 입혀주는 것이 도움이 됩니다. 걷기 시작한 아이를 수건으로 싸놓으면 보통은 수건을 풀어헤치고 알몸으로 걸어다니거나 수건에 걸려 넘어지기도 하기 때문에 이 시기에는 타월 소재의 목욕가운 등을 입히는 것이 좋습니다. 한편, 욕실에서의 안전사고를 막기 위해서는 바닥에 미끄럼방지 시공이나 매트 등을 설치하는 것도 한 방법입니다.

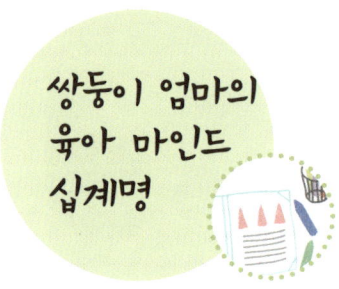

쌍둥이 육아의 어려움 극복하기

쌍둥이를 임신하면 출산 후 육아에 대해 여러 가지 대비를 하게 되지만 사실 쌍둥이를 길러본 경험이 없기 때문에 얼마나 힘들지 예상하기 어렵습니다. 출산 후에 산후조리원에서는 신생아를 돌봐주므로 모유수유 할 때를 제외하고는 육아의 어려움이 실감나지 않습니다. 그러나 아기들을 데리고 집에 돌아온 순간, 곧바로 육아전쟁이 시작됩니다. 두 아이는 동시에 울어대기 시작하고, 기저귀는 하루에 20장 이상 갈아야 합니다. 또 수유는 얼마나 어려운 일인지 아이들을 수유하다 보면 그야말로 정신이 하나도 없습니다. 밤에는 번갈아 두세 번씩 깨는 애들을 데리고 자다 보면 잠을 잤는지 안 잤는지도 모릅니다.

'쌍둥이 키우기 너무 힘들다'는 소리가 절로 나올 만큼 쌍둥이 육아가 힘든 게 사실입니다만, 쌍둥이 엄마의 육아 마인드 십계명을 마음에 담아두고 여유를 가지고 준비를 해보세요.

하나. 아이 하나를 키우는 집과 비교하지 않는다

아이들을 데리고 식당에 가거나 나들이를 가면 쌍둥이가 아니고 아이가 하나였으면 얼마나 좋을까라고 생각하게 될 때가 있습니다. 또 아이가 하나였으면 고민하

지 않고 사주었을 옷이나 장난감 등도 아이가 둘이기 때문에 망설이기도 하고요. 그러나 이런 생각을 자주 한다고 해서 나아지는 건 아무것도 없습니다. 특히 아이 하나를 키우는 엄마와는 절대 비교하지 않는 것이 정신건강에 좋습니다.

단점보다는 아이가 둘, 혹은 그 이상이어서 좋은 점을 더 많이 생각해보도록 하세요. 둘이기 때문에 아이들은 물건을 양보하는 법을 빨리 배웁니다. 또 차례나 순서에 대한 개념, 함께 노는 방식에 대해서도 일찍 알게 됩니다. 각자의 관심분야가 다르기 때문에 서로의 장난감이나 노는 방식을 함께 공유하게 되어 다양한 분야에 관심을 가지게 되며, 조금 더 자라면 둘이서 잘 놀게 되어 외로움을 타는 일이 적다는 점도 장점입니다.

둘. 남편을 처음부터 육아에 참여시킨다

쌍둥이 엄마가 아무나 되는 것이 아니듯이 쌍둥이 아빠도 쉽게 될 수는 없습니다. 쌍둥이를 낳으면 처음부터 아빠가 육아에 참여해야 합니다. 아이들 목욕이나 한 아이 재우기, 또는 우유 먹이기 등 육아의 어느 한 부분을 아빠에게 전담시키도록 하세요. 쌍둥이 엄마는 아이들을 키우기 위해 개인 생활의 모든 것을 포기하는 것이나 마찬가지입니다. 쌍둥이 아빠 역시 자신의 생활에서 일정 부분을 포기하는 게 당연한 일이 아닐까요?

그리고 처음부터 아빠가 육아에 참여하는 게 아이들이 컸을 때를 위해서도 좋습니다. 아빠와 아이들의 친밀도가 높아지면 계속해서 더 자연스럽게 육아에 참여할 수 있게 됩니다. 아이들이 크면 아빠와 놀이를 같이 하거나 아빠가 책을 읽어주는 등 다양한 활동으로 영역을 넓혀나갈 수 있도록 이끌어보세요.

셋. 엄마만의 시간을 꼭 가진다

어린 쌍둥이를 전담해서 키우는 엄마라면 가장 필요한 것이 바로 자기만의 시간을 갖는 일입니다. 그런데 혼자서 쌍둥이를 키우는 엄마는 자기 시간을 가지기가 너무 어렵습니다. 그렇다고 할지라도 아이돌보미의 도움을 받는다거나 주말에 남편에게 아이를 잠깐 맡겨서 자기만의 시간을 가지도록 합니다. 특히 돌 전의 아이들이라면 엄마가 최소한 편히 잠잘 시간만이라도 확보할 수 있도록 해보세요. 아이들이 밤에 여러 번 깨서 잠을 설치는 경우가 많다면 특히 더 그렇습니다. 밤에 잠을 못 자면 육체적 피로는 물론이거니와 정신적 우울증에 빠질 수도 있습니다. 아이가 어릴수록 꼭 주변의 도움을 받아 휴식을 취할 시간을 가지는 것이 필요합니다.

넷. 포기할 것은 과감히 포기한다

쌍둥이를 키우면서 모든 일을 다 할 수는 없습니다. 그리고 사실 쌍둥이를 키우는 것만으로도 벅찬 일입니다. 두 아이를 양육해야 하므로 한 아이를 키우는 것보다 해야 할 일도 많습니다. 따라서 아이 키우는 일 외에 집안일은 포기할 것은 과감하게 포기해야 합니다. 더군다나 아이들이 없었을 때 내가 다 할 수 있었던 일들을 똑같이 할 수는 없으니 포기할 것은 빨리 포기하는 것이 좋습니다. 아이들을 보면서 식사 준비할 시간이 부족하다면 사다 먹을 수도 있으니 모든 일을 다 해내야 한다는 생각은 잠시 잊는 것이 좋습니다. 육아방식 또한 눕혀서 재우는 문제나 숟가락을 쥐어주는 시기, 밤중수유, TV 보여주기 문제 등 육아책에서 제시하는 대로 모두 할 수 없으니 안 되는 부분이 있다면 여유 있게 생각해도 좋습니다.

다섯. 엄마를 편하게 해주는 것에 돈을 아끼지 말자

흔히 숟가락이 작을 때 돈을 모으자는 말이 있습니다. 이 말은 아이가 어렸을 때 돈을 모으라는 말이지만 쌍둥이를 키울 때는 예외입니다. 아이들이 어릴수록 힘든 게 쌍둥이 육아이므로 엄마를 편하게 해줄 수 있는 것이 있다면 돈을 아끼지 않도록 합니다. 제일 좋은 방법은 육아도우미를 쓰는 것이지만 그러기 힘들다면 지출이 크더라도 엄마가 편해질 수 있는 육아방법을 찾아보세요. 예를 들어, 바운서나 흔들침대, 쌍둥이 유모차 등 육아의 부담을 덜어주는 용품을 구매하여 도움을 받을 수 있습니다. 새것을 사는 것이 부담스럽다면 중고를 구매하는 식으로 부담을 줄일 수도 있습니다. 또한 식사 준비하는 것이 어렵다면 반찬도우미를 이용한다거나 아니면 일주일에 한 번이라도 가사도우미를 쓰는 방법을 선택할 수도 있습니다.

여섯. **쌍둥이 육아와 관련된 온오프모임에 참여한다**

쌍둥이를 키우다 보면 아이 하나를 키우는 집에 놀러가는 일이 부담스럽습니다. 더군다나 집으로 다른 엄마를 놀러오게 하는 일도 부담스럽지요. 자연스럽게, 서로의 상황을 이해할 수 있는 쌍둥이 엄마들과 교류하는 것이 점점 더 마음이 편해집니다.

또래 쌍둥이를 둔 엄마 모임에 참여해보도록 하세요. 아이들을 놔두고 나갈 형편이 되지 않는다면 아이들을 데리고 야외에서 모임을 가지거나 그것도 힘들면 온라인으로 모임에 참여하는 것도 좋습니다. 나 혼자서만 하는 고민들이 나만의 고민이 아니라는 것을 알게 되고 해결책을 찾게 되는 경우도 많습니다. 또한 쌍둥이 키우는 어려움과 힘듦을 나누면서 공감이 생기고 마음의 여유를 가질 수도 있게 됩니다.

일곱. **나쁜 엄마라고 자책하지 않는다**

두 아이를 키우면서 아이들에게 화내고 소리 지르지 않고 키우는 것은 거의 불가능합니다. 조금 더 인내심을 가지면 좋겠지만 감정적으로 아이를 대했다고 해서 나쁜 엄마라고 자책할 필요는 없습니다. 물론 아이가 하나라면 아이의 말을 끝까지 들어줄 수도 있고 아이가 하고 싶은 것을 다할 때까지 기다려줄 수도 있겠지만 두 아이를 데리고 먹이고 재우는 일상생활을 하거나 외출 등을 하기 위해서는 매번 그렇게 하기가 힘듭니다. 또한 매번 부딪히게 되는 아이들의 서로 다른 요구를 다 들어줄 수도 없습니다. 그러다 보면 소리도 많이 지르게 되고 빈번하게 화를 내기도 합니다. 어떤 경우에는 아이에게 너무 일찍 매를 들 때도 있고 그럴 때 아이들에게 드는 죄책감은 이루 말할 수 없습니다.

하지만 내가 아이들에게 나쁜 엄마라고 지나치게 괴로워할 필요는 없습니다. 대부분의 쌍둥이를 키우는 엄마들이라면 누구나 겪는 상황입니다. 힘들지만 지금까지 잘해왔으며 엄마보다 우리 아이들에게 더 잘해줄 사람은 없다는 사실을 늘 기억하세요.

여덟. 쌍둥이들을 비교하지 않는다

쌍둥이들은 성격, 기질, 장단점이 모두 다르기 마련입니다. 일란성 쌍둥이라고 할지라도 성격이 같지는 않지요. 서로 잘하는 것이 다른데 이걸 가지고 아이들을 서로 비교하는 것은 아이에게 좋지 않은 영향을 미칠 수 있으니 되도록 서로 비교하지 않도록 합니다.

아홉. 기관에 일찍 보내는 것도 고려해본다

보통 세 돌까지는 주 양육자가 데리고 키우는 것이 좋다고 말합니다. 그러나 쌍둥이 육아가 너무 벅차다면 이보다 일찍 기관에 보내 도움을 받는 것도 고려해볼 수 있습니다. 하루 종일 보내는 것이 마음에 걸린다면 오전에만 보내거나 시간제로 잠깐 맡기는 방법도 있습니다. 아이들이 어릴수록 적응기간이 오래 걸릴 수도 있지만 언젠가는 적응하게 마련입니다. 또, 직장에 다니는 엄마라면 기관에 일찍 보내는 경우가 많은데 일찍 보내는 것에 대해 너무 스트레스를 받지 않도록 합니다.

열. 꿈의 세 돌은 반드시 온다

쌍둥이 키우기는 세 돌이 되면 어느 정도 수월해집니다. 단태아의 경우 생활적인 측면은 두 돌이 되면 서서히 수월해지지만, 쌍둥이는 두 돌도 굉장히 힘든 시기입니다. 하지만 세 돌을 정점으로 생활적인 측면은 어느 정도 편해집니다. 아이들이 말귀를 알아듣고 의사소통이 되면서 통제하기도 쉬워지고, 엄마 혼자 아이들을 데리고 다니는 것도 이전보다 낫습니다. 예민하고 까다로워 힘들었던 아이들이라 할지라도 세 돌이 지나면 나아지는 면이 있습니다. 그리고 세 돌이 되면 둘이서 잘 노는 시간이 점점 늘어나 여유가 생기기도 합니다. 아이가 어릴수록 많이 힘들지만 자랄수록 수월해지는 면이 늘어나니 조금만 더 힘을 내서 꿈의 세 돌을 기다려봅시다.

0-3세는 아이들 키우기 참 힘든 시기이기도 하지만, 가장 예쁘고 사랑스러운 때이기도 합니다. 월령별로 궁금하고 꼭 필요한 이야기들, 쌍둥이 엄마들이 그 시기에 가장 고민스러웠던 문제와 해결법에 대하여 선배맘의 경험담과 함께 조목조목 정리해보았습니다. 쌍둥이 육아정보와 돌보기 조언이 쌍둥이 육아를 조금 더 여유롭게 시작하는 데 도움이 되길 바랍니다.

PART 3

월령별 육아

생후 1~2개월 쌍둥이 돌보기

아이는 이만큼 자라요

+ 누운 자세에서 머리를 좌우로 돌릴 수 있어요.
+ 눈은 움직이는 빛이나 물체를 따라갑니다.
+ 배냇짓을 합니다.
+ 엎어 놓으면 고개를 들려고 애써요.
+ 시력은 백일 전까지는 윤곽만 인식하는 정도이며 그 후에 색을 구분합니다.
+ 포동포동 살이 오르기 시작합니다.
+ 일정한 수면리듬이 잡힙니다.

이 시기 쌍둥이를 돌볼 때는 이렇게 하세요

+ 아직 단태아에 비해서 체중이 적은 편이나 걱정할 필요는 없습니다.
+ 두 명의 아이를 동시에 먹이고 재울 수 있도록 육아 리듬을 맞추세요.
+ 스윙이나 흔들침대를 이용하여 용이하게 아이들을 재울 수 있습니다.
+ 엄마가 많이 힘든 시기이니 시간이 날 때마다 휴식을 취하세요.
+ 밤중수유만이라도 가족의 도움을 받도록 하세요.
+ 이 시기 산후조리를 잘 해두는 것이 정말 중요합니다. 힘을 비축해두세요.

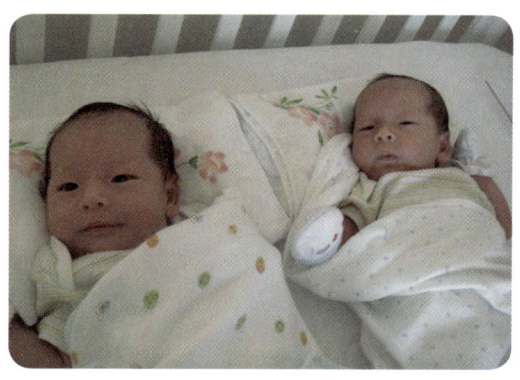

수유하기

【 준서와 성연이 】

큰애를 모유수유 한 터라 준서와 성연이도 당연히 모유를 먹일 수 있을 거라고 생각했어요. 그런데 산후조리원에 있는 동안 모유수유를 시도했었는데 아이들이 빠는 힘이 약해 잘 빨지 못했어요. 아이가 땀을 뻘뻘 흘리며 빠는데도 제대로 빨지 못하니 조바심도 나더군요. 모유를 물리려고 노력했지만 여전히 물리기도 어렵고 아이가 빨지 않아서 결국 분유를 먹이기 시작했어요. 저희 아이들은 분유도 아주 잘 먹는 편은 아니었어요. 보통 양껏 먹고 시간을 지켜 다음에 먹어야 하는데 아이들이 배가 조금만 불러도 분유를 더 이상 빨지 않으려 해서 한 번도 우유병에 타온 우유를 다 먹여본 적이 없었어요. 또 배고픈 걸 못 참아서 배고프다고 으앙 하고 울기 시작하면 바로 입에 젖병을 물려줘야 안 그러면 숨넘어가듯이 울어댔어요. 그래서 저는 모유, 분유 모두 먹이는 것이 쉽지 않았어요. 한 번에 양껏 먹고 밤에도 잘 자는 아기들이 제일 부러웠었지요.

【 건우와 태우 】

제왕절개로 아이들을 낳고 보니 젖이 바로 돌지 않아 분유를 먹이기 시작했어요. 이후에 젖을 물리려고 수차례 시도해보았지만 잘 빨리지 않는지 아이들이 자지러지게 울기만 해서 결국 완모를 포기하게 되었습니다. 유축해서 먹여보기도 했는데 유축한 모유는 먹지 않고 분유만 찾기에, 한 달 정도만 유축한 모유를 분유와 섞여 먹이고 이후에는 분유로만 키웠어요.

생후 2개월쯤에 태우가 우유를 너무 자주 찾아서 원하는 대로 주다 보니 많이 먹고 토하는 일이 있었어요. 소아과 선생님과 상담했더니, 너무 자주 먹이다 보니 한 번에 많이 먹지는 못하면서 전체적인 하루 양은 권장섭취량을 초과하고 있다고 하시더라고요. 시간 간격을 늘리고 한 번에 먹는 양을 점점 늘려 먹이는 횟수를 줄이자 아이도 수월해하고 토하지도 않게 되었어요. 외출 시에는 액상분유를 먹이거나 일회용 젖병을 쓰기도 했는데, 두 아이 모두 분유나 젖병을 가리지 않고 잘 먹어주었어요. 모유를 먹이지 않아서 면역력이 떨어지지 않을까 걱정도 했었는데 다행히 크게 아프지 않고 잘 커준 것 같아요.

모유 먹이기

쌍둥이가 첫 아이일 경우, 혹은 모유수유 경험이 없는데 쌍둥이에게 모유를 먹인다는 것은 쉬운 일이 아닙니다. 그러나 태어난 아이에게 모유를 먹이는 것만큼 좋은 선물은 없지요. 모유를 먹이기로 생각했다면 되도록 직접 아기에게 모유를 수유할 수 있도록 노력해보세요. 모유수유를 할 때 직수를 하는 경우도 있고 유축을 하는 경우도 있습니다. 유축을 하는 경우는 대부분 아기가 젖을 잘 빨지 못해서 그러는데, 처음부터 유축을 해서 먹이기 시작하면 나중에 엄마가 더 힘들어지니까, 처음에 힘들더라도 직수를 해서 먹이는 것이 더 좋습니다. 특히 직수를 하는 경우 젖을 빠는 아기의 힘에 의해서 모유의 분비가 더 활발해질 수 있으므로 유축보다 모유의 양이 쉽게 늘 수 있습니다.

아기 둘을 동시에 모유수유 할 수도 있습니다. 두 아기를 수유쿠션에 받치고 양쪽으로 끼고 먹이는 방법 등 여러 가지 자세로 동시 수유가 가능합니다. 모유수유를 하기로 했다면 아기를 낳은 직후부터 자주 젖을 물려야 모유의 양도 늘고 아기도 더 잘 빨 수 있게 되어 성공 확률도 높아집니다. 한두 달 정도 고생하면 그 후에는 수월해지니 포기하지 말고 계속 시도하는 것이 중요합니다.

만약에 직접 물리지 못한다면 유축을 해서 젖병에 담아 먹이는데, 유축을 할 때는 3~4시간 간격으로 유축을 하고, 젖량을 늘리기 위해 젖이 안 나올 때까지 최소 20분

쌍둥이 모유수유 자세

이상 유축하는 것이 좋습니다.

　모유의 양이 적어 분유도 같이 먹이는 경우에는 모유를 양껏 먹인 다음 분유를 먹이는 것이 좋습니다. 아니면 횟수를 조절해서 모유를 한 번 먹이고 분유를 한 번 먹이는 식으로 번갈아 먹일 수도 있습니다. 다만, 젖병을 빠는 것이 엄마 젖을 빠는 것보다 힘이 덜 들기 때문에, 아기들이 젖병을 빨다 보면 엄마 젖을 안 빨려고 하는 경우가 생길 수도 있습니다.

분유 먹이기

모유가 충분히 나오지 않아 분유를 먹이기로 결정했다면, 정확한 방법으로 분유를 타야 합니다. 분유는 일반적으로 젖병에 1/3~2/3 정도의 온수를 먼저 따르고 정확한 양의 분유를 넣고 녹인 후 남은 수유량까지 물을 따라 채우면 되는데, 수입 분유의 경우 물을 먼저 따르고 정해진 양의 분유를 넣고 녹여 먹여야 하는 경우도 있으니, 사용하는 분유의 타는 법을 숙지해야 합니다.

　분유를 보관할 때도 깨끗하고 건조한 곳에 보관해야 변질을 막을 수 있습니다. 개봉 후 제품의 뚜껑은 완전히 닫아두어야 하며, 제품에 들어있는 스푼은 물기 없이 깨끗한 상태로 보관하세요. 제품에 따라 차이가 있긴 하지만 한번 개봉한 제품은 3주 이내에 먹이는 것이 좋으며, 아기에게 분유를 줄 때도 바로 타서 먹이는 것이 원칙입니다. 혹시 냉장보관을 해서 먹여야 하는 경우가 있다면 24시간을 넘기지 않아야 하며, 찬 분유는 중탕해서 먹이고 아기가 먹고 남은 것은 버려야 합니다.

　모유와 마찬가지로 분유도 아기가 원할 때 주는 것이 원칙인데요. 2시간 혹은 3시간마다 등 월령에 따른 기준이 있지만, 아이가 울면서 자지러지는데도 시간이 안 되었다고 굶기거나 더 달라고 하는데도 정해진 양만을 먹여야 하는 것은 아닙니다. 하지만 어느 월령에도 하루에 최대 980㎖는 넘지 않는 것이 좋습니다.

분유 타기

우선 젖병에 타고자 하는 양의 1/3~2/3 정도 되는 뜨거운 물을 붓고 전용 스푼으로 분유를 넣습니다. 가령 150㎖의 분유를 탈 계획이라면 50~100㎖의 뜨거운 물에 분유를 타는 거지요. 분유가 다 녹으면 처음 타고자 했던 150㎖ 눈금에 맞게 물을 부어 정량을 맞춰줍니다. 이때 끓여서 식힌 물을 사용하면 적정온도를 맞추기가 한결 수월하답니다. 요즘은 전기주전자나 포트 중에 온도 조절 기능을 갖춘 제품이 많이 나와 있어요. 분유 타기 전 생수를 한 차례 끓인 다음 온도를 설정하면 그 온도까지 식는 것인데, 40, 60, 100℃ 등 원하는 온도를 설정할 수 있으니 적당한 온도로 설정해두면 분유 타기가 더 편리합니다.

물의 온도

분유에는 열에 약한 영양소가 들어 있어 끓는 물을 이용하면 분유의 영양소가 파괴될 수 있다고 합니다. 그렇다고 미지근한 물에 타면 분유가 제대로 녹지 않겠지요. 가장 보편적인 방법은 한 차례 끓인 물을 70℃로 식혀서 분유를 타는 것입니다. 잘 녹을 뿐 아니라 만에 하나 분유에 남아 있을지 모를 잡균이나 미생물도 제거됩니다. 물론 아기에게 먹일 때는 이보다 더 식혀 체온과 유사한 온도로 먹이는 것이 좋습니다. 분유는 최대한 모유를 닮고자 하므로 엄마의 체온과 유사한 온도로 먹이는 게 가장 좋아요.

녹이는 방법

젖병을 위아래로 흔들지 말고 좌우로 비비듯 돌려 녹여야 합니다. 젖병을 위아래로 흔들면 공기방울이 생길 수 있어요. 아기가 분유를 먹으면서 공기방울을 삼키면 배앓이를 할 수 있으므로 주의해야 합니다.

농도

정해진 비율과 무관하게 임의대로 분유와 물의 비율을 조절해서는 안 됩니다. 분유의 농도가 진하면 아기 장에 부담을 주어 탈수나 설사의 원인이 되며, 반대로 분유의 농도가 너무 옅으면 열량과 영양이 부족해 몸무게가 잘 늘지 않고 변비가 되기 쉽습니다. 물론 급성장염을 앓은 뒤 회복기간에는 일시적으로 묽게 먹이는 경우도 있지요. 하지만 아기가 회복한 이후에는 정상 농도로 먹이는 것이 장 회복에 도움이 되는 것을 잊지 마세요.

수유하기 Q&A

Q 쌍둥이 아기들에게 모유수유를 하려면 어떻게 해야 하나요?

A 모유수유를 할 경우, 두 명을 동시에 수유할 수도 있고 한 명을 먹이고 연이어 다른 한 명을 먹이거나, 한 명만 직접 먹이고 다른 한 명은 유축한 모유를 먹일 수 있습니다. 두 명을 동시에 수유할 경우에는 처음부터 두 아이를 한꺼번에 안아서 수유하기는 힘드니 수유쿠션 등을 이용하여 같이 눕힌 다음 먹입니다. 조금 익숙해지면 두 아이를 각각 한 팔에 끼고 동시 수유도 가능해집니다.

한 아이가 자고 있거나 먹는 시간이 다른 경우에는 차례차례 모유수유가 가능하며 한 명씩 번갈아 먹일 때는 기다리는 아기를 위하여 노리개젖꼭지를 사용할 수도 있습니다. 한 명은 직접 안아 먹이고 한 명은 유축을 해서 먹이는 경우나 두 아이 모두 유축해서 먹이는 경우에는 바운서나 흔들침대에 눕혀 옷걸이를 이용한 젖병 지지대 등을 사용하여 먹일 수도 있습니다. 밤에 누워서 먹여야 하는 경우에는 아이들을 양 옆에 눕혀 재우고 한 명씩 번갈아 먹이는 것이 편합니다.

Q 둘을 모유수유 하다 보니 지금 먹는 양이 적당한지 모르겠어요.

A 쌍둥이의 경우 일반적으로 단태아보다 작게 태어나기 때문에 쌍둥이 엄마들은 아기들의 몸무게와 먹는 양에 더욱 더 신경 쓰게 됩니다. 그러나 수유 후의 아기 표정이나 반응을 유심히 살펴보면 아기가 충분히 먹고 있는지 알 수 있습니다. 양껏 먹은 아기들은 대개 젖이나 젖병에서 입을 뗀 뒤 쉽게 잠이 들거든요. 그리고 신생아라면 하루 6~8번의 소변, 3~4회의 대변을 보기 때문에 그 정도 기저귀를 갈고 있다면 아기는 충분히 먹고 있는 셈입니다. 물론 모유를 먹는 아기들은 때때로 변을 자주 못 보기도 하지만, 부드러운 상태의 대변을 본다면 정상입니다.

신생아 시기에는 아기가 달라고 할 때마다 수유해야 합니다. 모유에는 전유, 중유, 후유의 성분이 다른데 아기가 젖을 빨고 2시간 이내에 또 달라고 하면 다시 먹여서 후유까지 먹여야 전유 후유 불균형을 막을 수 있습니다. 신생아는 아직 빠는 힘이 약하므로 수시로 수유를 하는 것이 모유수유를 성공하는 방법입니다. 다만, 신생아 시기가 지나면 보챈다고 젖부터 물리는 것은 바람직하지 않습니다. 한 아이가 배가 고파서 먼저 잠에서 깨면 다른 아이도 깨워 젖을 먹이는 방법으로 스케줄을 조정하는 것이 좋으며, 세 쌍둥이 이상의 경우에도 둘씩 짝을 지어 젖을 먹이는 스케줄을 짜는 것이 좋습니다(분유도 마찬가지입니다).

모유의 경우에는 분유보다 소화되는 시간이 짧기 때문에 보통 2시간마다 수유하기가 권장되며, 분유의 경우 보통 신생아 때는 3시간을 기준으로 하루 7~8회 수유가 적당합니다. 일반적으로 분유는 생후 6개월 전까지는 600㎖ 내외로 먹고 있다면 적절하고, 이유식 중기 이상으로 넘어가게 되면 500~600㎖ 정도, 만 1세 이상이 되면 400㎖ 정도, 유제품을 포함하여 600㎖ 이하로 먹일 것을 권장합니다.

미숙아는 일반적으로 두 돌쯤 되어서 다른 아기들의 몸무게와 비슷해집니다. 너무 빨리 몸무게를 늘리는 것은 나중에 성인병의 발생을 증가시키고 식습관 장애와 수면 장애를 일으킬 수도 있다고 하니, 쌍둥이라서 작게 태어났으니 더 많이 먹여 빨리 따라잡아야 된다는 생각을 버리고 여유를 가져보세요.

예방접종

[준서와 성연이]

준서와 성연이의 경우 예방접종은 거의 정해진 날짜에 맞혀왔어요. 물론 열이 나거나 감기가 심할 때는 며칠 미루었다 맞힌 적은 있었지만요. 처음 DPT 예방접종을 맞고 온 날은 아기들이 열이 나기도 했어요. 하지만 열이 날 수 있다는 설명을 미리 들었기 때문에 당황하지 않고 해열제를 먹였더니 다음날 더 이상 열이 나지 않고 괜찮아지더군요. 돌 전에는 맞혀야 하는 예방접종의 횟수가 많다 보니 애들 데리고 주사 맞히러 가는 것이 큰 일이더라고요. 그래서 저는 주로 환자가 많은 월, 금요일을 피해 수요일 오전에 병원에 가서 예방주사를 맞혔어요. 저희 아이들이 다녔던 소아과는 예방접종 전에 항상 문자로 접종일을 알려주곤 했는데, 그래서 잊지 않고 접종할 수 있어 참 좋았어요. 그리고 저는 필수예방접종뿐 아니라 선택예방접종도 모두 맞혔어요. 아기가 둘이라 비용이 많이 부담스러웠지만 그래도 병을 예방하는 것이 더 중요하다고 생각해서 고민하지 않고 맞혔습니다.

【 건우와 태우 】

건우와 태우도 예방접종은 필수와 선택 모두 맞혀왔어요. 신종플루로 독감 예방접종에 관해서 많은 이야기들이 나왔을 때도 의사선생님의 의견을 먼저 들어보고 예방주사를 맞혔어요. 태우가 일본뇌염주사 접종을 한 번 건너뛰고 다음해에 맞은 적이 있는데, 그 당시 아이가 열성경기를 앓았고, 열성경기 후에는 일본뇌염주사를 1년간은 피한다는 소아과 선생님 의견에 따른 것이었어요. 저희 아이들은 신생아 때부터 한 곳의 소아과를 다니고 있는데요. 응급실을 이용했거나, 주말에 아파서 주말에 여는 병원에서 진료를 받았더라도 이후에 소아과 선생님에게 말씀드려서 아이들의 병력을 차트에 기록해두었어요. 아이들이 조금 자라면 아기수첩을 잘 챙기지 않게 되기도 하고, 병원을 여러 곳 다니다 보면 아이의 이전 병력을 모른 채 진료를 할 수 있기 때문에 저는 가능하면 소아과는 한 곳으로 다니는 것이 좋다고 생각해요. 특히 예방접종은 한 병원에서 맞히는 게 나중에 혹시라도 접종확인이 필요한 경우에 찾아보기 쉬울 것 같아요.

예방접종의 시기

예방접종을 하는 나이는 아이의 태어난 날을 기준으로 하기 때문에, 미숙아라도 태어난 날을 기준으로 맞혀야 합니다. 다만 태어났을 때의 체중이 2.5kg 미만의 미숙아의 경우에는 B형 간염 백신 접종은 몸무게가 2.5kg가 된 후에 접종하거나 다른 접종과 같이 생후 2개월이 지났을 때 접종하는 것이 바람직합니다. 병원 한 곳을 정해 계속 같은 병원에서 예방접종을 하면서 아이의 발달 상태도 체크하고 상담도 하는 것이 좋습니다.

예방접종 주의사항

예방접종을 하는 날에는 먼저 아기의 상태를 확인해야 합니다. 체온을 재서 열이 있는지 확인하고, 만약 열이 있다면 접종하지 않도록 하세요. 그리고 접종은 되도록 오전에 하는 것이 좋은데 이는 혹시라도 이상 증상이 있는 경우에는 병원에 가야 하기 때문입니다. 예방접종 중 폴리오와 같이 경구용일 경우에는 수유 후 적어도 30분 이상이 지난 후에 하도록 하세요. 접종 전 30분 동안에는 아무것도 먹이지 않는 것이 좋습니다.

　예방접종을 한 날에는 일반적으로 목욕을 시키지 않습니다. 간혹 예방접종 후 열이 나는 경우도 있는데, 접종한 날 밤에 갑자기 열이 나면 해열제를 먹이고 아침에 병원에 가도록 하세요. 다만 DPT 접종을 하면 하루 동안 열이 날 수 있습니다. 해열제를 먹이면 대부분 하루 정도가 지나면 열이 떨어지는 경우가 많습니다.

　쌍둥이를 데리고 엄마 혼자서 병원에 예방접종을 하러 가야 한다면, 미리 병원에 문의하고 예약을 해서 아이들이 오랜 시간 기다리다 보채는 일이 없도록 하세요. 소아청소년과는 월요일이나 금요일에는 대기시간이 길어질 때가 많으니 되도록 피하는 편이 좋습니다. 예약이 안 되는 병원이라면, 병원에 전화를 걸어 아기들이 쌍둥이이고 엄마 혼자 데리고 가야 한다는 사정을 설명하고 대기인원이 없는 시간을 안내 받아 방문하도록 하세요. 접종 바로 전이나 바로 후에 수유를 하는 것보다는 시간을 조금 두는 것이 좋으므로 수유시간도 고려해야 합니다.

필수 예방접종

대상 전염병	백신	접종 횟수	접종 시기
결핵	BCG(피내용)	1회 접종	0개월(생후 4주 이내)
B형간염	HepB	3회 접종	0개월, 1개월, 6개월
디프테리아 파상풍, 백일해	DTaP	3회 접종	2개월, 4개월, 6개월
		추가접종	15~18개월, 만4~6세, 만11~12세
폴리오	IPV	3회 접종	2개월, 4개월, 6개월
		추가접종	만4~6세
홍역, 유행선이하선염, 풍진	MMR	2회 접종	12~15개월, 만4~6세
수두	Var	1회 접종	12~15개월
일본뇌염	JEV(사백신)	3회 접종	12~36개월
		추가접종	만6세, 만12세
인플루엔자	사백신	매년접종	5개월~만4세
	생백신	매년접종	24개월~만4세
장티푸스			고위험군에 한하여 접종

수두, 일본뇌염, 독감 예방접종

수두는 돌이 지나고 한 번만 접종해도 충분합니다. 일본뇌염은 사백신은 생후 12~24개월에 일주일 간격으로 2회 접종하고 2차 접종 후 12개월 뒤 잊지 말고 3차 접종해야 합니다. 참고로, 생백신은 선택 예방접종으로 의료기관에서 접종이 가능하며, 12개월 이후 1차 접종하고 1년 후 추가 접종합니다. 독감 인플루엔자는 유행 시기(12월~이듬해 4월)와 백신 공급 시기를 고려해서 챙겨야 합니다. 생후 6개월~만 9세 미만 아동이 처음으로 독감 예방접종을 할 경우에는 9~12월 사이에 1개월 간격으로 총 2회 접종하고 그 후로는 매년 1회 접종합니다. 유행하는 인플루엔자 바이러스가 조금씩 달라지므로 매년 접종합니다.

선택 예방접종

선택 예방접종은 뇌수막염, 폐구균 단백 결합백신, 로타 바이러스 등이 있습니다. 선택 예방접종은 필수 접종에 비해 금액이 비싸며 보건소에서는 지원하지 않습니다.

예방접종 종류	접종 횟수	1인 1회당 비용
뇌수막염	3회 접종(1회 추가접종)	4만 원
폐구균 단백 결합백신	3회 접종(1회 추가접종)	10만 원
로타 바이러스	3회 접종	10만 원
A형 간염	2회 접종	5만 원

뇌수막염

흔히 뇌수막염 예방접종이라고 말하는 Hib 백신은 B형 헤모필루스 인플루엔자를 예방하는 접종입니다. 특히 소아에게 뇌막염, 후두개염, 폐렴 등 중증 침습성 질환을 일으키는 것으로 알려져 있습니다. 기침이나 재채기를 할 때 호흡기로 전염되기 때문에 청결이 우선입니다. 접종시기는 폐구균 백신과 같이 생후 6주부터 2개월 간격으로 2, 4, 6개월에 총 3회 접종하며, 12~15개월 사이에 추가 접종합니다.

폐구균

폐구균은 소아의 세균성 폐렴, 뇌수막염, 패혈증, 중이염, 부비동염 등 여러 가지 질병의 주요 원인이 되는 감염성 질환입니다. 폐렴은 1~3일의 잠복기를 거쳐 갑작스러운 고열과 오한, 기침, 흉통, 호흡곤란 등의 증상이 발생하고, 뇌수막염의 경우 고열, 구토, 두통을 동반합니다. 세균에 의한 2차 감염 질환이기 때문에 면역력이 약한 아이에게는 치명적입니다. 폐구균 백신으로는 신플로릭스와 프리베나13, 두 가지 백신이 접종 중에 있습니다. 신플로릭스는 중이염에 더 효과적이며, 프리베나13은 우리나라에서 발병률이 높은 19A를 포함한다는 장점이 있습니다. 접종시기는 생후 6주부터 시작하여 2개월 간격으로 2, 4, 6개월에 총 3회 접종하며, 12~15개월 사이에 추가 접종을 반드시 해야 합니다.

로타 바이러스

로타 바이러스는 생후 3개월 이상 5세 이하의 아이들에게 장염을 일으키는 가장 흔한 바이러스입니다. 특히 생후 6~24개월의 아이들이 많이 걸리고, 심한 경우에는 평균 5~8일 정도 입원해야 하며, 수일간 설사와 구토, 고열에 시달리기도 합니다. 예방접종 로타 바이러스 백신은 주사제가 아니라 경구 투여, 즉 먹는 백신입니다. 로타릭스(GSK 제조)를 예로 들면, 생후 6주부터 첫 접종을 할 수 있고 4주 간격으로 총 2회 접종해야 하는데, 적어도 생후 24주까지 접종을 완료해야 합니다.

A형 간염

급성간염을 일으키는 A형 간염 바이러스로 인해 발생합니다. 최근에는 위생 상태가 좋아지면서 A형 간염에 대한 항체 보유율이 10%대로 떨어져 감염 위험이 증가하고 있습니다. 별다른 치료제가 없고, 오염된 물이나 음식물 섭취, 감염된 사람과의 공기 접촉만으로도 쉽게 전염될 수 있습니다. 또한 A형 간염은 풍토성 질병이므로 아이를 데리고 동남아시아 지역을 방문할 때는 반드시 권장되는 예방접종이기도 합니다. 만 1세부터 접종 가능하고, 6~12개월 간격으로 2회 접종합니다.

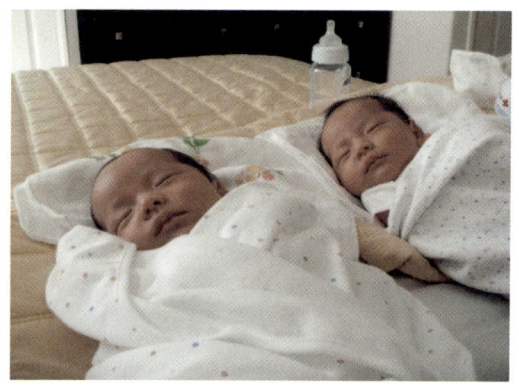

예방접종

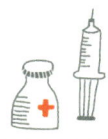

Q 쌍둥이라 예방접종비용이 부담스러운데 좀 더 저렴하게 맞힐 방법은 없나요?

A 몇 년 전만 해도 필수 예방접종이 무료가 아니어서 보건소에서 맞히는 편이 저렴했습니다. 지금은 각 지자체에서 필수 예방접종 무료 지원사업을 하고 있으므로 필수 예방접종은 무료로 접종이 가능합니다. 대상은 만 12세 이하이며, 지원 백신은 국가필수예방접종으로 지정된 총 10종의 백신으로, 결핵(BCG, 피내용), B형 간염, 디프테리아/파상풍/백일해(DTaP), 폴리오(IPV), 디프테리아/파상풍/백일해/폴리오(DTaP-IPV), 홍역/유행성이하선염/풍진(MMR), 일본뇌염(사백신), 수두, 디프테리아/파상풍/백일해(Tdap, Td, 만11세 이상)가 해당됩니다. 보호자 본인부담금은 접종시행료 5,000원이며, 이 비용은 지자체별로 상이할 수 있습니다. 자세한 사항은 예방접종도우미 홈페이지(http://nip.cdc.go.kr)를 참고하세요. 매년 맞혀야 하는 독감 예방주사를 포함하여 모든 선택 접종은 인구보건복지협회의 각 지사에서 저렴한 비용으로 맞힐 수 있으므로 홈페이지(www.ppfk.or.kr)에서 가까운 협회를 찾아 방문하면 됩니다.

Q 쌍둥이를 데리고 예방접종을 맞히러 가는 요령이 있을까요?

A 아기들이 어릴 때는 두 아이를 엄마가 혼자 데리고 나가기 힘들어서 예방접종을 맞히는 날이면 누군가의 도움이 필요합니다. 게다가 어린 아이들을 데리고 병원에서 오랜 시간 기다리는 것도 부담스러운 일인데요. 2012년부터는 콤보백신이 필수 예방접종에 포함되었으므로 콤보백신을 이용하면 6번 맞아야 할 것을 3번으로 줄일 수 있을 뿐 아니라 비용도 절약됩니다.

병원은 가능하면 가깝고 나중에라도 엄마 혼자서 둘을 데리고 다니기 쉬운 곳으로 결정하여 한 곳으로 다니는 것이 좋습니다. 여러 병원에서 접종한 경우에는 아기수첩을 잃어버리면 나중에 체크하는 데 번거로울 수 있으니 잘 챙겨둡니다. 또한 진료와는 달리 예방접종은 예약이 가능한 병원도 있으므로 오랜 시간 아기들이 병원에서 기다리지 않도록 예약을 받아주는 병원을 이용하는 것이 좋습니다.

돌 전에는 맞혀야 할 예방접종이 많아 병원에 자주 가야 합니다. 엄마 혼자서 아기 둘을 데리고 예방접종 하러 가는 것은 힘든 일이지만 그렇다고 불가능한 일도 아닙니다. 병원이 걸어서 갈 수 있을 정도의 거리라면 쌍둥이 유모차에 태워서 가는 것이 가장 수월합니다. 차를 타고 가야 하는 곳이라면 카시트에 태워서 갑니다. 생후 6개월 전이면 캐리어형 카시트를 쓸 수 있는데, 아기가 잠들었을 때 그대로 들고 들어갈 수 있어 좋습니다.

Q 아이들이 번갈아 아프다 보니 예방접종 시기를 놓쳤어요. 어떻게 하죠?

A 쌍둥이들은 한 아이가 아프면 다른 아이도 이어서 아픈 경우가 많으므로, 한 아이가 감기에 걸리면 길게는 한 달씩 감기가 진행되기도 합니다. 이런 경우에는 피치 못하게 예방접종을 미루게 되는데요. 물론 열이 없으면 접종을 해도 무방하다고 하지만, 엄마 입장에서는 한 아이라도 아프면 데리고 나가기도 힘들고, 아무래도 아이들이 어릴 때는 낮에는 열이 나지 않다가도 밤에 열이 오르는 경우가 종종 있으므로 아이들이 감기 기운이 있을 때는 접종을 망설이게 됩니다.

해당 질병에 대한 예방접종의 시기는 질병이 많이 발생하여 예방이 필요한 시기, 예방접종 후 면역력이 발생하는 시기, 최대한의 효과를 얻을 수 있고 최소한으로 이상 반응을 줄일 수 있는 시기 등 여러 요소를 고려하여 정한 것이므로 정해진 접종시기에 맞히는 것이 가장 좋습니다. 하지만 부득이 예방접종을 놓친 경우에는 추후에라도 예방접종을 하면 됩니다. 대신 추가접종은 간격을 유지하여 맞혀야 합니다.

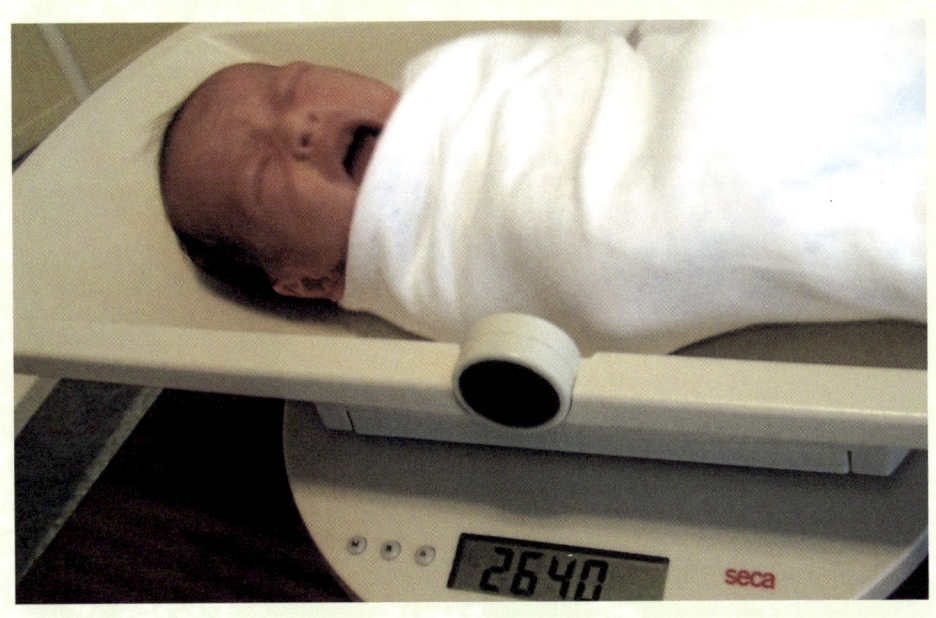

Q 미숙아로 출생했는데요. 미숙아들의 예방접종은 일반적인 예방접종과 차이가 있나요?

A 일반적으로 미숙아의 경우에도 출생시 체중이나 재태기간에 상관없이 만 나이에 따라 접종합니다. 미숙아는 특히 면역력이 약하고 성장과 발달에 대한 주기적인 평가가 필요하므로 적절한 시기에 접종을 꼭 해주는 것이 좋습니다. 또한 출생 당시의 호흡곤란 등으로 오랫동안 산소치료를 받아 신생아 만성폐질환을 앓은 아이와 같이 다른 추가접종이 필요한 경우도 있습니다.

생후 3~4개월 쌍둥이 돌보기

아이는 이만큼 자라요

+ 혼자서 목을 가누기 시작하고 머리를 자유롭게 움직여요.
+ 엎드려 놓으면 머리를 가슴 위로 들어요.
+ 백일 무렵이 되면 뒤집기를 시작해요.
+ 소리 내서 웃기도 하고 옹알이도 해요.
+ 딸랑이를 잡기 위해 손을 가까이 가져가요.

이 시기 쌍둥이를 돌볼 때는 이렇게 하세요

+ 아이들이 동시에 잠투정을 하면 힘들 때가 많으니 수면교육을 시작해보세요.
+ 밤중수유의 간격을 점차 늘리도록 하세요.
+ 쌍둥이를 재우거나 돌볼 때 도움을 받을 수 있는 육아용품을 적극 활용해보세요.
+ 이 시기는 바운서의 활용이 무척 높습니다. 다만 뒤집기를 시작하면 빠져 나오려다 다칠 수 있으니 주의해야 합니다.

재우기

[준서와 성연이]

준서와 성연이는 밤잠은 쉽게 드는 편이었어요. 큰애 때는 새벽이 되도록 아이가 잠들지 않아 고생했던 적이 많은데 준서, 성연이는 밤이 되면 졸려했고 재워주면 잠이 들었어요. 그런데 둘 다 잠투정이 있어서 졸리면 많이 보챘는데, 저녁 8시 정도 되면 칭얼대면서 보채기 시작했어요. 수면교육을 시켜 스스로 자도록 해보고 싶었는데 그다지 성공적이지는 않았네요. 저희는 주로 노리개젖꼭지를 많이 사용했는데, 잠투정을 하면 노리개젖꼭지를 물리고 아기띠로 안아주었는데 그러면 20분 정도 지나 잠이 들었어요. 깊은 잠이 들면 침대에 내려놓고 토닥거려주었어요.

[건우와 태우]

이 시기에 건우는 먹인 후에 졸려하면 자리에 눕히고 토닥여주면 잠이 쉽게 드는 편이었어요. 깨지 않고도 제법 잘 잤고요. 태우도 눕혀 재우긴 했는데, 태우는 잠이 쉽게 안 들기도 했지만 밤새 뒤척이거나 울면서 깨어나곤 해서 거실로 나와 안고 돌아다니거나 배 위에 올려놓고 엎드리게 한 채 잠을 재우기도 했어요. 이 시기에는 제대로 누워서 하루만 깊이 자보는 게 소원이었던 것 같아요. 눕기는커녕 등 뒤에 이불을 괴고 아이를 배 위에 놓고 잠드는 날이 더 많았어요. 오히려 낮잠은 그런대로 잘 잤는데, 밤마다 그런 일이 반복되었어요. 영아산통인 듯해서 가스가 차지 않도록 트림도 많이 시켰고, 따뜻한 물에 목욕하면서 배마사지도 해주고 했지만, 딱히 좋아지질 않았어요. 밤마다 2시간 간격으로 깨고 다시 재우는 데 30분에서 1시간이 걸리니 미칠 지경이었지요. 게다가 바로 눕히면 울며 일어나는 편이어서 두어달을 배 위에 엎어놓고 재웠던 것 같아요. 5개월쯤 되니 밤에 자지러지게 우는 일은 줄어들었지만, 이후로도 태우는 밤에 울면서 일어나는 날이 많았고, 깊은 밤잠을 자기 시작한 건 거의 30개월이 다 되어서였어요.

쌍둥이 밤잠 재우기

쌍둥이를 낳아 기를 때 가장 힘든 일 중 하나는 두 아이를 재우는 문제일 것입니다. 두 아이가 동시에 잠투정을 하면서 울어대기 시작하면 어떻게 할지 난감할 때가 많습니다. 둘을 같이 재워야 할지 따로 재워야 할지, 또는 낮잠은 언제부터 한 번 재워야 하는 건지, 초보 쌍둥이 엄마로서는 고민스럽기만 합니다. 이 문제는 정말 쉽게 해결되지 않는 부분으로, 해보지 않은 사람은 모를 정도로 힘들고 쉬이 지치게 합니다. 그래서 쌍둥이 육아에서 수면교육은 무척 중요하며, 특히 주변의 도움 없이 엄마가 혼자 키워야 한다면 일찍부터 아기들의 수면습관을 잡아주는 것이 엄마도 편하고 아기도 편한 길입니다.

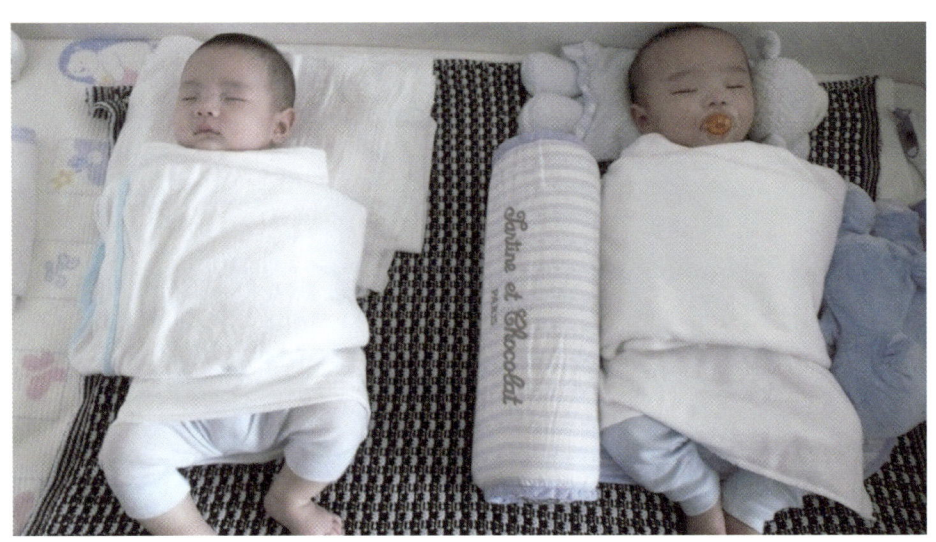

쌍둥이라서 꼭 필요한 수면교육

밤잠의 경우는 낮잠을 재우는 것보다는 수월할 수 있습니다. 밖이 어둡기 때문에 아이들도 자연스럽게 밤이 되면 잠을 자는 것이라는 규칙을 익힐 수 있기 때문입니다. 그러나 둘이다 보니 아무래도 둘을 한꺼번에 재우는 일이 벅찰 수밖에 없는데요. 특히 낮잠은 잘 자는데 밤에 자려고 할 때마다 잠투정을 하는 아기들도 있고, 아무리 재우려고 해도 자지 않으려는 아기들도 있습니다. 또는 잠이 든 뒤에 꼭 깨서 우는 아기들도 있고요. 잠을 잘 자는 아기도 있지만 기질적으로 예민해서 깊은 잠을 못 자는 아기도 있습니다.

부모가 아이에게 잠잘 시간을 알려주는 것을 '수면교육'이라고 하는데요, 일정한 시간에 눕히고, 혼자 잠들 수 있도록 잠자리 의식을 해주는 것입니다. 잠자리 의식이란 충분히 먹인 후 옷을 갈아입히고, 눕히고, 이야기를 들려주거나 노래를 불러주거나 책을 읽어주는 등의 일을 매일 똑같이 반복하는 것입니다. 자기 전에 목욕을 하는 것도 좋은 방법입니다. 잠자리 의식을 일정한 시간에 반복하면 아이들은 이제 자야 하는 시간이라는 것을 알고 잠자리 의식을 하면 졸기 시작합니다.

전문가들의 견해에 따르면 수면교육은 생후 4~6주부터 가능하다고 하며, 일찍 시작할수록 수면교육이 잘 이루어진다고 합니다. 생후 3~4개월이 되면 아기를 잠이 들지 않은 상태에서 눕힐 수 있으며, 젖을 물고 잠들거나 안아서 재우지 않는 습관을 들이는 것이 중요합니다. 밤에 재울 때는 불을 완전히 끄고, 아기를 눕힌 뒤에 잠들 때까지 조용히 노래를 불러주거나 이야기를 해줍니다. 처음에는 칭얼대겠지만, 머지않아 혼자 잠드는 습관이 들 수 있습니다. 아기가 깨서 울 때마다 젖을 물리거나 분유를 주면, 아기는 젖을 찾으러 깨는 또 다른 습관을 갖게 됩니다. 의학적으로는 생후 4개월이 지나면 배가 고파서 깨지는 않는다고 합니다. 아기가 보채더라도 가능하면 조금 기다려보세요. 아기들이 스스로 다시 잠드는 습관을 빨리 가질수록 점점 더 혼자서 잘 자게 됩니다. 이 무렵의 아기들은 작은 소리에도 민감하게 반응하므로 잠든 후 30분간은 주변을 조용히 해주세요.

누워 재운다고 처음부터 아기가 누워서 잘 자는 것은 절대 아닙니다. 금방 습관이 드는 아기들이 있는 반면, 정말 목 놓아 우는 아기들도 있습니다. 하지만 엄마가 의지

를 가지고 꾸준히 누워 재우는 연습을 하다 보면 어느 순간 아이는 누워 자는 습관을 들이게 됩니다. 아기들이 안도감을 가질 만한 것들, 예를 들면 속싸개나 담요, 봉제인형 등을 쥐어주는 것이 스스로 잠드는 데 도움이 될 수 있습니다.

아기들과 부모 모두 건강하고 편하려면 하루 일과를 규칙적으로 만드는 것이 최선입니다. 우는 아이를 하나도 아니고 둘이나 보기란 정말 쉬운 일이 아닙니다. 두 아이가 동시에 울어대거나 번갈아서 울어대면 '그냥 안고 업고 재우지'라고 먼저 생각하게 되지만, 안고 업고 재우는 습관을 계속하다 보면 몇 개월 후에는 절대 누워서 잠들지 않으려는 아이들 때문에 엄마는 더욱 더 힘들어질 것이고, 어느 순간 두 아이의 몸무게를 감당하기 어려운 순간이 오기 마련입니다. 그제야 수면교육을 해야겠다고 생각하지만, 이미 안고 업고에 길들여진 아이들을 눕혀서 재우는 일은 생각보다 훨씬 어렵고 오래 걸립니다. 다시 한번 강조하지만, 수면교육은 빨리 시작하면 할수록 습관을 들이기가 쉽습니다. 수면습관을 들이고자 마음먹었다면, 지금부터라도 천천히 꾸준히 노력하시기 바랍니다. 〈인간극장〉에 나온 네 쌍둥이는 엄마가 토닥이기만 해도 스르르 잠이 들더군요. 수면습관은 엄마 하기 나름입니다.

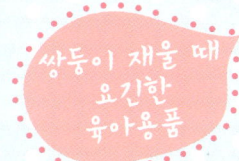
쌍둥이 재울 때 요긴한 육아용품

쌍둥이 유모차(일인용 유모차)
혼자서 쌍둥이를 재워야 한다면 쌍둥이 유모차나 일인용 유모차가 유용해요. 아기 때부터 사용한다면 180° 이상 젖혀지는 유모차가 아이를 편안하게 눕힐 수 있어서 더 좋아요. 유모차에서 재우는 건 두 돌 이상까지도 가능합니다.

바운서
쌍둥이 키울 때 바운서는 필수품이에요. 동시에 분유수유 할 때도 유용하고, 두 명이 동시에 보챌 때 달래기에도 유용하지요. 아기가 졸려할 때 바운서에 태우고 살살 흔들어주면 스르르 잠이 들어요. 바운서는 아이에 따라 다르지만 생후 6~7개월 정도까지 잘 쓸 수 있어요.

흔들침대
일반적으로 아기들은 흔들어주면 더 쉽게 잠이 듭니다. 흔들침대는 진동이나 멜로디 기능도 함께 있어서 더욱 편리해요. 흔들침대는 아기가 뒤집기를 시작하면 쓰기 힘드니 백일 전까지가 제일 적당해요.

노리개젖꼭지
쌍둥이를 재울 때는 노리개젖꼭지도 유용합니다. 둘이 동시에 울 때 노리개젖꼭지만큼 도움이 되는 것도 없지요. 아기에게 노리개젖꼭지를 너무 많이 물리면 나중에 뗄 때 어려울 수 있으니 재울 때만 물리도록 하세요. 노리개젖꼭지를 물릴 생각이 없다면 처음부터 안 물리는 게 좋습니다.

재우기

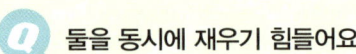 **둘을 동시에 재우기 힘들어요. 어떻게 해야 하나요?**

동시에 울면 어떻게 하는지에 관한 질문과 함께 쌍둥이 엄마들이 가장 많이 하소연하는 문제는 둘을 동시에 어떻게 재우는가입니다. 하나가 울면 다른 하나가 깨지 않을까 하는 걱정에 안고 업고 하다 보니 둘을 같이 재우기가 너무 힘들다고 합니다.

신생아 시기에는 쌍둥이 유모차를 이용하거나, 바운서, 흔들침대, 스윙 등의 육아용품을 이용하여 동시에 아기를 재우기도 하고, 앞뒤로 맬 수 있는 아기띠를 이용하여 앞뒤로 업고 안고 재울 수도 있습니다. 하지만 아기가 점점 크면 무거워서 안고 업고 하는 것도 힘겨워집니다. 게다가 오랫동안 앞뒤로 안고 업다 보면 엄마의 척추나 무릎관절에 무리가 갈 수도 있고요. 실제로 많은 쌍둥이 엄마들이 척추나 무릎, 손목, 손가락 관절의 통증을 호소합니다. 유모차나 바운서 등에 재우는 방법도 시간이 지나면 한계가 있거니와 사고의 위험도 있으니 가능한 한 눕혀서 재우기를 연습시켜야 합니다.

누워서 재우는 습관을 들인 경우에도 돌 즈음이 되면 호기심과 활동이 왕성해진 아이들은 쉬이 누워서 잠들려 하지 않습니다. 그나마 밤이 되면 누워서 자는데, 낮잠 재우기가 너무 힘들다고 하소연하는 엄마들이 참 많은데요. 낮잠도 밤잠과 마찬가지로 주변을 조금 어둡게 해주고, 적당한 신체놀이를 통해 아이들이 피로감을 느끼기 시작했을 때 누워서 잘 수 있는 환경을 갖추어 규칙적인 습관을 만들어주어야 합니다.

아이의 잠자는 리듬은 24.5시간으로 하루보다 깁니다. 그래서 아이에게 알아서 자라고 하면 매일 30분씩 늦어지므로 부모가 아이에게 잠잘 시간이라는 신호를 주어야 합니다. 잠들기 전에 너무 격렬한 활동을 하거나 너무 피곤한 경우, 혹은 낮에 크게 다치거나 놀란 경우에도 아이들은 자주 깹니다. 그리고 극도로 피곤한 경우에는 오히려 쉽게 잠들지 못하기도 합니다. 재우는 문제는 짧게는 백일, 길게는 두 돌까지도 엄마를 힘들게 하지만 시간이 조금 더 지나면 놀다가도 스르르 잠이 들기도 하니 기운 내어 조금 더 기다려보세요.

 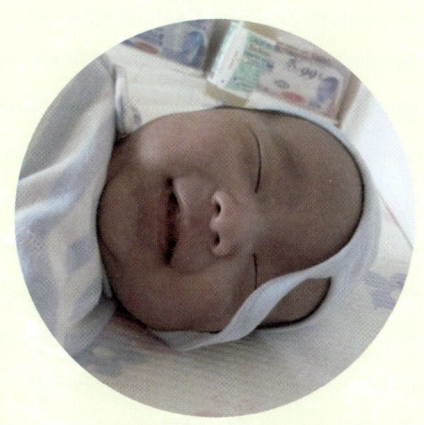

Q 쌍둥이를 재울 때, 어디서 어떻게 재워야 하나요?

A 쌍둥이들의 수면 패턴은 모두 다르지만, 엄마 입장에서는 같은 방에서 같은 시간에 재우는 것이 가장 편합니다. 함께 재우고 둘이 동시에 자면 엄마가 휴식을 취하거나 다른 일을 할 수 있으므로 쌍둥이 육아에서는 아주 중요한 원칙 중 하나입니다. 그런데 같은 방에서 쌍둥이를 재울 경우, 대부분 엄마들은 한 아기가 울면 다른 아기가 우는 소리에 깨지 않을까 하고 고민하는데요. 물론 처음에는 서로의 울음소리에 아기들이 반응하겠지만 시간이 지날수록 서로의 울음소리에 깨는 경우가 점점 적어지는 것이 일반적입니다.

뒤집기를 하기 전인 백일 전의 아기들은 아기침대에 재우는 경우가 많습니다. 기저귀를 자주 갈아주어야 하고 옷도 자주 갈아입히기 때문에 아기침대를 사용하면 엄마의 허리에 무리가 덜 가는 장점이 있습니다. 특히 백일 전의 쌍둥이들은 한 아기침대에 둘을 한꺼번에 눕힐 수도 있습니다. 그러나 뒤집기를 시작하고 아기가 능숙하게 기게 되면 아기침대가 좁게 느껴질 수 있으니 바닥에 이불을 넓게 깔고 둘을 재우는 것도 좋습니다. 이때 아기들이 굴러가도 부딪히지 않도록 주변의 물건들을 잘 치워주고 벽이나 가구 등에 범퍼나 쿠션 등으로 막아주는 것이 좋습니다. 뒤집기를 시작하고 아기가 움직일 수 있는 시기에 아기를 안전가드가 없는 어른침대에 눕혀놓고 자리를 비우면 아기가 바닥에 떨어질 위험이 있으니 유의하세요.

Q 재울 때 노리개젖꼭지를 물려도 될까요?

A 쌍둥이를 재우거나 둘이 동시에 울 때 노리개젖꼭지를 주면 얌전해지곤 합니다. 아직 빠는 욕구가 강한 시기에 노리개젖꼭지는 아기들의 욕구를 충족시켜줄 수도 있습니다. 다만 재울 때 노리개젖꼭지를 물리다 보면, 물고 자다가 입에서 빠지면 아기들이 노리개젖꼭지를 찾느라 칭얼거리고, 그때마다 노리개젖꼭지를 다시 물려서 재우면 아기도 깊은 잠을 못 자고, 엄마도 잠을 설치기 쉽습니다. 따라서 되도록이면 밤에는 노리개젖꼭지를 물려서 재우지 않는 게 좋습니다. 아니면 자기 직전에만 물려주고 잠이 들면 빼주는 것도 한 방법입니다. 간혹 노리개젖꼭지 대신 젖병의 빈 젖꼭지를 물리는 경우도 있는데, 이는 반드시 피해야 합니다. 공기가 들어가면 아기들이 배앓이를 할 수 있기 때문입니다.

노리개젖꼭지는 적절한 시기에 떼기만 한다면 크게 문제는 없습니다. 되도록 생후 8개월 이전에 떼는 것이 좋은데, 돌이 넘으면 스스로 찾아서 물리고 하고 고집도 세져서 떼기가 어려워지니까요. 노리개젖꼭지를 문다고 해서 치열에 영향을 미치지는 않지만, 언어발달은 더딜 수 있다고 합니다. 만 2세가 넘도록 노리개젖꼭지를 물리지 않도록 하세요. 노리개젖꼭지는 습관이 되면 떼기가 힘드니 신생아 때부터 노리개젖꼭지를 물리지 않고 키웠다면 이후로도 사용하지 않는 편이 좋습니다.

생후 5~6개월 쌍둥이 돌보기

이 시기 아이는 이만큼 자라요

+ 뒤집고 엎드려 노는 것이 익숙해지면서 배밀이를 시작해요.
+ 팔다리가 튼튼해지고 손과 팔을 이용하여 상체를 세워요.
+ 주위 소리에 민감한 반응을 보이기 시작해요.
+ 자신의 이름을 듣고 반응해요.
+ 낯을 가리기 시작해요.
+ 손바닥 전체로 물건을 잡을 수 있어요.

이 시기 쌍둥이를 돌볼 때는 이렇게 하세요

+ 침대 위에 잠시라도 눕히는 경우에는 바닥에 떨어지지 않도록 주의하세요.
+ 서로의 얼굴을 할퀼 수 있으므로 손톱을 짧게 잘라주어야 합니다.
+ 두 아이가 방 안 여기저기를 굴러다니므로 매트나 이불을 방 전체에 깔아두는 것이 도움이 됩니다.
+ 잠깐씩 점퍼루나 쏘서에 한 명씩 앉혀두고 일을 할 수 있습니다.

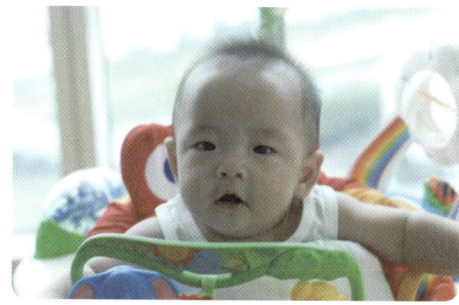
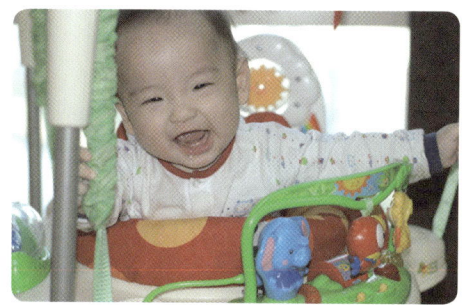

이유식

【 준서와 성연이 】

저는 아이들이 생후 6개월이 되면서 이유식을 시작했어요. 맨 처음에는 야채나 과일미음을 만들어서 먹이기 시작했지요. 미음은 두 아이 모두 잘 먹었는데, 중기 이유식에 들어가자 알갱이가 있으면 안 먹고 뱉어버려서 곤란했어요. 할 수 없이 모든 재료를 거의 갈다시피 해서 죽으로만 먹였어요. 저희 아이들은 이유식을 잘 받아먹지 않아서 몇 입 먹고는 잘 안 먹는 경우도 많았어요. 그래서 먹이면서 앞에서 노래도 불러주고 다른 곳으로 시선을 끌면서 먹이곤 했지요.

이유식 배달업체에서 이유식을 주문해보기도 했어요. 매일 아침마다 배달해주는 업체도 있었고 인터넷 사이트를 통해 주문하면 주문 수량대로 한 번에 배송해주는 곳도 있었어요. 인터넷 배송업체의 경우는 일주일치를 받아서 냉동실에 넣어두고, 먹기 전에 꺼내 실온에서 자연 해동시켰어요. 저희 아이들이 된죽은 잘 안 먹는 편이어서 거기에 물을 조금 더 첨가해서 다시 끓여 먹였지요.

처음에는 재료를 이것저것 써보고 다양하게 만들어서 먹였는데 좀 지나고 나니 결국 아이들이 잘 먹는 재료 위주로 만들게 되더군요. 이유식 책에 나온 대로 다양한 재료를 골고루 쓰지 않았지만 다행히도 아이들은 건강하게 잘 커주었어요. 다만, 처음에 과일죽을 많이 먹였는데, 나중에 생각해보니 처음부터 단것을 주어서 아이들이 단맛에 빨리 익숙해지지 않았나 싶어 후회가 되기도 했어요.

【 건우와 태우 】

저는 이유식 책을 참고로 쌀미음부터 시작했어요. 생후 5개월 때부터 불린 쌀을 갈아 10배 죽부터 시작해서 8배, 6배 정도로 줄였고요. 한 번에 하루나 이틀치를 만들어서 냉장고에 넣어두었다가, 먹일 때 물을 조금 더 넣고 다시 끓여 먹였어요. 야채가 들어가면서부터는 한 가지를 추가할 때마다 3일치 이유식을 한꺼번에 해놓고, 이틀치는 냉장고에, 3일째 먹여야 할 것은 냉동고에 넣어두었다가 해동시켜 한 번 더 끓인 후 먹였어요. 이때도 물을 약간 더 넣어주고요. 고기는 생후 6개월부터 쇠고기 안심으로 시작했는데, 한 명당 하루 양을 30g 기준으로 잡고, 한 번 구입할 때 200g 정도로 3~4일치를 사서 3등분으로 포장해 당일 쓰는 것 빼고는 냉동해두었다가 썼어요.

급할 때는 라이스 시리얼을 이용하기도 했어요. 따뜻한 물을 부어 개기만 하면 바로 먹일 수 있고, 미리 준비하지 않아도 되니 하나쯤 가지고 있으면 아이들 돌보느라 이유식을 미처 준비하지 못했을 때나 외출 시에 편하더군요. 물의 양을 조절해서 묽은 미음과 된 미음을 만들 수도 있고, 야채 한 가지만 익혀놓고 다져서 섞어 먹이기도 쉬워서 참 요긴하게 썼어요.

중기 이유식에 들어갔을 때 외출이나 장거리 여행에서 시판 이유식을 이용하기도 했어요. 하지만 시판 이유식은 조미되어 있는 경우가 많고, 저희 아이가 먹어보지 않은 재료들이 들어간 이유식도 꽤 있더군요. 원료를 꼼꼼히 살펴 아이가 먹어보고 이상이 없었던 재료들인지 확인하고, 나트륨이 적은 것을 선택하는 게 좋아요.

이유식을 시작하기 전에

보통 이유식은 아기가 목을 가누기 시작하고, 어른의 밥그릇에 관심을 가지거나 어른이 먹는 것을 보면서 입을 오물거리며 먹고 싶어하는 생후 4~6개월경에 시작하게 됩니다. 생후 4개월이면 아기가 엄마 또는 젖병의 젖꼭지를 깨물거나 혀로 가지고 노는 등 젖을 빠는 본능이 약해지는 시기로, 이때부터 이유식을 시작할 수 있습니다. 그런데 생후 4개월이면 엄마가 아직 산후 회복이 되지 않았고 아기들이 번갈아 깨어나고 먹어서 수면시간도 모자란 시기여서, 이유식을 시작한다는 것부터가 힘겹기 마련입니다. 이에 쌍둥이 엄마들은 보다 더 요령이 필요하지요.

초기 이유식은 아기가 모유나 분유 이외의 음식을 수저로 받아먹는 것에 적응하는 시기입니다. 생후 6개월경부터 이유식을 시작해도 괜찮다는 마음으로 여유를 가지고, 욕심없이 가벼운 마음으로 시작하면 됩니다.

이유식의 진행단계

이유식은 밥을 먹기 위한 연습과정이므로 단계별로 진행하는 것이 무척 중요합니다. 쌀미음으로 시작하여 하루 1회에서 3회로 늘려나가고, 생후 6개월경부터는 반드시 고기를 같이 먹여야 하며, 적어도 8개월이 되면 덩어리진 음식을 주기 시작해야 합니다. 돌이 지나면 무른 밥을 먹여 씹어 먹는 훈련을 해야 하지요. 예전에는 과일 이유식부터 시작한 적도 있었지만, 과일은 아기들이 단맛에 길들여지기 쉬우므로 천천히 시작하는 것이 좋습니다. 그리고 즙으로 짜낸 과일주스는 섬유질을 충분히 섭취하기 어려우므로, 과일을 먹이려고 한다면 주스보다는 강판에 갈아 먹이는 것이 더 좋습니다. 알레르기 반응을 최소화하기 위해 달걀 흰자, 등푸른 생선, 밀가루 음식은 돌 전에는 먹이지 않는 편이 좋습니다. 단, 흰살 생선과 달걀 노른자는 생후 6개월부터 먹일 수 있습니다.

알레르기 반응을 보일 때

쌍둥이라도 두 아이의 식성이 다를 수 있어, 어떤 재료에 대해 한 아이만 잘 먹고 다른 아이는 거부할 수도 있으며, 한 아이만 알레르기 반응이 일어날 수도 있습니다. 처음 시도하는 음식은 3일 간격을 두고 먹이는데, 알레르기나 이상반응이 반드시 먹이자마자 나타나는 것은 아닙니다. 가볍게는 무른 변을 볼 수도 있고, 심각하게는 피부에 두드러기 같은 반응이 올라오기도 합니다. 이런 경우에는 일단 시도했던 음식을 중지하고, 평소에 먹여도 이상이 없었던 이유식이나 쌀죽으로 진행합니다.

새로운 음식은 가능한 한 오전에 먹일 것을 권장합니다. 이는 이상이 있는 경우 오후에 병원을 방문할 수 있도록 하기 위해서입니다. 아이가 거부하거나 알레르기 반응이 나타난 음식은 시간을 두고 다시 시도해볼 수 있습니다. 아이가 아토피가 있다면 갑각류나 조개, 견과류는 세 돌까지 먹이지 않고, 두부나 달걀도 돌이 되기 전에 먹이지 않는 것이 좋습니다. 아토피가 있는 아이는 한 번에 한 가지씩만 재료를 추가해서 반응을 살펴야 합니다. 아토피 등 알레르기가 있을 때는 병원에서 진료를 하고 필요하다면 검사를 해서 무엇에 어느 정도의 알레르기가 있는지 체크하는 것이 중요합니다. 알레르기 검사를 통해 무엇에 알레르기가 있고 무엇에 안전한지 체크해서 이를 기준으로 아이의 식단을 짜고, 생활을 관리해야 합니다. 특히 먹이지 못하는 음식을 대체하여 무엇을 먹일 수 있을지 전문의와 상담을 하는 것이 중요합니다.

이유식 만들기 요령

아기가 잘 먹는다고 해서 한 가지 재료 위주로만 주는 것은 좋지 않습니다. 단호박이나 고구마, 사과나 바나나 같은 과일은 단맛이 강하므로 자주 이용하는 것은 추천하지 않습니다. 보통 두 돌 전까지는 간을 하지 않는 것이 좋다고 하나, 잘 먹지 않는 아이들에게는 아무래도 조금 더 빨리 간을 하게 되지요. 중기 이유식부터는 야채 육수나 짠맛을 뺀 다시마 육수로 깊은 맛을 내는 것도 방법이고, 마지막에 참기름 한 방울을 떨어뜨려 미각을 돋울 수도 있습니다. 또한 완료기 이유식이 되면 멸치 육수를 이용할 수 있습니다.

이유식을 시작하고 나면 새로운 음식에 적응하느라 설사나 변비가 찾아올 수도 있는데, 무른 변이 잦을 때는 과일이나 유제품을 줄이고 찹쌀을 이용한 이유식을 해주는 것이 도움이 되고, 변을 보기 힘들어할 때는 푸른잎 채소를 많이 먹이는 것이 좋습니다. 또한 식단표를 만들어놓거나 먹은 음식을 기록해두는 것이 나중에 트러블을 일으켰을 때 원인을 찾기 쉬우며, 아기들이 잘 먹거나 잘 먹지 않는 음식들을 파악하는 데도 도움이 됩니다.

꼭 알아야 할 이유식 원칙

이유식을 시작하기 좋을 때
- 아기가 생후 4~6개월쯤에 모유나 분유 먹기를 거부하기 시작할 때
- 아기 스스로 머리나 목을 가눌 수 있게 됐을 때
- 아기 입에 음식을 살짝 넣었을 때 혀로 밀어내지 않을 때

이유식의 진행원칙

- 쌀미음 ⇒ 쌀미음 + 채소 ⇒ 쌀미음 + 과일 ⇒ 고기 추가
- 이유식 초기에는 쌀 : 물 = 1 : 10의 비율로 끓입니다(10배죽).
- 간을 하지 않고 숟가락으로 먹이며, 이유식 일지를 마련하여 매일 먹은 음식을 기록합니다.
- 새로운 음식을 먹인 후에는 설사, 구토, 발진 유무를 관찰합니다.
- 생후 6개월 이후부터는 엄마에게서 받은 철분이 다 소진되므로 고기를 매끼 먹입니다.
- 이유식 초기에 적합한 채소: 양배추, 브로콜리, 고구마, 감자, 호박
- 이유식 중기에 적합한 채소: 시금치, 당근, 배추
- 중기 이후부터는 손으로 집어 먹을 수 있는 크기의 음식들을 마련해줍니다.

시기별 적정 이유식량

- 초기: 1일 1회 주되 오전 10시경이 좋습니다.
- 중기: 1일 2회 아침, 저녁으로 약 50㎖ 정도 줍니다.
- 후기: 1일 3회 어른 식사시간에 맞춰 약 120㎖ 정도 줍니다.

개월 수	횟수와 양	굳기
4~5개월 (초기)	1~2회, 1~3숟가락으로 시작	미음
6~8개월 (중기)	2~3회, 50~120㎖	으깬 덩어리가 있는 죽
9~11개월 (후기)	3회, 120㎖, 간식 2~3회	덩어리가 큰 죽

※ 12개월부터는 완료기 이유식에 해당합니다. 완료기 이유식은 밥 먹기의 준비과정이므로 이 책에서는 〈밥 먹이기〉에 포함시켰습니다.

돌 이전에 먹이지 않아야 할 음식

- 꿀. 장 기능이 미숙한 돌 전 아이에게 식중독의 일종인 영아 보툴리누스증을 일으킬 수 있습니다.
- 생우유, 조개, 새우, 게, 등푸른 생선, 달걀 흰자 등 알레르기를 유발하는 음식들
- 딸기, 키위, 복숭아, 토마토, 귤, 레몬, 오렌지 등 신맛이 너무 강해서 아이의 위에 부담이 되거나, 씨가 있어 알레르기 반응이 높은 과일
- 땅콩, 호두, 아몬드, 잣 등의 견과류. 특히 땅콩은 알레르기 반응이 높을 뿐 아니라 딱딱해서 잘 씹지 못하면 목에 걸릴 수도 있으므로, 15개월 전에는 절대로 주면 안 됩니다. 이후에도 가능하면 다져서 요리에 넣어주는 것이 좋습니다.
- 육류 중에는 돼지고기를, 생선 중에는 고등어를 가장 늦게 먹입니다. 돼지고기는 기름기가 많아 소화가 잘 되지 않으며, 고등어는 알레르기 반응이 가장 높은 생선이므로 둘 다 돌 전에는 먹이지 않습니다.

초기 이유식

초기 이유식은 쌀, 야채, 고기 순으로 진행합니다. 과일은 단맛이 강하므로 초기에 많이 쓰지 않는 것이 좋아요. 야채를 시작하면, 감자, 고구마, 단호박은 탄수화물 식품이므로 푸른잎 채소 위주로 활용해보세요.

생후 6개월 이후부터는 매끼 고기를 먹여야 부족한 철분을 보충할 수 있습니다. 먼저 고기와 쌀로 이틀치 정도의 죽을 끓여서 식힌 후 한 끼 분량으로 나누어 냉장보관해두었다가 끼니마다 야채를 추가해서 한 번 더 끓여내면 간편할뿐더러 한꺼번에 끓여둔 것보다 맛이 좋습니다.

쌀미음 2~3시간 불린 쌀을 블렌더로 갈아서 쓴다. 불린 쌀을 기준으로 10배 정도의 물부터 시작해서 8배 정도의 물로 미음을 끓인다.

단호박미음, 감자미음, 고구마미음 단호박, 감자, 고구마는 미리 삶아 으깨어 놓는다. 불린 쌀을 갈아 8~10배 정도의 물을 붓고 끓인 후 삶아 으깬 단호박, 감자, 고구마를 쌀 분량의 1/3~1/2 정도 넣고 한소끔 더 끓여낸다.

당근미음, 시금치미음 당근과 시금치는 생후 6개월 이후 이유식 재료로 가능하며, 당근은 미리 삶아 으깨고, 시금치는 잎부분만 데쳐 잘게 다져 쓴다.

쇠고기 브로콜리미음 브로콜리는 농약을 많이 쓰는 야채 중 하나이므로 물에 오래 담가두었다가 씻어내는 것이 좋으며, 다진 쇠고기를 불려서 갈아놓은 쌀과 같이 볶다가 물을 넣어 미음을 끓인 후에 브로콜리 꽃부분만 다져서 넣고 같이 끓여낸다.

쇠고기 아욱미음 아욱은 줄기부분이 많이 질기므로 데쳐서 잎부분만 쓰도록 한다. 역시 쇠고기 쌀미음을 끓인 후 데쳐서 다진 아욱을 넣고 한소끔 더 끓여낸다.

닭고기 애호박미음 닭고기는 안심이나 가슴살 등 지방이 없는 부위로 미리 삶아서 고기는 다져놓고 육수는 미음을 끓일 때 쓰도록 한다. 애호박은 씨를 도려낸 후 다져서 쓴다.

감자퓨레, 고구마퓨레, 단호박퓨레 무르게 삶은 감자나 고구마, 또는 단호박에 분유물을 넣고 으깬다. 치즈를 먹이기 시작하면 아기치즈를 넣을 수 있다.

과일을 이용한 미음 과일은 단맛이 강해 가능하면 늦게 시작하는 것이 좋다. 아이가 잘 먹지 않아 과일로 미음을 끓이는 경우에는 사과, 바나나 등을 가장 먼저 시작할 수 있으며, 사과는 강판에 갈아서 쓰고, 바나나는 미리 으깨어 쌀미음에 섞은 후 한 번 더 끓여낸다.

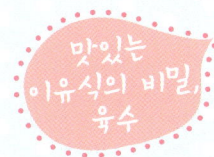

야채 육수
먹여본 야채들로 끓여낸 육수를 이유식 끓이는 데 사용합니다. 양배추, 배추, 양파 등으로 끓여낸 육수는 이유식에 단맛을 내어 주며, 중기 이후부터는 표고버섯도 추가해서 육수를 내면 더 깊은 맛이 납니다.

고기 육수
쇠고기, 닭고기 등 먹이기 시작한 고기를 이용해서 끓여낸 육수를 이용합니다.

다시마 육수
다시마는 물에 한 번 씻어내 짠기를 제거한 후 끓는 물에 넣고 우립니다. 다시마 육수는 중기 이유식부터 이용할 수 있습니다.

멸치 육수
아기가 짠맛 및 강한 맛을 느껴 다른 음식을 거부할 수 있으므로 멸치 육수 및 멸치가루는 돌 이후에 사용하는 것이 좋습니다.

중기 이유식

일반적으로 중기 이유식도 초기 이유식과 마찬가지로 불린 쌀을 블렌더로 살짝 갈아서 끓이거나, 불린 쌀을 끓이다가 거품기로 쳐주면 밥알이 쉽게 으깨어집니다. 중기 후기로 가면 밥을 이용해 죽을 끓여도 괜찮아요. 중기 이유식의 기본은 고기에 야채 두 가지 정도를 섞어서 끓여내는 것입니다. 고기에 어울리는 야채는 어른 음식에서 힌트를 찾을 수 있으며, 다른 색의 야채 두 가지를 혼합하는 것이 좋습니다. 중기부터는 버섯, 콩류, 흰살 생선, 달걀 노른자, 두부 등을 시작할 수 있습니다.

야채는 시간 날 때마다 미리 준비해두는 것이 좋아요. 감자, 당근 등 금방 익지 않는 야채는 미리 익혀서 냉동해두었다 쓰고, 쉽게 익는 푸른잎 채소들이나 호박, 양파 등은 손질하여 냉장고에 보관했다가 조리할 때 사용합니다.

육수를 이용해 이유식을 만드는 것도 방법입니다. 먹어서 이상이 없었던 야채나 고기를 냄비에 물 붓고 끓여내어 한 김 식혔다가 얼려놓고 이유식 만들 때 쓰면 깊은 맛을 낼 수 있어요. 무, 양파, 당근, 배추, 양배추, 표고버섯 등이 야채 육수로 좋아요.

쇠고기 버섯죽 쇠고기 간 것을 불린 쌀, 다진 버섯과 함께 볶은 후 분량의 물이나 육수를 부어 끓인다. 표고버섯, 느타리버섯, 새송이버섯 등 다양한 버섯을 이용해볼 수 있으며, 팽이버섯의 경우에는 쇠고기죽을 미리 끓여 팽이버섯을 넣고 한 번 더 끓여낸다.

쇠고기 현미죽 현미나 찹쌀 등의 곡물을 이용해 죽을 끓일 수 있는데, 현미는 백미보다 비타민 등의 영양소가 풍부하지만 익히는 시간이 오래 걸리고 소화가 다소 어려울 수 있으므로 충분히 불려서 사용한다. 다진 양파나 애호박, 당근 등을 추가해도 된다.

닭고기 콜리플라워죽 닭고기 안심이나 가슴살은 미리 삶아서 잘게 자른 후 밥, 닭고기, 콜리플라워를 같이 넣고 닭육수로 한소끔 더 끓인다.

흰살 생선 연두부죽 대구나 생태 등의 흰살 생선을 무와 같이 끓여서 살만 발라낸 후 밥을 생선국물에 먼저 끓이다가 발라놓은 흰살 생선과 연두부를 넣어 끓여낸다.

쇠고기 미역죽 불려서 다져놓은 미역과 쌀을 다진 쇠고기와 함께 냄비에서 볶다가 육수를 붓고 끓여내거나, 미역국을 끓일 때 미리 덜어놓고 미역을 잘게 다져 밥과 함께 끓인다.

감자 야채퓨레 삶은 감자를 뜨거울 때 으깬 후 우유나 치즈에 버무리고 삶은 당근이나 강낭콩, 브로콜리 혹은 사과 조각들을 으깨어 같이 버무린다.

달걀노른자찜 우유나 다시마 육수에 달걀 노른자를 풀고 양파, 버섯, 호박, 당근 등 각종 야채들을 다져서 넣고 찐다.

쇠고기 양배추 감자죽 감자는 미리 삶아 으깨어 놓고, 다진 쇠고기와 양배추, 불린 쌀을 볶다가 육수를 붓고 감자를 더해서 걸쭉하게 끓인다. 미리 익혀둔 양배추라면, 마지막에 넣는다.

대구살 무죽 참기름을 살짝 두른 냄비에 잘게 채 썬 무와 불린 쌀을 볶다가 육수를 넣고 끓인 후 끓어오르면 대구살을 넣어 주걱으로 으깨어준다.

두부 야채죽 참기름을 두른 냄비에 불린 쌀과 양파, 당근 등 다진 야채를 넣고 볶다가 육수를 붓는다. 끓기 시작하면 잘게 자른 두부를 넣고 주걱으로 으깨면서 저어가며 끓인다.

두 아이가 이유식을 하루에 두 번 이상 먹기 시작하면 한 끼를 준비하는 데도 많은 시간과 노력이 필요하지요. 야채를 아래와 같이 미리 손질해두면 이유식 조리시간을 줄일 수 있습니다.

고구마, 감자, 당근, 단호박
껍질을 벗기고 삶거나 쪄서 매쉬나 포크로 으깬 후 분량별로 나누어 보관합니다. 단호박은 속씨를 제거하고 작은 조각으로 나누어 삶거나 쪄서 보관합니다.

양배추, 시금치, 청경채, 아욱
잎부분만 사용하며, 끓는 물에 데쳐낸 후 다져서 분량별로 냉동보관 합니다.

브로콜리, 콜리플라워
끓는 물에 데친 후 꽃부분만 사용하며, 송이로 잘라두고 냉장보관 후 이유식 만들 때마다 다져 넣습니다.

강낭콩, 완두콩
하루 정도 충분히 불려 삶은 후 비비면 껍질이 벗겨집니다. 껍질 제거 후 으깨어 사용합니다.

연근, 우엉
식초물에 담가두었다가 한 번 삶아낸 뒤에 다져서 씁니다.

쪽파, 부추
잘게 다져서 냉동보관 하면, 야채전을 부칠 때 같이 사용할 수 있습니다.

TiP 이유식 손쉽게 데우기
- 전자레인지로 데우기. 이때 물을 조금 더 넣고 돌리는 것이 죽이 덜 굳어지고 촉촉해요.
- 밥솥에 넣어두기. 먹기 한 시간 전에 미리 넣어두면 적당히 데워집니다. 물을 더 넣을 필요는 없어요.
- 냄비에 다시 끓이기. 이때도 물을 조금 더해서 끓여야 합니다.

후기 이유식

중기 이유식에서 사용했던 재료들을 크기만 조금 크게 한다고 생각하면 쉽습니다. 야채를 미리 준비해둔 뒤 불린 쌀과 함께 무른 밥을 짓거나, 미리 익혀둔 야채들과 진밥을 비비거나 볶아서 만드는 방법 등이 있습니다. 손으로 집어 먹을 수 있는 핑거푸드도 마련해봅니다.

후기부터는 식물성 기름을 사용할 수 있고, 밀가루를 이용한 음식을 먹일 수 있습니다. 쪽파도 음식에 활용할 수 있으며, 달걀 노른자, 아기치즈, 멸치다시마 육수 등을 약하게 사용할 수 있습니다.

쇠고기 두부 청경채 무른밥 다진 쇠고기나 불고기감의 쇠고기를 잘게 썰어 참기름에 볶다가 익으면 밥과 물을 부어 살짝 같이 끓인 다음 두부, 청경채를 넣어 같이 한번 더 볶아준다.

나물 무른밥 콩나물, 무나물, 시금치나물, 호박나물, 양파볶음 등 다양한 나물을 만들어놓고 잘게 잘라 무른 밥과 함께 비벼준다. 참기름을 조금 곁들이면 더 고소하다.

쇠고기 팽이버섯 덮밥 양파즙, 마늘즙 등으로 재워둔 불고기감을 올리브유를 살짝 두른 팬에 볶다가 팽이버섯을 더해 볶아주고 가위로 잘게 자른 후 녹말물로 걸쭉하게 만들어준다. 무른 밥 위에 부어서 같이 먹인다.

양송이 닭고기 무른밥 닭고기는 안심으로 미리 삶아 다져두고, 양송이는 갓부분만 다져서 쓴다. 참기름에 쌀을 볶다가 닭고기, 양송이를 넣고 닭 육수를 넣고 끓이거나, 밥과 닭고기, 양송이를 참기름 두른 냄비에서 볶다가 육수를 부어 같이 끓인다.

쇠고기 파프리카 무른밥 다진 쇠고기와 밥을 같이 볶다가 육수를 넣고 끓인 뒤 다진 파프리카와 양파를 넣고 같이 끓인다. 양파는 없으면 생략해도 된다. 파프리카는 한 봉지에 여러 색 넣어 파는 걸 사서 섞어 쓰는 것이 색감이 더 좋다.

나물 비빔밥 콩나물, 시금치나물, 양파볶음, 호박나물 등 나물을 미리 준비해둔 뒤 무른 밥에 참기름을 살짝 떨어뜨려서 같이 비벼준다. 한 끼 정도 나물 비빔밥을 해주면 다음 번에는 쇠고기 간 것과 같이 비비거나, 두부 혹은 달걀 노른자로 지단을 해서 같이 비벼내는 등 다양하게 활용할 수 있다.

밥전 다진 야채와 밥, 밀가루, 달걀 노른자를 한데 버무려 팬에서 지져낸다. 남은 야채들이나 아이들이 평소 먹지 않는 야채를 활용하기에 좋다.

감자전, 고구마전 감자전은 껍질 벗긴 감자를 강판에 갈아 윗물은 버리고 가라앉은 앙금을 한 숟갈씩 떠서 달군 팬에서 지진다. 고구마전은 얇게 썬 고구마에 앞뒤로 밀가루와 달걀 노른자를 푼 물을 묻힌 후 지져낸다.

동그랑땡 간 쇠고기나 돼지고기에 두부와 전분 혹은 밀가루, 다진 야채로 동그랑땡을 만든다. 쇠고기만으로는 잘 뭉쳐지지 않고 익혔을 때 식감이 퍽퍽한 편이므로 두부와 같이 버무려주는 것이 좀 더 부드럽다. 미리 만들어 얼려둘 때는 가운데 부분을 조금 눌러 놓는 것이 나중에 익힐 때 조금 더 손쉽다.

무밥 무국 끓일 때 간하기 전 무국을 덜어놓았다가 밥에 무와 국물 약간을 부어 볶듯이 끓여낸다. 볶아둔 다진 쇠고기가 있으면 밥과 무국을 약간 넣고 볶듯이 끓여내도 된다.

고구마 야채밥 밥을 지을 때 미리 고구마와 당근, 콩이나 밤 등을 쌀과 같이 앉힌다. 영양밥은 다른 반찬 없이 한 끼 식사로도 훌륭하다.

감자볼, 고구마볼 으깬 감자나 고구마에 삶아서 다진 쇠고기, 으깬 당근 등을 넣고 동그랗게 경단처럼 한입 크기로 빚는다. 큰 아이가 있다면 빵가루를 묻혀 튀겨내어 간식용 크로켓으로 만들 수도 있다.

이유식 Q&A

Q 쌍둥이 이유식, 어떻게 시작해야 하나요?

A 백일이 지나고 나면 쌍둥이 엄마들은 이유식이라는 또 하나의 큰 벽에 부딪힙니다. 분유나 모유를 먹이고 젖병을 씻고 소독하고 아기들을 재우는 것만으로도 남들보다 2배 이상 힘들기에 이유식 먹이기는 시간상으로나 체력적으로도 벅찬 일입니다. 이런 까닭에 쌍둥이의 경우 생후 6개월 이후에 이유식을 시작하는 경우도 많고, 시간이 부족해서 이유식을 초기 중기 후기 순서대로 진행하지 못하는 경우도 많습니다.

초기 이유식의 목적은 영양보충이 아니라 음식 먹는 법을 익히는 것이므로, 처음부터 영양에 너무 신경 쓸 필요는 없습니다. 또한 억지로 먹이면 아기가 먹는 것에 거부감을 가질 수도 있으므로 먹기 싫어할 때는 억지로 먹이지 말아야 합니다. 이유식 만들기가 너무 힘이 든다면, 철분이 보강된 쌀가루, 라이스 시리얼을 이용할 수도 있습니다.

이유식을 먹일 때는 모유나 분유로 어느 정도 배를 채운 후 동시에 분유수유 할 때와 마찬가지로 바운서나 범보의자 등을 이용하여 한 아이씩 먹입니다. 일반적으로 처음 이유식을 시도할 때 아기가 배가 고프면 낯선 음식이나 숟가락을 거부할 수 있으므로 어느 정도 수유를 먼저 해서 아기가 기분이 좋아진 후에 먹이는 것이 더 좋습니다.

이유식 양이 늘고 아기가 잘 받아먹는다면 이유식을 먼저 먹이고 원하는 만큼 모유나 분유로 보충해주게 되는데요. 후기 이유식까지 분유나 모유를 먼저 먹기를 원하는 아이들도 있습니다. 앞서도 말했지만 순서는 상관없습니다. 그러나 이유식 양이 늘지 않고, 모유나 분유로 배를 채우고 있다는 생각이 든다면 수유량을 줄여보세요.

    아이가 스스로 앉을 수 있게 되면 부스터시트나 유아용 식탁의자에 앉히고 핑거푸드를 주거나 숟가락을 쥐어줄 수도 있습니다. 두 아이에게 그릇과 스푼을 따로 준비해주는 것이 가장 바람직하겠지만, 한 식기에 하나의 스푼을 사용하여 엄마가 먹여주어도 괜찮습니다. 쌍둥이들은 태어나서부터 서로의 손을 빨거나 장난감을 공유하며 자라기 때문에 그렇게 민감해할 필요는 없습니다. 물론 감기나 다른 질병이 의심될 경우에는 반드시 분리하여 사용해야겠지요.

밤중수유 떼기

【 준서와 성연이 】

저희 애들은 이 시기에 밤중수유를 떼지 못했어요. 두 아이 모두 우유를 한 번에 양껏 먹지 않아서, 밤중에도 자주 배가 고파서 밤중수유를 계속 해야만 했지요. 결국은 생후 20개월에 젖병을 끊으면서 밤중수유를 떼게 되었어요. 큰애 때도 18개월에 젖병을 떼면서 밤중수유를 뗐는데 결국 같은 방식으로 끊게 되었지요. 그런데 큰애 때는 쉽게 뗐는데, 쌍둥이들은 젖병 떼기가 힘들었어요. 두 아이 모두 거의 며칠 밤을 울면서 젖병을 찾았지요. 낮에 아이들과 젖병을 쓰지 않겠다고 약속하지만 막상 자기 전에는 젖병만 찾아서 며칠 고생했어요. 아마도 자기 전에 젖병으로 우유 먹는 습관이 있었기 때문에 더 그랬던 것 같아요. 밤중수유는 가급적 돌 전에 떼는 것이 좋을 것 같습니다. 아이들이 젖병에 대한 집착이 강해져서 떼기가 어려워지니까요.

【 건우와 태우 】

건우와 태우는 생후 5개월쯤 되어서 가끔 4시간 넘게 우유를 찾지 않고 잠을 자기도 해서 밤중수유를 끊을 계획을 세웠어요. 저는 『베이비위스퍼』를 참고했어요. 책에 나온 대로 저녁수유를 집중적으로 몰아서 하고 밤에 안 먹고 자는 시간을 늘리는 방법을 택했어요. 그때만 해도 4~5시간 간격으로 우유를 찾아서, 오전 5~6시를 시작으로 오전 10시, 오후 2~3시, 저녁 7시경에 먹여서 재우면, 새벽 1시경에 우유를 찾더라고요. 이 시기에는 하루 4~5번 정도 수유하면 된다고 해서 먼저 새벽 1시경에 먹이던 것을 끊기 위해서 저녁 7시에 먹이던 것을 조금씩 시간을 늦추고 양은 조금씩 늘려 푹 먹였어요. 새벽 2시경에 혹시라도 우유를 찾으면 노리개젖꼭지를 물리기도 했는데, 그러면 배가 고픈 것은 아니었는지 젖꼭지를 좀 빨다가 잠이 들곤 하더군요. 노리개젖꼭지 무는 것도 습관이 될까봐 나중에는 토닥거리며 재웠고요. 그러면 다시 잠이 들어 새벽 4시가 넘어서 분유를 찾았어요. 시간이나 양을 조금씩 늘려나갔기 때문에 2주 정도는 걸린 듯하지만, 한 번에 먹는 양도 많은 편이었고, 노리개젖꼭지도 잘 무는 편이라 순조롭게 밤중수유를 뗄 수 있었어요.

밤중수유, 떼야 하는 이유

아이 둘을 밤중수유까지 하다 보면 쌍둥이 엄마는 잠을 제대로 자지 못하는 날이 많은데요. 소아청소년과에서는 생후 4개월이 지나면 아기들이 밤중수유 없이 아침까지 잠을 잘 수 있다고 합니다. 그러나 대부분의 엄마들이 생후 4개월이 지나서까지 밤중수유를 하며, 특히 돌이 넘어서도 밤중수유를 하는 분들도 상당수 있습니다.

밤중수유는 아기에게 수면장애를 일으켜 아기의 성장을 더디게 하고, 입안에 고여 있는 젖이나 우유 때문에 치아가 상할 수도 있으므로 되도록 일찍, 이가 나기 전에 떼는 것이 좋습니다. 또 엄마 입장에서도 쌍둥이의 밤중수유를 일찍 떼야 힘든 육아가 조금은 더 편해질 수 있습니다.

보통은 생후 6개월에서 돌 전에 끊는 경우가 많으며, 가급적이면 생후 8개월을 넘기지 않는 것이 좋습니다. 아이가 크면 클수록 젖병에 대한 집착이 강해지므로 밤중수유 떼기가 어려워지니까요. 밤중수유를 끊는 것은 짧은 기간에 되는 것이 아니므로, 인내심을 가지고 일주일 정도 적응기간을 둔다고 생각하고 시작하는 것이 좋습니다. 특히 '때가 되면 저절로 떼겠지'라고 안일하게 생각하지 말고, 떼야겠다고 생각했다면 단호하게 마음을 먹고 시작하는 것이 좋습니다.

밤중수유 떼기 요령

밤중수유를 떼려면 우선 잠자기 전 마지막 수유를 할 때 충분히 먹입니다. 이때 너무 많이 먹으면 토할 수도 있으니 주의합니다. 수유를 마치고 잠자리에 들면 기저귀가 젖지 않았는지 살펴 기저귀가 불편해서 잠에서 깨지 않도록 살핍니다. 그리고 아기가 자다 깨서 젖을 찾아도 주지 않습니다. 너무 보챈다면 보리차를 젖병에 담아 먹이거나 토닥여서 다시 잠들 수 있도록 도와줍니다. 아이에 따라 맞는 방법을 선택하는 것이 중요하며, 이유식을 시작하고 낮에 충분히 먹었다면 저절로 밤중수유를 안 하게 되는 경우도 있습니다.

밤중수유 떼기

Q 백일도 안 된 아이들, 밤에 잘 자면 수유하지 않아도 될까요?

A 백일이 지나서 밤에 내리 잘 자는 아이들이 있습니다. 그러면 굳이 밤중에 아이에게 수유를 하지 않아도 되지 않을까 생각할 수도 있는데요. 아이가 잘 자면 깨워서 먹일 필요는 없지만, 밤중수유를 줄이면 아이가 먹는 양이 줄어들게 되므로 하루 동안 아이가 먹는 양을 살펴보아야 합니다. 생후 6개월 아기의 권장 칼로리는 650kcal입니다. 분유는 1㎖가 1kcal에 해당하므로 6개월 이전에는 하루에 600㎖ 내외로 먹고 있으면 적당합니다.

　모유를 먹여서 양을 정확히 알 수 없다면, 아이가 평소보다 낮에 먹을 때 한 번에 먹는 양이 늘었는지, 몸무게는 꾸준히 늘고 있는지 체크해보세요. 밤중수유를 끊고 아이의 몸무게가 늘고 있지 않다면, 낮에 좀 더 양을 늘리거나 자는 동안 꿈나라 수유를 통해 충분한 양을 먹을 수 있도록 해야 합니다.

Q 밤중수유, 꼭 일찍 끊어야 하나요?

A 밤중수유를 끊어야 하는 이유는 밤중수유가 계속되면 숙면을 취할 수 없고, 밤중수유로 인해 낮에 먹는 양이 늘지 않으며, 치아 우식증이 우려되기 때문입니다. 하지만 아이에 따라 한 번에 많은 양을 먹지 못하고 조금씩 자주 먹어야만 하는 아이도 있고, 무언가를 끊는 것이 오래 걸리고 힘든 아이도 있습니다. 무조건 일정시기가 되면 밤중수유를 끊어야 한다고 생각하기보다는 낮 수유량을 늘리면서 밤 수유의 간격차를 서서히 벌리는 등 아이도 엄마도 스트레스를 덜 받는 방법을 찾아야 합니다. 우유를 찾아 하룻밤에도 몇 번씩 깨서 우는 아이를 번갈아 달래고 재우는 일이 반복되면 엄마가 너무 지칩니다. 어느 정도 시간이 지나면 아이들은 저절로 밤에 길게 자기도 하고, 밤에 먹으면 안 된다는 이야기를 알아듣기도 하니, 아이가 우유를 너무 찾는 경우에는 조금 더 여유를 가지는 것이 좋겠습니다. 그러나 낮에 충분히 먹고도 밤에 우유를 찾는 것은 배고파서가 아니라 습관성이므로 늦어도 돌 전에는 밤중수유를 끊어야 합니다.

생후 7~8개월 쌍둥이 돌보기

이 시기 아이는 이만큼 자라요

+ 이가 나기 시작해요.
+ 잠깐 동안은 혼자서도 앉을 수 있어요.
+ 새로운 물건을 좋아해요.
+ 낯을 가려요.
+ 손동작이 발달하여 장난감을 손에서 손으로 옮길 수 있어요.

이 시기 쌍둥이를 돌볼 때는 이렇게 하세요

+ 이가 나기 시작하면서 치발기를 많이 사용하게 됩니다. 치발기나 노리개젖꼭지의 경우 서로의 것을 빼서 물기도 하니 잘 소독해서 사용하세요.
+ 이 시기에는 베이비룸의 활용도가 높습니다. 일을 해야 할 때는 아기들이 위험한 곳으로 가지 않게 부엌이나 현관 앞에 설치해놓고 일을 하도록 하세요.
+ 생후 7개월이 되면 모체로부터 받은 면역력이 떨어지기 시작해 감기에 걸리기 쉬워요. 쌍둥이는 한 명이 아프면 다른 한 명도 같이 아픈 경우가 많으니 건강관리에 주의하세요.

낮잠 재우기

【 준서와 성연이 】

아이들이 어릴 때는 밤잠 재우기만큼이나 낮잠 재우기도 쉽지 않더군요. 처음에는 낮잠을 재울 때마다 번갈아 안아서 재웠는데 점점 너무 무거워져서 더 이상 그렇게 재우기가 힘들더군요. 그래서 아이들을 쌍둥이 유모차에 태우고 집 근처를 산책하며 재웠어요. 먼저 유모차를 평평하게 젖힌 다음에 쌍둥이를 눕혀 놓고 각자 좋아하는 이불이나 인형을 주고 유모차를 밀어줬어요. 바깥이 보이면 안 잘 수 있으니까 유모차 위에 수건 같은 것을 덮어서 어둡게 해주고요. 이렇게 유모차에 태우고 자장가도 불러주면서 천천히 밀어줬답니다. 그러면 보통 15분에서 30분 정도 지나면 잠이 들곤 했어요. 그 상태로 조금 더 있다가 깊은 잠에 빠지면 방에 옮겨 편하게 눕혔는데요. 이렇게 잠들고 나면 많이 자면 2시간 정도, 일찍 깨면 1시간 반 정도씩은 잤어요.

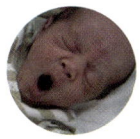

【 건우와 태우 】

저희 아이들은 기기 전까지는 눕혀서 재웠어요. 그런데 기면서부터는 서로 몸 위로 타고 오르고 온 방안을 기어 다니며 둘이 장난치고, 노리개젖꼭지를 물려놓으면 던지고 찾고 하면서 안 자고 놀려고만 하더라고요. 한동안 누워서 재우기 연습시키느라고 씨름하다가 오후 나절이 다 지나가고 아이들한테 화를 내기에 이르러, 결국 오후 낮잠은 눕혀 재우는 걸 포기하고, 쌍둥이 유모차를 태우고 나가거나 차에 태워 재우는 방법을 택했어요. 아이들 데리고 가고 싶은 곳이 있으면 낮잠시간에 맞추어 출발해서 가는 동안 재우고 가서 놀리거나 구경하고 다시 낮잠을 재우며 돌아온 적도 있고요.

또 저희 아이들은 어려서부터 졸릴 때 자장가나 구연동화를 많이 들어서인지, 이제는 졸리면 원하는 구연동화를 틀어달라고 말하기도 하고, 제가 미리 틀어놓기도 해요. 30개월쯤부터는 낮잠을 거의 안 자는 편이었는데, 힘들어하는 것 같으면 이불을 펴서 같이 누워서 책을 읽거나 이야기를 해주면 스르르 잠이 들기도 했어요.

쌍둥이 낮잠 재우기

낮잠도 밤잠과 마찬가지로 아이들이 졸려 하면 방을 좀 어둡게 한 후에 역시 동일한 잠자리 의식을 통해 재우는 것이 가장 바람직합니다. 하지만 이 시기에는 스스로 뒹굴다 잠이 드는 순한 아이들이 있는가 하면 아무리 어둡게 하고 자는 분위기를 만들어주어도 방에서 놀며 잠자지 않으려는 아이도 있습니다. 이런 아이와 한 시간 이상 씨름하다 보면 엄마가 지치고 아이들에게 언성이 높아지기도 하지요. 아기들의 낮잠 시간은 엄마가 쉬는 시간이기도 하지만, 아기들이 활동하는 동안 못했던 집 안 청소나 음식을 하는 시간이라 엄마들은 어떻게든 아이들을 재워보려 하다 더욱 지치기 마련입니다.

신생아 시기에는 쌍둥이 유모차를 이용하거나 바운서, 흔들침대, 스윙 등의 육아용품을 이용하여 동시에 아기를 재우기도 하고 앞뒤로 맬 수 있는 아기띠를 이용하여 앞뒤로 업고 안고 재울 수도 있습니다. 하지만 아기가 점점 클수록 무거워서 안고 업고 하는 것도 힘겨워집니다.

따라서 가능한 한 눕혀서 재우는 것이 가장 좋은데요. 처음부터 누워서 잘 자는 아이는 없으므로 힘들더라도 꾸준히 눕혀 재우는 연습을 해야만 합니다. 재우는 일이 힘들어지면 엄마도 지치고 쉬는 시간도 줄어들어 육아가 더 힘들어지기 때문에 아기의 수면습관을 잘 들이는 것이 쌍둥이 육아에서는 무엇보다 중요합니다.

그러나 누워서 재우는 습관을 들인 경우에도 돌 즈음 되면 호기심과 활동이 왕성해진 아기들이 쉬이 누워서 잠들려 하지 않습니다. 그러므로 낮잠도 밤잠과 마찬가지로 주변을 조금 어둡게 해주고 적당한 신체놀이를 통해 아이들이 피로감을 느끼기 시작했을 때 누워서 잘 수 있는 환경을 갖추고 잠자리 의식을 해줍니다. 낮잠도 일정한 시간에 잘 수 있도록 지속적으로 습관을 들이는 것이 중요합니다.

누워서 재우기 힘든 아이들이라면 낮잠만큼은 업어 재우거나 유모차에 태우거나 차에 태워 재우는 것도 한 방법입니다. 실제로 쌍둥이를 키우는 엄마들은 두 돌 지나서까지 잘 때 노리개젖꼭지를 물리거나 유모차에 태워 나가서 재우는 방법도 흔히 씁니다. 아이들이 애착을 가질 수 있는 물건을 만들어 잠잘 때 함께 하게 하는 것도 좋고요. 언제까지 아이들이 노리개젖꼭지를 물고 자고 업혀 자고 유모차에서 잠들진 않을테니 여유있게 생각해도 괜찮습니다.

낮잠, 언제 어느 정도 재울까?

먼저 아이가 졸린 시간을 체크하는 것이 필요합니다. 아이마다 졸리면 나타나는 징후들이 있습니다. 눈을 비비거나 하품을 하는 등 쉽게 졸린 티를 내는 아이도 있고, 전혀 졸려 보이지 않지만 유심히 보면 평소보다 짜증을 쉽게 내거나 혹은 자꾸 넘어지고 부딪히기도 하고 다른 아이와 마찰을 자주 일으키기도 합니다. 이런 경우에는 평소 아이가 잠드는 시간이 아니어도 졸린 것은 아닌지 체크해보아야 합니다. 전날 활동량이 많았거나 밤잠을 설쳤거나 아침에 너무 일찍 일어난 경우 혹은 가벼운 감기증상이 있어도 아이들은 평소보다 더 많이 피곤해하고 졸려 하기도 합니다. 아이들이 졸릴 때 바로 재우지 못하면 오히려 재우는 시간이 더 길어지고 힘들어지기도 하기 때문에, 적절한 때에 재우는 것이 무척 중요하며 엄마는 아이들의 상태를 잘 알고 있어야 합니다.

돌 이후가 되면 두 돌까지는 짧게 두 번 자는 아이도 있고 길게 한 번만 자는 아이도 있습니다. 일찍 일어나는 아이들은 낮잠시간도 빨라서 점심 전에 낮잠을 자는 경우가 있는데, 이런 경우에 늦은 오후가 되면 아이가 피곤을 느끼며 보채기도 합니다. 이럴 때는 길지 않게 30~40분 정도 오후 낮잠을 재우는 것도 괜찮습니다. 하지만 늦은 오후 낮잠이 너무 길어지면 저녁에 쉽게 잠들기 어려우니 상황을 봐서 아이를 조금만 재우고 깨우는 것이 밤잠을 위해서 좋습니다.

생후 9~10개월 쌍둥이 돌보기

이 시기 아이는 이만큼 자라요

+ 도움 없이 잘 앉을 수 있어요.
+ 잘 기어 다닐 수 있어요.
+ 양손으로 물체를 만지고 잡을 수 있어요.
+ 몸짓과 얼굴 표정을 흉내 낼 수 있어요.
+ 웃거나 옹알이를 통해 상호작용을 해요.

이 시기 쌍둥이를 돌볼 때는 이렇게 하세요

+ 소파와 같은 가구를 붙잡고 일어설 수 있기 때문에 안전장치가 많이 필요합니다.
+ 기어 다니기 시작하니 모서리 보호대, 서랍 잠금장치 등을 설치하세요.
+ 책상 위나 식탁 위와 같은 곳도 아이의 손이 닿을 수 있으니 위험한 것들은 미리 치워놓으세요.
+ 이 시기에는 잠깐 한 눈 팔면 사고가 일어나기 쉬워요. 쌍둥이 엄마는 2배 더 신경 써야 합니다.
+ 쌍둥이들이 이제 힘이 세져서 베이비룸을 잡고 둘이 같이 흔들면 넘어갈 수 있으니 주의하세요.
+ 유아침대에 눕히는 경우에도 아이들이 가드를 잡고 흔들거나 일어설 수 있으니 가드의 높이를 더 높이고 혼자 두지 않도록 유의하세요.

건강관리

【 준서와 성연이 】

저희 아이들은 생후 6개월부터 감기에 걸리기 시작했어요. 약하게 걸릴 때는 기침, 콧물감기에 많이 걸렸어요. 두 돌 이전에는 열감기에 많이 걸리곤 했는데, 특히 준서는 한 번 열이 나면 39℃ 넘게 열이 오르고 해열제를 먹여도 38℃ 이하로 떨어지지 않을 때가 있어 애가 타곤 했어요. 해열제를 먹이면서 미지근한 물수건으로 몸을 닦아주면 열을 잡는 데 많은 도움이 되더군요.

한번은 성연이가 밤에 열이 나고 아침에 일어나서 토하기에 병원에 갔어요. 병원에서는 장염 초기라고 해열제와 정장제 위주의 약을 처방해주고, 물과 죽 외에는 아무것도 먹이지 말라고 했는데 집에 와서 아이의 상태를 보니까 아무래도 장염은 아닌 것 같더군요. 배가 아파 보이지도 않고 그렇다고 해서 계속 토하는 것도 아니고요. 그래서 다른 병원에 가보았는데 그곳에서는 열감기라고 했어요. 이처럼 아이가 아팠을 때 나타나는 증상이 겹치는 것이 많아서 병원마다 다르게 진찰해주는 경우도 가끔 있으니 평소에 엄마가 잘 살펴보아야 할 것 같아요. 아이마다 약한 부분, 즉 주로 발병하는 감기가 있으니 이런 부분을 잘 체크해주는 것도 필요합니다.

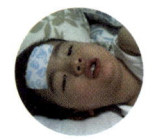  

【 건우와 태우 】

아이가 열성경련을 일으켜 많이 놀랐던 적이 있어요. 태우가 목이 많이 헐어서 그랬는지 해열제를 거부하며 뱉어냈는데, 열이 나도 아이가 잘 노는 편이어서 제가 시원하게 입힌 채 놓아두었던 것 같아요. 그랬는데 잠시 후에 아이가 갑자기 부들부들 떨더니 온몸이 뻣뻣해지며 정신을 잃더라고요. 너무 무섭고 놀랐지만 남편이 119에 전화해서 구급차를 부르고 저는 응급전화 1339에 전화해 문의했더니 흔들거나 깨우지 말고 그대로 눕혀놓고 아이가 토할 수도 있으니 기도가 막히지 않도록 고개를 옆으로 돌려두라고 해서 지시대로 했어요. 나중에 알고 보니 남편도 어렸을 때 열성경련을 한 적이 있었다고 해요. 가족력이 있는 경우는 아이가 고열이 나면 더욱 주의 깊게 살펴야 할 것 같아요. 나중에 소아과 선생님과 상담하며 들은 이야기로는 열이 갑자기 오르는 경우에 오한을 느껴 아이가 추워하고 떨면 조금 따뜻하게 해준 뒤 아이가 안정되고 나서 벗기고 닦아주어야 한다고 해요. 해열제를 토한 경우에는 일정한 시간이 지난 후 한 번 더 먹이거나 다른 성분의 해열제로 교차로 먹일 수도 있고요. 육아카페에서 들은 이야기로는 몸에 미지근한 물을 발라 증발시키거나, 젖은 양말 위에 마른 양말을 겹쳐 신겨도 열이 많이 잡힌다고 해요. 목이 많이 부은 경우에는 좌약을 써도 되고요. 아이에게 맞는 방법을 찾아 열을 떨어뜨리는 게 가장 중요할 듯하고, 아이가 열나는데 잘 논다고 방심하면 안 될 것 같아요.

쌍둥이 건강관리

이 시기가 되면 외출을 많이 하게 되면서 집에서 일정한 온도로 지내던 아이들이 바깥 바람이나 냉난방이 잘 되어 있는 백화점, 실내공간 등에 민감하게 반응하여 감기가 쉽게 걸릴 수 있습니다. 또한 뭐든지 입으로 가져가는 시기이므로 구내염, 수족구, 장염 같은 질병에도 쉽게 노출될 수 있습니다.

물론 기침이나 콧물로 시작하는 감기부터 겨울에는 독감, 그리고 봄이면 시작되는 구내염, 수족구나 여름철의 눈병 등은 아이를 키우다 보면 피할 수 없는 질병들이지만, 쌍둥이는 한 아이가 아프면 다른 아이도 전염되는 경우가 많아 감기가 돌고 돌아 몇 달째 끊이지 않는 경우도 허다하고, 전염성 질환을 차례로 겪다 보면 한 달 가까이 고생하기도 합니다. 더군다나 이 시기에는 면역력이 약해서 구내염이나 수족구, 독감 등으로 인한 탈수나 고열로 입원하는 경우도 종종 있습니다.

외출 시에는 얇은 옷을 겹쳐서 입혔다가 온도에 따라 입히고 벗기는 요령이 필요하며, 외출 후에 반드시 손을 잘 씻기고, 유행성 질병이 유행하는 시기에는 가급적 사람들이 많은 곳에 가지 않는 것이 좋습니다. 감기 같은 질병은 식기를 분리해서 사용하는 것이 조금이나마 도움이 되지만, 수족구같이 전염성이 높은 질병은 잠복기가 길어 한 아이가 걸렸다면 두 아이를 격리시킨다고 해도 다른 아이가 전염되지 않을 확률이 희박하니 굳이 격리시킬 필요는 없습니다.

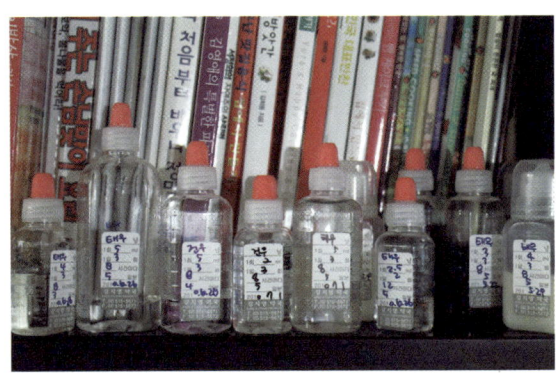

아이들이 흔히 걸리는 질병

감기

감기는 차가운 기운으로 호흡기가 약해지면서 시작됩니다. 특히 아이들은 신체 구조상 호흡기가 완전히 발달하지 않아 성인보다 감기에 더 약합니다. 감기의 증상은 유행성도 있지만 본질적으로는 아이의 체질에 따라서 다르게 나타납니다. 예를 들어 장이 약한 아이들은 배탈, 설사 등의 증상이 나타나고, 목이나 기관지가 약한 아이는 발열, 기침이 납니다.

아이가 감기에 걸리면 미지근한 물과 보리차 등을 수시로 마시게 하여 수분을 공급해주고, 충분한 휴식을 취하도록 하는 것이 필요합니다. 기온 변화가 심한 환절기에는 얇은 옷을 여러 벌 겹쳐서 입혔다가 온도에 따라 벗기고 입히는 것이 좋습니다.

중이염

콧물감기가 오래 지속되면 중이염으로 넘어갈 수 있으니 콧물감기에 걸리면 귓속을 잘 살펴보아야 합니다. 중이염에 걸리면 귀에서 열이 나면서 귀가 아플 수 있습니다. 또한 귀가 잘 안 들릴 수도 있으며 심하면 염증이 터져 귀에서 고름이 나오기도 합니다. 말을 못하는 어린 아이의 경우에는 아프다는 표현을 하지 못하므로 자꾸 울고 보채는 경우가 많아집니다. 치료를 받다가 열이 나거나 보채는 등의 증상이 사라졌다고 해서 처방받은 약을 중간에 임의로 중단하는 경우가 많은데, 그렇게 되면 다시 염증이 악화될 수 있습니다. 중요한 것은 증상 치료가 아닌 염증, 병에 대한 치료임을 잊어서는 안 됩니다.

중이염에 걸렸을 때는 누워 있으면 더 아파할 수 있으므로 안거나 업어주는 것이 좋으며, 눕힐 때는 베개를 높여주는 것도 좋습니다. 코를 풀 때는 한 번에 푸는 것보다는 한쪽 코를 막고 한쪽 코를 풀고 다음에 다른쪽 코를 풀게 합니다. 중이염은 재발율이 높은 편이므로, 중이염에 걸리지 않기 위해서는 코감기나 비염 등 중이염으로 가는 지름길을 막아 감기를 오래 앓지 않도록 돌보는 것이 무엇보다 중요합니다.

모세기관지염

모세기관지염은 감기와 함께 대표적인 환절기 호흡기 질환입니다. 감기가 직접적인 원인이지만, 설사나 구토를 하면서 생기기도 합니다. 모세기관지염은 여러 갈래로 나눠진 기관지 중에서 가장 끝부분에 일어나는 염증을 일컫는 질환인데 감기와 비슷한 증세를 보이지만 감기보다 심한 기침과 호흡 곤란의 증상이 나타나기도 합니다.

모세기관지염에 걸리면 호흡이 빨라지고 숨을 내쉴 때 쌕쌕거리는 소리를 내기도 합니다. 그러므로 가습기를 틀어 습도를 유지해주세요. 모세기관지염은 바이러스성 질환으로 침이나 가래를 통해서 전염되므로 사람이 많은 곳에 아이를 데려가는 일은 피하고 가족의 위생에도 신경을 써야 합니다.

구내염과 수족구

구내염은 만 1~3세 사이의 아기들에게 흔히 발생하며, 입안의 점막에 물집이나 궤양이 생깁니다. 이 물집은 수족구의 물집과는 달리 근질근질 가려우면서 아픈 특징이 있습니다. 또한 입안도 빨갛게 붓고 혀에 하얀 반점이 생깁니다. 생기는 위치는 입술이 제일 흔하며, 혀의 끝부분이나 양옆, 그리고 목구멍에도 작은 물집이 형성되었다가 쉽게 터지고, 궤양 상태의 파인 형태를 보입니다. 물집이 입안에 생기면 음식이 닿을 때 통증이 심하며, 자극성이 있는 음식이나 신 음식을 먹을 때 더욱 고통스럽습니다. 아이가 구내염이나 수족구에 걸려 목이 부어 음식을 못 삼킬 경우에는 아이스크림이나 과일주스, 치즈케이크같이 부드럽고 시원한 것을 주로 먹입니다. 그리고 탈수하지

않도록 마실 것에도 신경을 씁니다.

장염

장염은 세균성 장염과 바이러스성 장염이 있습니다. 세균성 장염은 주로 음식물에 의해서 걸리고 바이러스성 장염은 로타 바이러스 등에 의해 감염됩니다. 로타 바이러스 장염에 걸리면 열이 나고 구토, 복통, 설사 증세를 보입니다. 여름철에는 대부분 세균성 장염을 의심해야 합니다.

장염에 걸린 아이는 탈진하기 쉽기 때문에 수분 보충에 유의해야 합니다. 설사한다고 해서 아이를 굶겨서는 안 되고 전해질 용액이나 쌀미음과 같은 음식을 먹입니다. 열이 오르면 미지근한 물로 몸을 닦아주어 열을 떨어뜨려주고, 구토가 심할 경우에는 반나절 정도는 밥을 먹이지 않는 것이 좋습니다.

수두

수두의 주요 증상은 물집이 잡히는 것입니다. 투명하게 물집이 잡히며, 가려움도 심해 긁기 시작하고, 감기와 비슷한 증상이 나타나기도 합니다. 보통 머리와 등에서부터 시작되어 온몸으로 퍼지기 때문에 입안이나 성기에도 수두가 생길 수 있습니다. 예방접종을 하지 않지 않은 상태에서 수두에 걸리면 몸에 평균적으로 250~500개 정도의 물집이 생기고, 수두 접종을 했는데 수두에 걸리는 경우는 평균 15~30개 정도의 수두가 생기기도 합니다.

강한 전염성이 있기 때문에 어린이집에 다니는 등 단체생활을 할 때는 각별한 주의가 필요합니다. 수두는 치명적인 위험은 적지만 전염성이 강한 질병 중 하나입니다. 잠복기가 있기 때문에 물집이 생기기 전에도 수두에 걸린 아이와 접촉을 하면 수두에 걸릴 수 있습니다. 보통 형제 중 한 아이가 수두에 걸리면 다른 아이도 전염될 가능성이 90%이므로 쌍둥이 중 한 명이 수두에 걸렸을 때는 다른 아이를 다른 곳에 맡기는 식으로 격리를 해주세요.

그리고 수두딱지를 긁지 않도록 하고 아이의 손톱을 짧게 깎아주어야 합니다. 수두딱지는 그대로 두어서 저절로 떨어지게 하는 것이 가장 좋은 치료법입니다.

야간이나 공휴일에 아이가 아플 때

야간이나 공휴일에 아이들이 아플 경우 당황하지 않기 위해 우선 집에 전자체온계, 해열제를 상비하고 있어야 하며 해열제는 용량과 용법을 숙지하고 있어야 합니다. 최근에는 인터넷에서도 많은 정보를 얻을 수 있지만, 소아의학책 한 권 정도는 구비해두면 아이가 아플 때 증상을 찾아보고 대처하는 데 큰 도움이 됩니다. 위급상황에 대비해 근처 가까운 병원 응급실도 미리 알아두는 것이 좋으며, 한 아이가 아픈 경우 다른 아이를 돌봐주거나 도움을 받을 수 있는 친지나 이웃을 미리 사귀어두는 것이 좋습니다.

혼자서 두 아이를 보고 있을 때, 한 아이가 위급상황인 경우에는 119에 전화하는 것이 가장 빠른 대처방안이며, 아이의 상태가 의심스러울 때는 응급의료정보센터인 1339에 전화를 걸어 아이의 상태를 이야기하고 취할 수 있는 조치를 취한 후 위급상황이 되었을 때 119에 전화해서 도움을 요청합니다. 응급실에 가야 하는 경우에는 기저귀, 아기수첩, 물 등을 챙겨가는 것이 좋고, 당황해서 아이의 주민번호가 생각이 나지 않는 경우도 더러 있으므로 아이의 주민번호는 핸드폰이나 수첩에 기록해두는 것이 좋습니다.

약 먹이기

아기는 임신기간 동안 모체로부터 받은 면역성분에 의해 감기에 잘 걸리지 않다가 생후 6개월부터 면역력이 떨어지면서 잔병치레도 잦아집니다. 감기 등에 걸려 아이가 아프면 병원에서 처방 받아온 약을 하루 세 번 혹은 네 번씩 먹여야 하는데, 약을 잘 먹는 아이가 있는 반면 약을 먹지 않으려고 하는 아이도 있습니다. 한번 약에 대해 안 좋은 인식을 갖게 되면 그 후로 먹일 때마다 계속 힘들어지므로 되도록 약을 억지로 먹이지 않도록 하고 약을 먹는 것에 거부감을 가지지 않도록 주의해야 합니다.

중이염, 모세기관지염 등 세균성 질환에 걸리면 병원에서 항생제를 처방해주기도 하는데요. 병원에서 처방한 항생제는 상태가 호전되더라도 의사선생님이 처방해준 만큼 먹이는 것이 중요합니다. 그 이유는 먹이다 안 먹이다 하면 내성이 생겨서 다음번에는 약효가 떨어질 수도 있기 때문입니다.

　아이가 열이 나서 해열제를 먹일 때, 아이가 해열제를 뱉거나 토하는 경우가 있습니다. 이때 아이가 토했다고 해열제를 바로 다시 먹이면 안 됩니다. 약이 어느 정도 흡수되었는지 정확히 알 수 없기 때문에, 저체온증과 같은 부작용이 생길 수 있습니다. 이럴 때는 3시간 정도 기다렸다가 다시 주세요. 3시간 이후에 해열제를 주었다면, 다시 6시간 간격을 지켜 먹이면 됩니다. 그리고 소아과마다 처방해주는 해열제의 종류가 다른데, 돌 전에는 타이레놀 성분의 해열제를 먹입니다. 돌 이후에는 부르펜 성분의 해열제도 먹일 수 있는데 만약 타이레놀 성분의 해열제를 먹여도 열이 떨어지지 않을 경우에는 그 다음에 부르펜 성분의 해열제를 교차해서 먹일 수도 있습니다.

　아이가 구내염이나 수족구에 걸려 입안이 헐거나 물집이 잡혀 약을 삼키기 힘들어 하면 아이스크림에 약을 섞어서 먹이는 것도 방법입니다. 문제는 실제로 여러 가지 방법을 동원해도 뱉어내거나 토해버리는 경우가 많고, 약을 강제로 먹이는 과정에서 약 자체를 거부하는 심리가 생길 수 있습니다. 특히 약을 안 먹는다고 아이를 윽박지르면 약을 더 거부하게 될 수도 있지요. 말귀를 알아듣는 연령이라면 약을 왜 먹어야 하는지 이유를 설명해주거나 역할놀이를 하면서 인형이나 다른 사람에게 약을 먹이는 놀이를 하면서 자연스럽게 먹이는 방법도 있습니다. 약을 설탕물이나 주스 등에 타서 먹이는 경우도 많은데 큰 문제는 없으나 아이가 자주 먹는 이유식이나 우유에 타 먹이는 건 피하도록 하세요. 아이가 이유식이나 우유까지 거부할 수 있기 때문입니다.

생후 11~12개월 쌍둥이 돌보기

이 시기 아이는 이만큼 자라요

+ 빠르면 걸음마를 시작해요.
+ 낮잠과 밤에 자는 시간이 규칙적이 돼요.
+ 자주 보는 사람의 얼굴을 기억해요.
+ 다른 사람에게 관심을 보여요.
+ 혼자서 컵을 들고 마실 수도 있어요.
+ 태어났을 때 열려 있던 대천문이 닫히기 시작해요.

이 시기 쌍둥이를 돌볼 때는 이렇게 하세요

+ 걸음마를 시작하면 아이들이 넘어질 때도 많으니 바닥에 놀이방 매트를 깔아놓으세요.
+ 까꿍놀이를 좋아하는 시기이고 둘이서 서로 인지할 수 있으므로 러닝홈 같은 완구로 상호작용을 할 수 있어요.
+ 혼자서 가구 등을 붙잡고 일어나거나 걸어다니므로 아이들에게서 잠시도 눈을 떼서는 안돼요.
+ 욕실에서 미끄러지는 사고가 일어날 수 있으니 미끄럼방지장치를 부착해두세요.
+ 둘을 나란히 앉혀서 밥을 먹일 때 아이들에게 포크를 쥐어주면 다른 아이를 찌를 수도 있으니 끝이 뭉툭한 포크를 사용하고 보호자가 꼭 옆에 있어야 합니다.

쌍둥이와 외출하기

【 준서와 성연이 】

저희는 시댁과 친정이 모두 광주에 있는데, 큰애와 쌍둥이들까지 세 아이를 데리고 온 가족이 이동할 때 비행기를 타고 간 적이 있었어요. 비행기는 두 돌 이전의 아이들은 요금을 내지 않고 보호자가 안고 타게 되어 있는데, 24개월 이하의 아이가 두 명일 때는 안전규칙상 한 줄에 한 명의 아이만 안고 탈 수 있어요. 엄마 아빠가 나란히 앉아서 쌍둥이를 안고 갈 수 없더라고요. 그래서 복도를 사이에 두고 각각 애를 안고 가는데 둘 다 엄마한테만 오려고 해서 난감했어요. 비행기를 탈 때는 장난감도 준비해가고 먹을 것도 준비해가고 했는데 그때뿐이고 서로 제 품에 앉으려고 하니까 별로 효과는 없었어요.

비행기를 탈 때는 유모차를 가져가는 게 좋아요. 공항에서는 일찍 가서 머무는 시간도 길고 이동거리도 있고 아이들이 잠들 수도 있어 유용하고, 기내 탑승 전에 맡기면 내려서 수화물로 찾을 수 있어 편하더라고요. 그리고 비행기를 탈 때마다 자리 배정 때문에 신경 쓰일 때가 많은데, 좌석 배정을 받을 때 비상구 앞쪽 좌석을 달라고 요청하는 편입니다. 앞좌석이 없어 넓기도 하고 신경을 좀 덜 쓸 수 있거든요.

【 건우와 태우 】

저희는 가까운 곳이나 먼 곳이나 늘 자동차로 이동하는 편이에요. 이것저것 많은 것들을 챙겨 넣고 다녀도 되니 짐이 많을 때도 부담스럽지 않은 것이 가장 큰 장점이지요. 유모차도 언제든지 편하게 꺼내 쓸 수 있고, 아이들 자전거를 넣고 다니기도 하고요. 여행을 갈 때는 아이들 낮잠 자는 시간에 맞춰 출발시간을 정하는데, 2~3시간 거리라면 낮잠 자기 30분이나 1시간 전에 출발해서 아이들이 깨는 시간에 도착할 수 있도록 하는 편이고요. 아이들이 깨지 않으면 도착지에서 좀 더 재우고 차에서 내려요. 그래야 아이들 컨디션이 좋아서 짜증 내지 않더라고요. 4시간 이상 걸리는 곳은 잠잘 준비(먹이고 씻기고 이 닦이기)를 다 한 다음 저녁 8시경 출발하는 편인데, 8시 이후에 출발하면 도심도 별로 막히지 않고 아이들은 가면서 잠이 드는 편이라 도착까지 쉬면서 가도 수월하게 갈 수가 있어요. 가끔 새벽에 도착해서 잠이 깨는 경우도 더러 있긴 한데, 깊은 밤이라 그런지 다시 재우는 것도 그리 힘들진 않았어요.

외출 준비와 가방 싸기

쌍둥이를 데리고 외출하려면 챙길 것도 많고 짐도 많습니다. 그런데 어떤 것은 필요하지도 않은데 무겁게 가방에 넣어 가져가는 것도 있고, 꼭 필요한데 미처 싸지 못하는 경우도 있습니다. 아이 둘을 데리고 이동하는 것도 너무 힘든데 짐까지 많으면 쉽게 지칠 수도 있으니 짐을 잘 싸는 요령이 필요해요.

먼저 어깨에 메고 다니는 기저귀가방은 깊이가 깊고 칸막이로 공간이 나뉜 가방이 좋습니다. 특히 젖병이나 물병을 세워서 담을 수 있는 개별 주머니가 갖추어져 있으면 더 좋아요. 칸막이가 없으면 젖병이나 물병이 쓰러져 내용물이 샐 수 있고, 물건을 찾을 때도 이리저리 찾아야 해서 불편하거든요. 자주 사용해야 하는 물티슈나 간식, 아이가 좋아하는 장난감 등은 꺼내기 쉽게 가방 앞주머니에 넣어두는 게 좋습니다. 아이들이 먹을 간식은 낱개 포장된 것을 넣거나 작은 통 혹은 지퍼백에 먹을 만큼만 담아 넣어 되도록 부피를 줄이는 게 좋아요. 장난감은 아기가 평소에 좋아하는 장난감 중에서 부피가 작은 것을 챙겨서 넣습니다. 다만 비행기나 기차, 버스와 같은 자유롭지 않은 공간에 오래 있어야만 하는 경우에는 새로운 장난감을 준비하는 것도 요령입니다.

이동하는 동안 아이들이 잠드는 일이 흔하므로 칫솔, 치약 또는 구강청결티슈도 준비하면 좋습니다. 1회 분량씩 낱개 포장된 구강청결티슈는 사용하고 버릴 수 있어 휴대가 간편하지요.

아직 분유를 먹는 아이들을 데리고 장거리 여행을 해야 한다면 일회용 젖병을 이용하는 것이 간편합니다. 일회용 젖병은 젖병 안의 비닐팩만 갈아주면 되므로 여별의 젖꼭지가 있다면 젖병은 1개만 있어도 됩니다. 분유 또한 1회 분량씩 낱개 포장된 스틱분유나 액상분유를 간편하게 이용할 수 있습니다.

여벌옷은 상하 한 벌씩 두껍지 않은 걸로 준비해 돌돌 말아 넣습니다. 주로 자동차를 타고 다닌다면, 차에 여벌옷과 신발을 상비해두는 것이 비상시 활용할 수 있어 도움이 됩니다. 부피를 많이 차지하는 일회용 기저귀는 가능한 한 압축해 지퍼백에 넣고, 외출 시 기저귀 버릴 데가 없을 경우를 대비해 비닐봉지 여러 개를 작게 접어 늘 가방에 넣어둡니다. 위생비닐은 기저귀를 버릴 때 이외에도 젖은 옷을 따로 넣어둔다던가 아이가 갑자기 토하게 될 때 등 매우 유용하게 쓰이니 꼭 챙겨두세요.

아빠 혹은 다른 가족과 함께 외출을 한다면 가방을 2개로 나누어 꾸리는데, 엄마 가방에는 바로 꺼내 써야 하는 물티슈나 기저귀, 아이 간식 등을 챙기고, 다른 가방에는 여벌옷과 여벌기저귀, 장난감 등을 넣습니다. 엄마 혼자 아이들을 데리고 외출할 때도 유모차로 이동하는 경우에는 짐을 분산시켜 자주 쓰이지 않는 짐은 유모차 뒤에 싣고 다니는 것이 보다 수월합니다.

1박 이상 여행가방 준비 요령

여행지에서 살 수 있는 것은 현지 조달한다
멀리 가는 여행이라면 되도록 짐을 줄이기 위해 여분의 기저귀나 간식, 음료 등과 같은 여행지에서도 살 수 있는 것들은 현지에서 조달하는 것이 좋습니다.

외출가방이나 여행가방은 항상 준비해둔다
외출가방이나 여행가방을 항상 준비해두면 짐 싸는 시간을 줄일 수 있습니다. 예를 들어, 수영복 세트와 여벌옷을 넣어둔 여행 패키지를 준비해두는 것이지요. 아이들 샴푸나 로션 샘플도 잘 챙겨서 여행가방에 넣어둡니다. 외출가방에는 기저귀, 물티슈, 손수건, 치약, 칫솔, 썬크림, 여벌옷, 위생비닐 등을 준비해둡니다.

위생비닐을 꼭 챙긴다
위생비닐은 젖은 옷을 담거나 기저귀를 담을 때, 쓰레기를 담거나 차에서 아이가 토할 때도 요긴하게 사용되니 항상 준비해둡니다.

기저귀나 물티슈 등은 차 안에 상비해두자
차에도 기저귀나 물티슈, 여벌옷, 아이들 신발 등을 여분으로 준비해놓습니다. 기저귀를 뗀 남자아이라면 차에 빈 음료수통을 준비했다가 급할 때 차 안에서 소변을 보게 합니다. 차 안에서 아이들이 잠을 수 있으니 담요나 쿠션 등도 준비해두면 좋아요.

여벌옷은 두 세트 준비해둔다
여벌옷은 바지와 상의 각각 두 벌씩 준비하며, 기저귀를 뗀 경우라면 실수를 할 수도 있으니 하의를 한 벌 더 준비하세요.

체온계와 비상약도 잊지 않고 챙긴다
아이가 갑자기 아플 수도 있으니 체온계와 해열제나 소화제 같은 비상약을 챙기는 것도 좋습니다.

일회용품에 주목하자
그 밖에 빨대나 일회용 숟가락, 작은 통, 휴대용 종이턱받이, 분유를 먹이는 경우라면 일회용 젖병, 액상분유 또는 스틱분유, 비닐팩이나 지퍼백도 요긴하게 쓸 수 있습니다.

유모차는 사용하게 될지 고려하여 챙긴다
쌍둥이 유모차나 휴대용 유모차는 아이들이 유모차를 잘 타는 아이들인지 아닌지, 잘 걸을 수 있는지 아닌지에 따라 다르지만 비행기 여행이라면 휴대용 유모차는 꼭 챙겨 가세요. 공항에서 아이들이 잠들 수도 있고 기다리는 시간이 많이 걸리므로 유모차가 유용하게 사용됩니다.

돌 전후의 나들이

돌 전후가 되면 간단한 산책부터 시작해서 근처의 공원, 놀이동산, 박물관, 수족관 등을 다닐 수 있습니다. 여름과 겨울에는 워터파크와 눈썰매장 등도 가볼 만하며 어두운 곳을 무서워하지 않는다면 공연도 보러 갈 수 있습니다. 손쉽게는 키즈카페를 갈 수도 있고요. 나들이를 하기 전에는 유모차 대여 여부를 알아보고, 사람이 많은 시간은 될 수 있으면 피해서 방문합니다.

박물관

집 근처에 엄마와 갈 수 있는 작은 박물관 등을 알아두면 좋습니다. 휴일은 사람이 많아서 힘드니 되도록 피하고, 평일에도 유치원이나 어린이집에서 단체관람을 할 수 있으니 미리 알아보고 가는 것도 좋습니다. 단체관람을 많이 하는 곳이라면 오후 2~3시경이 오히려 한가합니다.

동물원

동물원은 아이들에게 실제 동물들을 보여줄 수 있다는 점에서 나들이하기 좋은 곳 중 하나입니다. 다만 구제역이나 조류독감이 유행할 때는 일시적으로 폐장이 되어 관람이 불가하니 미리 알아보고 가는 것이 좋겠지요. 동물원에 따라 동물 먹이주기를 하는 프로그램 등이 정해진 시간에 하고 있으니 시간을 맞추어서 관람하면 좋습니다. 규모가 작은 곳이라면 몰라도 대형 동물원은 엄마 혼자서 아이 둘을 데리고 가기는 힘드니 유의하세요.

수족관

수족관은 실내이므로 날씨가 추운 날이나 비가 오는 날에도 갈 수 있다는 점이 장점입니다. 반면에 약간 어두운 편이므로 어두운 곳을 무서워하는 아이라면 별로 좋아하지 않을 수도 있습니다. 수족관에 가는 것을 좋아하는 아이라면 연간 회원권을 끊는 것이 더 경제적입니다.

키즈카페

비가 오거나 날씨가 좋지 않은 날, 혹은 너무 춥거나 더울 때는 실내놀이터나 키즈카페를 이용할 수 있습니다. 키즈카페는 두 돌 전의 아이들이 놀기에 적당한 곳과 그 이상의 아이들이 많이 오는 곳 등이 있으니 나이에 맞게 장난감이 갖추어져 있는 곳을 찾아보세요. 나이에 따라 노는 곳이 구역으로 나누어져 있는 곳도 괜찮습니다. 아이가 직접 만지고 체험해볼 수 있는 체험수업 현장도 좋은 나들이 장소입니다.

놀이동산

유명 놀이동산은 기본적으로 사람이 많이 오는 곳이므로 평일 오전이 아니라면 티켓을 인터넷으로 미리 예매해서 가면 줄을 서지 않고 바로 입장할 수 있습니다. 또한 규모가 큰 놀이동산은 주차장에서 놀이동산 입구까지 셔틀이나 열차를 타고 가야 하는 곳이 있으므로 유모차를 가져가는 것도 고려해야 합니다. 놀이동산의 경우 36개월까지는 입장이 무료이나 유아용 놀이기구를 타려면 표를 끊어야 합니다.

아이들과 밖에서 밥 먹기

외출해서 밖에서 밥을 먹어야 할 때는 아이가 먹을 음식은 집에서 미리 준비해서 가는 방법이 제일 좋습니다. 만약 준비를 하지 못했다면 간단한 간식거리만 가지고 가고 나들이 장소에서 사먹는데, 아이가 좋아하는 음식 위주로 빨리 먹을 수 있는 음식을 골라서 먹는 것이 좋습니다.

아이들과 나가면 어른들만 다닐 때와 달리 맛집을 찾아다니기가 쉽지 않습니다만, 어른들 위주의 음식점을 가게 된다면 김이나 치즈 등 아이들이 밥과 함께 먹을 수 있는 비상식품을 가지고 가는 것이 도움이 될 수 있습니다. 맛집은 사람이 붐벼서 아이들과 식사하기가 힘든 경우가 종종 있으므로 붐비는 시간은 피해서 가는 것이 좋습니다. 외출했는데 아이들의 컨디션이 안 좋다면 굳이 식당에서 먹기보다 차 안이나 야외에서 간단하게 먹이는 것도 좋은 방법입니다.

장거리 여행 시 이동수단별 유의사항

자동차 여행

장거리 자동차 여행이라면 중간 중간 휴게소에 들러 아이도 어른도 몸을 움직여주는 것이 좋습니다. 요즘에는 휴게소마다 아이들을 위한 시설이나 놀이터가 있는 곳도 있으니 사전에 아이들과 들르기 좋은 휴게소를 찾아보세요.

에어컨이나 히터는 너무 세게 틀지 않도록 하세요. 바깥과 온도차가 크면 아이들이 감기에 걸리기가 더 쉬우므로 온도조절을 잘해주어야 합니다. 히터를 트는 겨울철에는 자동차 안이 상당히 건조하므로 히터보다는 아이들의 옷으로 보온을 해주도록 하고 물을 자주 마시게 합니다. 가제수건을 적셔서 널어두는 것도 습도조절에 도움이 되고요. 특히 더운 여름에는 에어컨을 틀기 때문에 여벌의 옷을 챙겨서 찬바람을 직접 쐬지 않도록 해주세요.

차를 타고 가다 보면 아이들이 보챌 때가 많은데요. 동시에 두 명이 울고 떼쓸 경우를 대비하여 간단한 장난감이나 먹을거리 등을 준비하고, 차량용 DVD 플레이어로 아이들이 좋아하는 프로그램을 틀어줄 수도 있습니다.

3시간 이상의 장거리라면 밤에 이동하는 것도 방법입니다. 아이들은 차 안에서 잠들기 쉽기 때문에 저녁을 먹이고 출발하면 아주 늦지 않게 도착할 수 있습니다. 밤늦게 목적지에 도착할 것을 예상하고 출발하는 경우라면 출발 전에 반드시 기저귀를 갈거나 화장실을 다녀오게 하고, 옷을 편안히 입힙니다. 겨울이라면 내릴 때 모자나 담요 등을 준비해서 급격한 온도변화를 대비해야 감기를 예방할 수 있습니다.

낮 시간에 장거리를 이동해야 한다면 낮잠시간 동안 이동하는 것이 보다 수월하며, 물이나 음료수 등 간단한 요깃거리도 준비하는 것이 좋습니다. 갑자기 먹을 것을 찾을 때가 있는데, 아이들은 참을성이 없기 때문에 이런 것들로도 보챌 수 있습니다. 또 이동하면서 먹고 버린 쓰레기를 담을 비닐봉지도 넉넉하게 차 안에 두고, 조금이라도 비가 예상된다면 우산도 잊지 않아야 합니다. 쓰레기를 차 안에 오래 방치한 채로 장거리 여행을 하면 아무래도 환기가 힘든 차 안이라 아이들의 호흡기 질환을 유발하기 쉬우니 자주 치우는 것도 잊지 마세요.

기차 여행

기차 여행의 장점은 비행기나 자동차 여행보다는 활동이 자유롭다는 점입니다. 비행기에 비해 행동반경이 넓고 객실에서 잠깐 나갔다가 들어올 수도 있어서, 가만히 못 앉아 있는 아이들이라면 기차 여행이 더 나을 수 있습니다. 반면에 기차 여행은 짐을 많이 가져갈 수 없어서 꼭 필요한 짐만 가져가는 것이 좋고, 유모차를 가져갈 수는 있지만 비행기에 비해 수월하지는 않습니다.

KTX는 일반석 4인 동반석을 이용하면 편리합니다. 동반석은 다른 자리보다 널찍하고 중간에 테이블이 있어서 아이들 놀기도 편합니다. 운임도 일반석보다 30% 정도 더 저렴하고요. 만약 동반석을 끊지 못했다면 일반석을 아이 수에 맞추어서 끊는 것이 좋습니다. 참고로 어린이와 유아는 50% 할인을 받을 수 있어요.

아이 둘을 데리고 짐까지 많으면 기차를 타고 내릴 때 시간이 걸릴 수 있으니 미리 준비해야 합니다. 종착역이 아니고 중간에 서는 경우라면 정차시간이 더 짧으므로 여유 있게 준비하세요. 특히 겨울철에는 아이들 옷을 입히느라 시간이 더 소요될 수 있으니 이를 감안하여 미리 준비합니다.

기차 안에서 2시간 이상 있다 보면 아이들이 잠이 들 수 있는데 의자 등받이를 젖혀서 재우거나 무릎에 눕혀 재울 수 있습니다. 더운 여름에는 냉방에 대비해 덮어줄 옷이나 여벌 겉옷 등을 준비하세요.

비행기 여행

국내선 생후 24개월 전의 영유아라면 같은 줄에 쌍둥이를 데리고 탈 수 없습니다. 비행기 안전관리규칙 때문인데, 다른 줄이나 복도를 사이에 두고 옆줄에 보호자가 아이를 한 명씩 안고 타야 합니다. 가장 좋은 방법은 복도를 사이에 두고 양쪽에 앉는 방법인데 문제는 사전에 좌석 배정을 하지 않으면 그렇게 자리를 배정받지 못할 수 있고, 특히 명절 때 비행기를 타면 같은 줄에 앉기 어려울 수 있으니 일찍 공항에 도착해서 탑승수속을 받는 것이 좋습니다.

국내선 비행기는 대부분 맨 앞의 출입구만 이용할 수 있어서 좌석을 맨 앞쪽으로 배정받거나, 비상문 앞쪽도 여유공간이 있으니 이 좌석들을 이용하면 조금 편하게 갈 수 있습니다. 좌석 배정을 받을 때 미리 말하는 것이 좋습니다.

유모차는 국내선, 국제선 상관없이 가져가는 것이 더 편합니다. 탑승 시 게이트 앞까지 가지고 있다가 바로 수화물로 부칠 수 있으므로 탑승 직전까지 이용할 수 있습니다. 일인용 유모차 2개나 쌍둥이 유모차 모두 괜찮습니다. 항공사에 따라 만 3세 미만의 유아를 동반할 경우, 전용 카운터를 두는 등 유아전담 서비스도 있으니 미리 신청하는 것도 좋습니다.

국제선 돌 전이라면 바시넷을 미리 신청합니다. 바시넷이 생각보다 넓지 않고, 바시넷 자체를 설치 못하는 기종도 있으니 미리 알아보아야만 하며 바시넷을 사용할 경우 공간이 넓은 좌석을 미리 배정받을 수 있는지 알아봅니다.

기내 유아식도 미리 신청합니다. 만약 이유식을 하는 시기라면 시판 이유식을 휴대할 수 있습니다. 기내에는 액체 반입이 불가하지만 분유나 아기용 물은 반입이 가능합니다. 매번 분유 타기도 번거로우니 액상분유를 준비하는 것도 좋은 방법입니다.

기내에서 대변을 보았다면 화장실에 가서 씻길 수 있습니다. 기내에서는 두꺼운 옷을 입히기보다는 얇은 옷을 여러 겹 입히는 게 더 편합니다. 기내에서 긴 시간을 있어야 한다면 새로운 장난감을 준비하는 것이 좋습니다. 이전에 보지 못했던 장난감에 아이들이 더 호기심을 가지고 놀기 때문입니다. 너무 큰 것은 휴대하기 불편하니 손에 쥘 만한 작은 것이 적당하며, 둘이서 서로 싸울지도 모르니 똑같은 것 2개를 구비합니다. 색칠하기, 스티커북, 작은 자석보드, 기차나 미니카 세트, 만화나 동영상을 보여줄 수 있는 스마트폰, 태블릿PC 등도 좋으며, 기내에서 아이들에게 나누어주는 장난감이 있는지 확인해봅니다.

 쌍둥이와 외출하기

Q 쌍둥이를 데리고 혼자서 외출하려고 해요. 어떻게 해야 하나요?

A 신생아 때는 남편이나 부모님 등 주위 분들의 도움을 받으며 예방접종을 다니기도 하지만, 언제까지 도움을 받을 수는 없기에 보통 백일이 지나면 혼자 외출하기를 시도하는 분들이 늘어납니다. 가깝고 간단해 보이는 병원, 은행, 마트 등으로의 외출도 어린 두 아이를 데리고 나서자면 준비물도 많거니와 어떻게 둘을 데리고 나갈까, 나가서 한 아이가 울거나 안으라고 하면 어떻게 하나 등 두렵고 걱정되는 것이 한두 가지가 아닙니다. 이 시기의 쌍둥이 엄마들이 가장 힘겨워하는 문제가 애들 데리고 외출하기이고, 이런 어려움 때문에 외출을 거의 하지 않는다는 엄마도 있습니다.

차를 이용하지 않는다면 보통은 쌍둥이 유모차를 이용하거나 앞뒤로 업어서 외출하거나 한 아이는 일인용 유모차에 태우고 다른 아이는 업고 외출하는 등 다양한 방법으로 외출을 시도해볼 수 있습니다.

병원 외의 간단한 외출인 경우에는 가능한 한 짐을 많이 만들지 말아야 합니다. 특히 마트에 가면 생각보다 많은 물건을 구매하기도 하는데, 유모차에 장바구니가 있다고 해도 두 아이를 태우고 장바구니 가득 짐을 싣고 다니는 것은 쉬운 일이 아닙니다. 최근에는 인터넷으로도 장을 볼 수 있는 곳이 많이 있으니 무거운 짐은 인터넷 구매나 주말에 다른 가족에게 부탁하고 꼭 필요한 물건만 사거나 잠깐 바람을 쐬는 정도로 외출하는 것이 좋습니다.

어려서부터 유모차를 태우는 습관을 들이면 걸음마를 시작한 이후에도 유모차를 잘 타서 외출하기가 더 용이해집니다. 외출시간이 길어질 듯하면 아이가 칭얼거리거나 울 때를 대비해 유모차 장바구니에 아기띠를 같이 가져가는 것도 도움이 되고, 노리개젖꼭지를 사용하는 아기라면 울 경우 노리개젖꼭지를 물리는 것이 도움이 됩니다.

Q 쌍둥이를 데리고 차를 탈 때, 카시트는 2개가 필요한가요?

A 쌍둥이를 데리고 차를 탈 때는 되도록 둘 모두 카시트에 태우는 것이 좋습니다. 돌 이전의 아기라면 바구니형 카시트를 이용하는 것이 편리합니다. 카시트에서 잠이 든 아기를 깨우지 않고 밖으로 이동할 수 있거든요. 돌이 가까워오면 바구니형 카시트에서 유아용 카시트로 바꿔야 합니다.

카시트는 되도록 일찍부터 태워서 습관을 들이는 것이 좋은데, 안고 타 버릇하면 정작 카시트에 태워야 할 때가 되었을 때 아이들이 타지 않으려고 떼를 쓰기도 하기 때문입니다. 집 안에서도 카시트를 바운서처럼 활용해서 아기들이 앉게 하는 것도 카시트에 적응시키는 방법입니다.

카시트에 잘 앉게 하기 위해 카시트에 장난감을 달아준다던가 거울 등을 붙여줄 수 있습니다. 또는 아기가 좋아하는 장난감이나 인형 같은 것을 가지고 타게 하는 방법도 있습니다. 카시트는 원칙적으로 뒷자리에 2개를 설치하는 것이 가장 바람직하며, 돌 전의 아기일 경우에는 뒤보기를, 돌이 지났으면 앞보기를 권장합니다.

한국어린이안전재단(www.childsafe.or.kr)에서는 매년 카시트를 무상대여하는 사업을 시행하고 있습니다. 쌍둥이에게는 2대를 대여해주므로 활용해도 좋겠습니다.

생후 13~15개월 쌍둥이 돌보기

이 시기 아이는 이만큼 자라요

+ 혼자 걸을 수 있어요.
+ 숟가락을 사용할 수 있어요.
+ 상자 안에 공을 넣을 수 있고 블록을 2개 이상 쌓을 수 있어요.
+ 안녕 하고 손을 흔들어 인사할 수 있어요.
+ 15개월경이면 거울에 비친 모습이 자신인 줄 알 만큼 자의식이 발달합니다.

이 시기 쌍둥이를 돌볼 때는 이렇게 하세요

+ 서로 머리카락을 잡아당기거나 서로 물거나 미는 행동이 나타나기 시작합니다. 단호하게, 그리고 지속적으로, 안 되는 일은 안 된다고 알려주어야 합니다.
+ 집에서 걸음마를 하는데 나가서는 걷지 않으려 하는 경우도 있습니다. 또한 신발을 안 신으려고 하는 아이도 있는데 흔히 있는 경우이니 걱정할 필요는 없습니다.
+ 말을 시작하는 시기이므로 입 근육 발달에 도움이 되는 피리나 나팔 같은 장난감을 준비해주는 것이 좋습니다.

쌍둥이 밥 먹이기

【 준서와 성연이 】

이유식은 어느 정도 골고루 먹는 편이었던 아이들이 돌 이후에 밥과 반찬을 주면 입에 넣어보고 뱉거나 입에 넣기조차 거부하는 음식들이 너무 많았어요. 볶음밥이나 전으로 숨겨주면 그나마 먹긴 하는데, 새로운 음식은 거의 입에 대지 않았어요. 일단 먹어보고 안 먹는다고 하면 모르겠는데 입에 넣는 것부터 거부하니까 맛보게 하는 것도 정말 일이더군요. 그래서 제가 썼던 방법은 간단한 음식을 아이들과 같이하는 거였어요. 예를 들어, 달걀로 만든 요리는 전혀 먹지 않았는데, 같이 달걀을 깨보고 저어보고 나서 달걀말이를 해주니 조금 먹어보더라고요. 물론 지금은 안 먹는 계란요리가 없을 정도에요.

두부도 처음에는 전혀 먹지 않는 재료였는데, 식탁에 전기프라이팬을 놓고 굽는 걸 보여줬어요. 단단한 두부를 사서 케이크칼로 잘라보게도 했고요. 그랬더니 너무 잘 먹는 거예요. 그 뒤로도 가끔씩 아이들 눈높이에서 두부를 구워서 먹여주었어요.

새로운 음식을 시도해서 성공하는 경우는 배가 적당히 고프고 기분이 좋을 때가 많았어요. 대화가 되고부터는 이것 먹으면 큰 형이 되어서 높이 공을 던질 수 있다던가 하는 식으로 유도하고, 잘 먹으면 칭찬을 많이 하는 방법도 도움이 되었어요.

【 건우와 태우 】

저희 아이들은 이유식을 골고루 잘 먹은 편이라 밥도 당연히 잘 먹을 거라 생각했어요. 하지만 호기심 많은 태우와는 달리 건우는 잘 먹던 음식임에도 새로운 형태로 나오자 입에 넣기조차 거부하더군요. 일단 입에 넣어서 맛있으면 더 달라고 하는데, 입에 넣기까지가 너무 힘들었어요. 그래서 초반에는 무른 밥에 나물을 다져넣은 나물비빔밥이나 볶음밥 종류를 많이 먹였어요. 그리고 엄마 아빠와 같이 식사할 때 정말 맛있다고 잘 먹는 모습을 과장해서 보여주기도 하고, 태우가 잘 먹으면 과장해서 칭찬하며 건우에게 권해보기도 하고, 도시락을 싸가지고 창가에 앉아 소풍 나온 듯이 먹기도 했답니다. 그리고 외식을 하면서부터는 아이들에게 다양한 음식을 먹게 해보고, 아이들이 잘 먹었던 음식을 기억했다가 집에서 비슷하게 해주는 방법으로 아이들의 반찬 가짓수를 늘렸어요. 저희도 역시 음식을 만드는 데 참여를 많이 시켰는데, 처음에 달걀을 먹지 않던 아이들이 달걀 깨뜨리기를 하고 나서부터는 잘 먹었어요. 주먹밥도 손에 비닐장갑을 끼우고 고무밴드로 조금 고정해준 뒤 아이들이 주물럭거려 먹을 수 있도록 해주었고, 또띠아에 각종 야채 다진 것을 얹고 치즈를 뿌리게 해서 피자를 같이 만들어 먹기도 했어요.

유아식의 시작

이유식 완료기가 지나면 드디어 밥과 반찬을 먹이게 됩니다. 이 시기에는 대부분의 음식을 먹일 수 있으므로 어른들 반찬을 준비하면서 양념이나 간을 하기 전에 미리 덜어내어 아이들 반찬을 준비하면 됩니다. 이유식보다 밥을 더 잘 먹는 아이가 있는가 하면, 이유식은 가리지 않고 잘 먹었던 아이가 밥이나 반찬은 입에 전혀 대지 않으려 하는 경우도 있습니다. 아이가 낯선 음식을 거부하는 편이라면 밥과 반찬으로 식단을 구성하기보다는 한 그릇 요리를 활용하고, 평소 잘 먹었던 음식들을 고려하여 식단을 짜는 것이 도움이 됩니다.

이 시기에 또 하나의 관건은 간을 어느 정도 할 것이냐인데, 보통 두 돌까지 간을 하지 않아도 된다고 하지만 돌이 지난 아이들은 조금이라도 맛이 없으면 안 먹으려 하고, 외식을 해본 아이들이라면 더욱 더 간한 음식을 선호하게 됩니다. 하지만 아이가 간하지 않은 음식을 먹지 않으려 든다고 매끼 국에 밥을 말아준다든가 김에 싸 먹인다든가 하는 것은 아이에게 너무 많은 염분섭취를 하게 할 수도 있으니 유의해야 합니다.

든든한 한 그릇 요리

돌이 지나면 밥과 반찬을 따로 주어야 한다고 하지만, 아이에 따라 적응하는 데 오랜 시간이 걸리기도 합니다. 처음부터 세 끼를 밥과 반찬으로 준비하기보다는 하루 한두 번은 아이들이 좋아하는 한 그릇 요리를 활용하면 아이들도 혼자 먹기 쉽고, 아이들이 영양소를 고르게 섭취하는 데도 도움이 됩니다.

볶음밥

각종 야채를 잘게 썰어 달군 팬에 식물성 기름을 살짝 두르고 먼저 볶다가 밥을 넣고 함께 볶는다. 해물이나 고기를 사용하는 경우 한꺼번에 같이 볶으면 물기가 생겨 야채가 지저분해지기 쉬우므로 미리 준비해 놓는다.

콩나물밥, 무밥

솥에 참기름을 살짝 두르고 미리 불려둔 쌀과 다진 쇠고기를 넣고 볶다가 콩나물이나 채 썬 무를 올리고 밥을 짓는다. 이때 야채에서 물이 나오므로 밥물은 평소보다 적게 잡는다. 전기밥솥을 이용할 경우에는 아래에 쌀과 볶은 고기를 깔고 위에 콩나물이나 무를 얹어 밥을 짓는다.

카레볶음밥

시판 카레에 우유를 넣고 다시 한번 끓여내도 괜찮지만, 카레를 처음 접하게 하는 방법으로는 볶음밥에 순한맛 카레가루를 조금 뿌려 한 번 더 볶아 카레볶음밥을 만들어주는 것이 좋다. 카레볶음밥은 아이들이 잘 먹지 않는 양파나 파프리카 등을 먹이기에 좋다. 쇠고기는 질길 수 있으니 닭고기를 이용하는 것이 아이들 먹이기에는 더 좋다.

버섯리소토

달군 팬에 올리브유를 살짝 두르고 버섯, 양파 등을 먼저 볶은 뒤 밥을 넣고 한 번 같이 볶아준다. 밥과 야채가 어우러지면 약한 불에서 우유를 조금씩 부으며 질척해질 정도로 볶다가 아기치즈를 찢어서 넣고 치즈가 녹아서 어우러지도록 한번 더 저어준다. 크림소스에는 닭고기가 잘 어울리므로 닭고기, 버섯, 양파 등으로 리소토를 해도 맛있다.

주먹밥

다진 쇠고기 볶은 것과 참기름, 깨소금을 밥에 넣고 작은 주먹밥을 만들고, 쉽게 먹을 수 있는 브로콜리나 오이 같은 야채를 곁들인다. 혹은 볶음밥을 만들고 작게 뭉쳐서 주먹밥을 만들어주어도 집어먹기에 편하다.

잔치국수, 비빔국수, 칼국수

국수는 주로 밀가루만 먹게 되기 쉬우니, 야채나 고기를 같이 먹이는 데 신경을 써야 한다. 갈거나 채 쳐서 볶아둔 쇠고기나 삶아서 찢은 닭고기 안심, 가슴살, 애호박과 양파볶음, 달걀지단, 씻은 김치볶음 등을 같이 올려 먹이면 잘 어울린다.

볶음우동

시중에서 파는 우동사리를 사서 데친 후 그물망에 건져둔 뒤, 식물성 기름을 두른 팬에 야채를 먼저 볶다가 야채가 숨이 죽으면 우동사리를 넣어 함께 볶아낸다. 마지막으로 소스를 약간 넣어 한 번 섞어주면 되는데, 야키소바 소스가 없으면 굴소스를 이용하거나 간장이나 데리야키 소스를 이용해

도 된다. 양배추, 양파, 당근, 호박 등과 같이 볶으면 색도 예쁘고 잘 어울린다.

돈가스, 크로켓

돈가스나 크로켓은 별식으로 해먹기에 좋으나 질감이 거칠어서 아기들의 입천장이 다칠 수도 있으니, 잘게 썰어주거나 소스를 묻혀 부드럽게 해서 준다. 크로켓은 감자샐러드에 밀가루, 달걀, 빵가루 순으로 묻혀 튀겨내면 된다.

떡만두국

떡국은 야채를 같이 먹이기 쉽지 않으므로 물만두 같은 작은 만두를 조금 넣어 떡만두국을 끓이면 만두 속에 있는 고기와 야채를 같이 먹일 수 있다.

궁중떡볶이

떡은 미리 불려두고 불고깃감 쇠고기는 살짝 간해서 재어둔다. 팬에 물을 자작하게 붓고 떡을 먼저 끓여낸 뒤 물을 조금 따라버리고 고기와 간장, 설탕, 참기름의 양념장을 얹어 끓인다. 양파, 당근, 양배추 등의 야채도 잘게 잘라 넣어 졸이듯이 볶아낸다.

좋은 식습관 잡아주기

이유식 때 수월하게 잘 먹었던 아이들이라도 밥과 반찬을 시작하게 되면 밥을 거부하거나 밥만 먹거나 반찬만 먹는 등 여러 가지 다양한 문제들이 발생합니다. 특히 쌍둥이라서 먹이는 상황 자체에서 여러 문제가 발생할 수도 있고, 편식을 하기도 합니다. 하지만 앞으로의 바른 식습관을 위해서 천천히 꾸준하게 식습관을 바로잡아나가야 합니다.

힘들어도 숟가락을 쥐어주고 혼자 먹는 습관을 들인다

일반적인 육아책에는 돌 즈음부터 숟가락을 쥐어주는 연습을 시키라고 나와 있지만, 실제로 두 아이에게 숟가락을 쥐어주고 뒷감당을 하는 것은 엄마의 상당한 인내심을 요합니다. 서툰 숟가락질에 음식이 떨어지는 것은 예사이고, 음식을 휘젓거나 쏟아버리기도 하고, 숟가락을 떨어뜨리며 다시 주워달라는 일을 끊임없이 반복하기도 합니다. 먹으려고 노력하는 아이들도 숟가락질이 서툴러서 먹는 음식보다 버리는 음식이 더 많기 마련이고, 떨어진 음식을 치우는 일도 정말 번거롭습니다. 이러다 보니 쌍둥이를 키우는 엄마들은 아무래도 숟가락을 쥐어주기가 두렵고 망설여지는데요. 실제로 돌 즈음에 숟가락을 쥐어주었다는 경우는 드물며, 두 돌 즈음에서야 숟가락을 주는 경우가 더 많습니다.

숟가락 사용을 일찍 시작하지 않더라도 아이에게 혼자 먹는 습관을 들이기로 했다면, 먼저 생후 8개월경부터 손으로 집어먹을 수 있는 음식을 준비해보세요. 핑거푸드라고도 하는데요. 익힌 야채나 작게 자른 빵, 주먹밥 등을 주면 아이들은 손으로 직접 집어먹으며 먹는 것에 흥미를 가질 수 있습니다. 그리고 돌 즈음부터 생후 18개월 전후로 하여 숟가락을 쥐어줄 수 있는데요. 식판에 아이들이 만지거나 어질러도 괜찮을 정도로 약간의 음식을 주고 아이들이 직접 먹을 수 있도록 해본 뒤 나머지는 엄마가 먹이는 방법이 있습니다. 또한 아이들이 좋아하는 요거트 같은 것을 턱받이를 하고 작은 플라스틱 티스푼을 쥐어주어서 연습시키는 것도 한 방법입니다. 그래도 숟가락이 부담스럽다면 포크부터 쥐어줄 수도 있습니다. 포크를 쥐어줄 때는 끝이 날카롭지 않은 유아용을 선택해야 하며, 감자, 호박, 당근 같은 야채를 깍둑썰기 하여 익혀주면 포크로 집어먹기가 좀 더 수월합니다.

흘릴 땐 너그럽게, 장난칠 땐 단호하게

이제 숟가락을 쥐어주기로 결정했다면, 아이가 흘리는 것에 대해서는 대범해져야만 합니다. 처음부터 흘리지 않고 먹는 아이는 없으며, 언젠가는 흘리지 않고 먹게 되어 있습니다. 흘리는 것은 나중에 치워주면 됩니다. 하지만 재미로 음식을 휘젓거나 숟가락을 던지거나 장난을 칠 때는 단호하게 안 된다고 말해주어야 합니다. 몇 번 이야기하고도 지켜지지 않을 때는 그 자리에서 먹던 음식을 치워버리는 것도 괜찮습니다. 아이들의 식습관은 엄마가 아이들에게 가르쳐야 할 교육 가운데 하나이며, 습관을 들이기 위해 엄마가 단호한 모습을 보일 필요도 있습니다.

아이들이 흘리고 어지른다고 엄마가 먹여주기만을 고집하면 얼마 후에는 이 문제로 고민스러운 순간이 찾아옵니다. 어린이집이나 유치원에 가야 하는데 아이가 먹여주지 않으면 먹지 않는데 어떻게 해야 할지 고민하고, 숟가락질, 젓가락질이 서툴러서 기관에서 얼마 먹지 못하고 오는 것 같다는 걱정들을 하게 되는데요. 물론 아이들은 빨리 배우고 익히기 때문에 기관을 다니기 시작하면 처음에는 서툴더라도 곧 다른 아이들의 행동을 보고 배워 스스로 하는 일들이 생기지만, 먹여주는 습관이 밴 아이들은 집에 와서는 다시 엄마가 먹여주길 기대하는 경우가 많습니다. 시작은 조금 힘들지만, 작은 것부터라도 아이 스스로 할 수 있도록 도와주고 연습시켜나가는 것이 나중에 엄마의 손을 더는 가장 좋은 방법입니다.

한자리에 앉아서 먹게 한다

혼자서 먹게 하는 습관과 마찬가지로 아이들을 한자리에 앉아서 먹게 하는 것은 매우 중요합니다. 이런 식습관은 단기간에 고쳐지지 않기 때문에 처음부터 일관된 규칙대로 진행하는 것이 좋습니다.

아이들이 식사시간을 즐겁게 느끼도록 하기 위해 식사를 식탁이 아닌 다른 장소에서 할 수는 있지만, 앉은 자리에서 다 먹고 일어나는 원칙은 지키도록 합니다. 아이가 잘 먹지 않는다고 쫓아다니며 먹이거나 돌아다니면서 먹는 것을 허용한다면 4살, 5살이 되어서도 아이들의 식습관이 잘 고쳐지지 않습니다. 특히 식사시간에 영상물을 틀어주면, 아이는 영상물을 보려고 입을 벌릴지는 몰라도 제대로 씹지 않기도 하고, 뭘 먹는지 알지도 못한 채 먹기도 합니다. 이러한 습관은 나중에 고치기가 무척 어렵습니다.

아이가 먹는 것에 흥미가 없다면, 매번 식탁에서 먹기보다는 유아용 책상이나 작은 상을 펴고 자리를 옮겨보거나, 그릇을 다양하게 바꾸어주거나, 도시락에 담아 소풍 분위기를 내본다던가, 아이와 같이 요리를 해보는 등 다양한 방법을 시도해보세요.

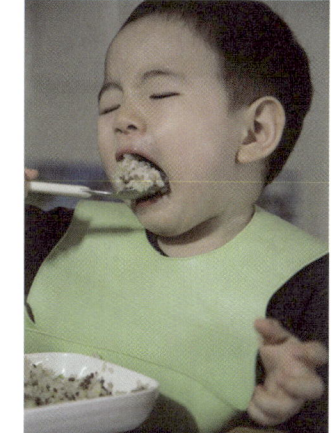
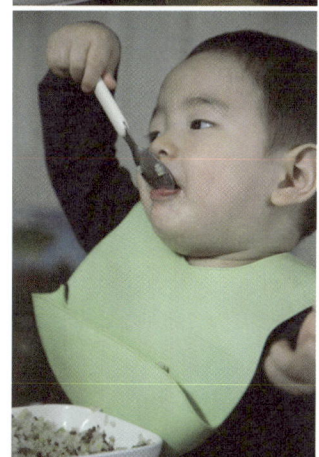

쌍둥이 밥 먹이기

Q 두 아이 식성이 다른데, 식사 때마다 어떻게 준비해야 하나요?

A 일란성 쌍둥이라고 해도 식성이 전혀 다른 경우가 많습니다. 호기심이 많은 아이는 뭐든지 먹어보고 판단하는 반면, 예민하거나 겁이 많은 아이는 이유식 때 분명 잘 먹었던 음식임에도 시도하는 것조차 거부하기도 합니다.

한 아이가 편식이 심하다 보면 그 아이에게 잘 먹이겠다는 생각으로 그 아이가 좋아하는 음식이나 먹기 편한 음식 위주로 식단이 준비되기도 하는데요. 그러다 보면 원래 잘 먹던 아이도 먹는 음식만 먹게 되기도 합니다. 두 아이 이상인 경우, 각각의 아이에 맞추어 반찬을 마련해주기가 쉽지 않지만, 매끼 좋아하는 음식만 차려줄 수는 없으니 둘 다 잘 먹는 반찬을 기본으로 하되 각자 잘 먹는 반찬 하나씩 준비해서, 좋아하는 아이에게는 많이 주고 싫어하는 아이에게는 그래도 맛을 볼 수 있도록 조금 주는 식으로 준비하는 것이 좋습니다.

한편, 무조건 거부하는 아이에게 억지로 먹이면서 아이를 울리기보다는 밥 먹기를 시작한 처음에는 잘 먹는 것을 위주로 준비해주는 것이 좋습니다. 아이가 엄마 말을 조금 더 이해하는 시기가 되면, 두부는 콩으로 만들어지는 것이라던가, 아기 때는 네가 정말 좋아하고 잘 먹었던 음식이었다고 설명해줍니다. 무조건 안 먹는다고 하지 말고 일단 먹어보고 맛없다고 느껴지면 더 이상 먹으라고 하지 않겠다던가 하는 등 여러 가지 방법으로 아이에게 새로운 음식을 시도해보는 것이 좋습니다.

먹는 양이 적어서 자주 먹을 것을 찾는 아이가 있다 하더라도 빵이나 고구마, 감자 등 너무 배부른 간식은 많이 주지 않도록 하고 식사시간에 밥의 양을 조금씩 늘려가도록 노력해야 합니다.

Q 아이들 보느라 바빠서 요리할 시간도 없어요. 식사가 부실해져 걱정입니다.

A 아이 둘을 쫓아다니며 하루를 보내다 보면 매끼 다른 음식을 해준다는 게 사실상 불가능합니다. 돌아서면 식사시간이다 보니 처음에는 신경을 쓰다가도 매번 비슷한 메뉴이거나 시간이 조금 지나면 밥에 치즈, 밥에 김, 달걀 등으로 간단하게 먹이게 되는데요. 이러다 보면 아이들에게 미안한 마음이 들고 엄마 마음이 불편해지기 마련입니다.

일단 잘하거나 쉬운 밑반찬을 번갈아가며 준비해둡니다. 콩자반, 멸치조림, 계란조림, 메추리알조림, 연근조림 등 쉬운 간장양념에 다른 재료들을 활용하고요. 잘 씹어 먹는 아이라면 오이나 당근, 파프리카 같은 생야채도 조금씩 시도해볼 수 있습니다. 쉽게 데쳐내서 먹이는 것들로는 브로콜리, 콜리플라워, 양배추 등이 있습니다.

다진 야채와 다진 쇠고기는 미리 넉넉하게 준비해 놓으면 좋습니다. 다진 야채는 한 끼 분량으로 비닐팩에 넣어서 한두 번 먹을 양은 냉장고에, 나머지는 냉동고에 보관했다가 부침가루와 섞어 야채전을 부칠 수도 있고, 계란말이, 볶음밥, 카레밥, 피자 등에도 활용할 수 있습니다. 다진 쇠고기를 볶아서 두었다가 주먹밥, 비빔밥, 볶음밥 등

에 활용할 수 있습니다.

또한 아이들과 정신없이 지내다 보면 밥이 없어서 난감한 경우도 있으니, 즉석밥을 준비해두거나 냉동실에 비상식단을 늘 마련해두는 것이 좋습니다. 동그랑땡 같은 것을 미리 해서 얼려두어도 되고요. 아이들이 만두를 잘 먹으면 시중에 파는 물만두 같은 것을 구비해두면 든든하지요. 무엇보다 반찬 만드는 것이 본인에게 너무 힘들다는 생각이 들면, 유기농 반찬가게를 찾아보고 사서 먹는 방법도 있습니다.

Q 아이가 밥을 잘 안 먹어요. 어떻게 해야 하나요?

A 쌍둥이는 단태아보다 작게 태어나기 때문에 쌍둥이 엄마들은 먹는 문제에 민감한 경우가 많습니다. 이 시기에 아이가 밥을 잘 안 먹는 이유가 몇 가지 있는데요. 우선 우유를 너무 많이 먹이고 있는 것은 아닌지 체크해야 합니다. 밥을 안 먹는다고 분유나 우유라도 먹여야지 생각할 수도 있는데, 이건 오히려 밥을 안 먹게 만드는 가장 큰 요인입니다. 작게 태어난 아기라서, 영양가가 더 많을 것 같아서, 분유를 이런저런 이유로 아직도 먹이고 있다면 이 시기에는 분유의 영양보다는 식사를 통한 고른 영양 섭취가 필요하다는 사실을 인지하기 바랍니다.

두 번째는 나도 모르게 간식을 너무 많이 먹이거나 자주 주는 것은 아닌지도 생각해보아야 합니다. 일반적으로 아이들이 3식을 하면 끼니 중간에 간식을 주라고 되어 있는데요. 이 시기에는 우유도 하루 400㎖ 정도 먹이기를 권장하기 때문에 우유와 간식을 같이 주는 경우가 많습니다. 그런데 밥 먹기 전에 우유와 간식까지 먹는다면 당연히 배가 불러 밥맛이 없게 됩니다. 식사와 식사 사이의 시간이 아주 길다면 약간의 간식은 필요하겠지만, 중간에 낮잠을 길게 잔다든가 활동량이 많지 않은 아이라면 간식은 식후에 붙여서 과일 한두 쪽 정도를 먹이고 식전에 탄수화물 위주의 간식을 주어서는 안 됩니다.

매끼 잘 안 먹는 아이가 아니라면 아이가 싫어하는 음식의 유형을 파악해서 다른 조리방법을 시도해보세요. 흰밥을 잘 먹지 않는다면 잡곡밥이나 콩밥, 누룽지를 끓여서 먹일 수도 있고, 주먹밥이나 볶음밥을 자주 해주거나 한 끼 정도는 고구마, 감자 등으로 대체할 수도 있습니다. 고기를 잘 먹지 않는 아이라면 조리할 때 청주 등으로 냄새를 제거하거나 잘게 다져서 볶음밥이나 완자로 먹일 수도 있으며, 야채는 영양소가 조금 더 파괴되더라도 질감에 익숙해질 때까지는 푹 삶아서 먹이는 등 여러 방법을 시도해볼 수 있습니다. 생후 10개월 전에 재료의 질감을 느껴봐야 그 뒤로도 질감에 거부감이 덜하다고 하니, 일찍부터 다양한 음식을 접해보는 것이 아이들의 편식을 줄이는 방법이기도 합니다.

무엇보다 아이가 먹지 않는 문제에 너무 집착하지 마세요. 한 끼 굶거나 아이가 몇 시간 굶었다고 해서 큰일이 일어나지는 않습니다. 아이가 밥을 너무 안 먹더라도, 아픈 곳이 없고 조금이라도 체중이 증가하고 있다면 조금 느긋해도 됩니다. 매일매일 5대 영양소를 다 갖추어 먹일 필요도 없습니다. 일주일 정도 식단을 점검해보았을 때 5가지 영양소를 고루 섭취하고 있다면 걱정하지 않아도 됩니다. 기껏 정성 들여 만든 음식을 아이가 거부했을 때 화가 나서 먹기를 강요하는 경우도 있습니다만 아이는 그 상황을 모릅니다. 잘 먹지 않는 아이일수록 식사시간이 즐거워야 하니 먹는 것에 집착하는 엄마의 모습을 버려야 합니다. 특히 아이가 아플 때는 먹을 것을 강요해서는 안 됩니다. 아프니까 더 잘 먹어야 된다고 생각하지만, 입맛을 잃은 아이에게 먹을 것을 강요하면 나중에 잘 안 먹게 되기도 합니다.

젖병과 노리개젖꼭지 떼기

[준서와 성연이]

젖병과 노리개젖꼭지를 동시에 떼는 것은 힘들 것 같아 먼저 젖병을 떼고 그 다음에 노리개젖꼭지를 뗐어요. 이 시기에 뗀 것은 아니고 20개월 전후에 뗐는데요, 저녁에 자기 전에 젖병에 우유를 담아 주면서 "이제 젖병은 오늘이 마지막이야. 내일 아침부터는 젖병에 우유를 먹지 않는 거야"라고 아이들에게 말해주고 다음날 아침에 젖병을 모두 치웠어요. 낮에는 크게 보채지 않았지만 첫날밤에는 저항이 심했어요. 빨대컵에 우유를 주고 "이제는 여기에 먹는 거야"라고 말했는데 둘 다 30분 이상 울었지요. 준서는 한 모금 빨고 울고, 한 모금 빨고 울고 하면서 거의 한 시간 이상을 버티며 울었어요. 다음날부터는 울음의 정도가 서서히 줄어들기 시작해서 3일이 지난 후에는 덜 울더라고요. 첫날 많이 힘들긴 했지만 워낙 마음을 단단히 먹고 각오를 해서인지 그래도 생각보다는 쉽게 뗐다고 생각했어요.

노리개젖꼭지 떼기도 마찬가지로 해보았어요. 젖병을 떼고 한 달 정도 있다가 이제는 노리개젖꼭지를 안 무는 거라고 이야기하고 저녁부터 주지 않았지요. 일주일 정도는 계속 찾다가 그 뒤로는 더 이상 찾지 않더군요. 한번 끊기로 생각했으면 계속 이야기하고 주지 않는 것이 제일 중요한 원칙이라는 걸 느꼈어요.

【 건우와 태우 】

첫 아이들이어서인지 이 시기만 해도 육아책에 나온 대로 젖병은 돌에 떼야 하는 걸로 생각하고 돌 즈음부터 젖병 떼기 준비를 했어요. 시피컵, 빨대컵도 준비했는데, 새지 않는 빨대컵은 아이들이 빠는 힘이 약해서 잘 빨지 못하더라고요. 그래서 일단 빨기 쉬운 빨대컵으로 시작하고, 하루 한두 번은 빨대컵으로 주었어요. 이 시기에 분유도 생우유로 바로 갈아타서 거의 같이 진행한 듯해요. 다행히 저희 아이들은 우유를 무척 좋아해서 빨대컵으로 주어도 우유를 잘 먹더라고요. 그래서 거의 일주일 만에 분유도 생우유로 갈아타고, 젖병에서 빨대컵으로 먹이는 데도 성공했어요.

그런데 노리개젖꼭지는 제가 자신이 없어서 꽤 오래 물렸어요. 생후 18개월 넘어서까지 물렸는데, 이가 많이 나기 시작하니까 질겅질겅 씹고 서로 장난치며 바꿔 물고, 더러운 곳이나 꺼내기 힘든 곳에 떨어뜨리고는 주워 입에 넣는 등 장난이 심해지기에 이대로는 안 되겠다 마음먹었어요. 한 번 더 침대 뒤에 집어던지면 이제 주지 않겠다고 말하고 같은 장난이 반복되어서 아이들에게 미리 한 이야기를 한 번 더 해주고는 젖꼭지를 모두 정리해버렸어요. 놔두면 제가 힘든 순간에 아이들에게 주게 될 것 같아 집에 하나도 두지 않고 다 버렸어요. 사실 노리개젖꼭지 떼는 것은 아이들보다 제가 더 걱정이었고 두려워했던 것 같아요. 그런데 다행히도 잘 때 노리개젖꼭지를 찾으면 꼭 끌어안아주거나 토닥여주니 오래 울지 않고 잠들었고, 점점 노리개젖꼭지도 찾지 않더라고요.

젖병 떼기

돌이 넘어 하루 세 끼의 정상적인 식사를 하게 되면 이제 서서히 젖병 떼기를 준비해야 합니다. 보통 소아과에서는 턱관절의 이상발달을 초래할 수도 있다는 이유로 돌 전후하여 젖병을 뗄 것을 권장합니다. 하지만 아이의 성향이나 기질에 따라 돌 무렵에 떼기가 어려울 수 있습니다. 그럴 때는 무리하게 진행하는 것보다 조금 더 기다렸다가 떼도 괜찮습니다. 다만, 늦으면 늦을수록 젖병에 대한 집착이 생겨 떼기가 힘들어집니다.

우유를 컵으로 마시는 연습을 하면서 서서히 젖병을 뗄 수 있도록 준비해보세요. 젖병 떼기가 늦어지면 덩어리진 음식보다 분유를 찾게 되어 밥 먹이기가 힘들어지고, 치아 우식증에 걸릴 위험도 있습니다.

젖병을 떼려고 결심했다면 가장 중요한 것은 두 가지입니다. 첫째는 아이들에게 미리 마음의 준비를 시키는 것과 둘째는 젖병을 뗀 첫날부터 엄마도 마음을 단단히 먹고 아이들이 아무리 보채고 울어도 단호하게 대처해야 한다는 점입니다. 아이들이 젖병을 찾으며 심하게 울 수도 있고, 우유도 컵이나 빨대컵으로 마시지 않겠다고 계속 떼를 쓸 수도 있습니다. 하지만 대부분의 아이들은 2~3일이 지나면 떼를 쓰는 정도나 횟수가 현저하게 줄어들 것입니다.

젖병을 떼는 방법으로는 우선 젖병을 아이들 눈에 보이지 않는 곳에 모두 치워놓고 이제는 더 이상 우유를 젖병에 먹지 않는다고 말하거나 혹은 아이들 보는 앞에서 젖병은 이제 안녕이라고 하고 휴지통에 버리는 방법도 있습니다.

노리개젖꼭지 떼기

노리개젖꼭지는 잠자기 전에만 무는 경우라면 큰 문제는 되지 않습니다. 만약 아이가 커가면서 노리개젖꼭지에 대한 의존이 점점 커져 매순간 물려고 한다면 떼는 것이 좋습니다. 노리개젖꼭지 역시 돌 이전에는 서서히 뗄 수 있도록 해보세요. 떼는 방법으로는 아이가 보는 앞에서 노리개젖꼭지를 자르거나 버리는 경우도 있고, 그냥 모두 치우고 주지 않을 수도 있습니다. 아이가 말귀를 알아듣는 편이라면 이제 왜 그만 물어야 하는지 이유를 설명해주도록 하세요. 처음 며칠은 힘들 수 있지만 역시 3~4일이 지나면 아이들이 찾지 않게 됩니다. 젖병이나 노리개젖꼭지는 떼려고 마음먹었다면 3~4일 정도 고생할 것을 감안하고 시작하고, 특히 첫날 아이가 울거나 떼쓴다고 해서 마음 흔들리지 말고 단호하게 진행하는 것이 가장 중요합니다.

 젖병 떼기

Q 젖병을 떼고 났더니 우유를 전혀 먹지 않아요. 어떻게 하죠?

A 처음 젖병을 떼면 아직 빨대컵이나 일반 컵으로 먹기가 익숙하지 않아 우유 먹기를 거부하기도 합니다. 아이가 우유를 전혀 먹지 않거나 적게 먹으면 엄마는 걱정할 수밖에 없지요. 하지만 대부분의 아이들은 2주 정도의 적응기간이 지나면 젖병이 아니어도 우유를 잘 먹게 됩니다. 이 기간을 참지 못해 다시 젖병에 우유를 담아주면 안 됩니다.

아이가 우유를 잘 먹으려 하지 않는다면 치즈나 요구르트, 떠먹는 요구르트 등 다른 유제품으로 바꾸어서 먹여보세요. 간식을 먹을 때 우유를 같이 주거나 시리얼을 주어서 자연스럽게 우유를 먹을 수 있게 하는 방법도 있습니다. 처음에는 어렵지만 빨대컵이나 일반 컵을 사용하여 우유 먹는 연습을 꾸준히 하면 조금씩 양을 늘릴 수 있습니다. 또한 과일을 좋아하는 아이라면 과일과 우유를 갈아서 주면 잘 먹기도 합니다.

생후 16~18개월 쌍둥이 돌보기

이 시기 아이는 이만큼 자라요

+ 출생 시 몸무게의 3배가 돼요.
+ 잘 걷고, 뛰기도 합니다.
+ 어른이 도와주면 계단을 올라갈 수 있어요.
+ 어른들의 행동을 따라하기도 해요.
+ 의미 있는 말을 하기 시작합니다.
+ 애착을 보이는 대상이 생겨요.

이 시기 쌍둥이를 돌볼 때는 이렇게 하세요

+ 현관문이 열리면 달음질쳐 나갈 수 있으니 주의해야 합니다.
+ 현관에 나가서 신발을 만지고 입에 넣기도 하니 현관으로 나가는 입구를 베이비룸을 이용하여 막거나 입구를 막을 수 없다면 신발을 치워 놓으세요.
+ 높은 곳에 올라가는 등 위험한 행동을 많이 하는 시기입니다. 안전사고에 특히 유의하세요.
+ 공놀이를 좋아하니 함께 공 던지기 놀이를 할 수도 있습니다.
+ 블록상자나 빈 박스들을 이용해서 한 번에 둘을 동시에 끌어줄 수 있습니다.
+ 놀이터에 나가서 손을 잡아주면 미끄럼틀을 타고 내려올 수 있습니다. 타고 내려올 때 다치지 않도록 잘 살펴주세요.

치아관리

【 준서와 성연이 】

생후 18개월부터 치과 정기검진을 다녔는데, 처음에는 충치가 없더니 곧 충치가 생기기 시작했어요. 준서가 어금니에 가벼운 충치가 생겨서 치료하는데 아주 간단한 치료였는데도 너무 심하게 울고 안 하겠다고 해서 억지로 붙잡고 했어요. 그런데 그 다음부터 치과에 대한 거부감이 너무 심해져서 검진할 때만 겨우 데려가고 집에서 이를 신경 써서 닦아주었어요. 성연이도 아랫니 두 군데에 충치가 생겼는데, 치료를 두 번 나누어서 해야 했어요. 첫 번째 치료는 흐느껴 울면서 치료를 받았는데 두 번째부터는 치료를 할 수가 없었어요. 웃음가스를 흡입하면서 치료했는데도 계속 울고 심하게 거부해서 결국은 포기했어요. 준서와 성연이 모두 검진을 갈 때마다 불소도포를 했는데도 충치가 생기더군요.

성연이가 방에서 놀다가 침대 위에서 떨어지면서 앞니를 부딪치는 사고도 있었어요. 처음에는 조금 다친 줄 알았는데 2주일이 지나니 앞니가 검게 변색하고 이가 아프다고 하더라고요. 치과에 가서 엑스레이를 찍으니 앞니 뿌리 부분이 부러졌다는 진단을 받았어요. 2주 정도 더 경과를 보고 아물지 않으면 신경치료를 해야 한다고 했고, 정도가 더 심해져서 2주 후 수면치료로 신경치료를 했어요. 검게 변한 부분은 아말감으로 때웠는데 원래 이처럼 색이 완전히 같지는 않았어요. 의사선생님이 끈적끈적한 과자를 자주 먹으면 씌웠던 이가 떨어질 수도 있다고 말하고, 저도 자주 앞니 이야기를 하면서 캐러멜처럼 끈적끈적한 과자들은 안 먹게 하고 있는데 아이도 경각심이 생겼는지 스스로 조심하고 있어요.

【 건우와 태우 】

제가 충치도 빨리 생기고 이도 약한 편이라 아이들 치아관리는 예민한 문제였어요. 이가 나고부터는 수유 후나 이유식 후에 꼭 물을 먹이고, 자기 전에는 유아용 손가락 칫솔을 이용해서 닦아주었지요. 어금니가 올라오고부터는 3개월에 한 번씩 정기검진을 받고 있는데, 처음에 검진 갔을 때 의사선생님이 아이들의 이의 형태에 따라 조금 더 세심히 신경 써야 할 부분들을 알려주셨어요. 태우는 이가 붙어 있는 편이라 치실을 꼭 사용하라고 했고, 건우는 앞니에는 음식물이 잘 안 끼지만, 어금니가 울퉁불퉁하게 생겨서 음식물이 남아 있기가 쉽고 그러면 주변으로 이가 썩어 들어간다고 하더라고요. 실제로 건우의 어금니에 음식물 찌꺼기가 달라붙어 3개월 정도 빠지지 않아서 양쪽 어금니를 살짝 갈아내고 실란트로 홈메우기를 해주었어요. 태우는 붙어 있던 앞니가 조금 썩기 시작해서 40개월 무렵 불소도포를 했고요. 식사 후에 양치하는 것도 중요하지만 자기 전에 꼭 양치를 해야 한다고 해서 낮잠을 잘 때도 이를 닦이고 재웠어요. 건우는 세 돌이 지나도록 물로 잘 못 헹궈내서 먹어도 되는 유아용 치약을 썼고요. 상황이 안 되면 물을 반드시 먹여 입을 한 번 헹구고 재웠어요. 건우는 물로 헹구어내는 걸 최근까지도 못하는 편이어서 불소도포를 아직 안 하고 있어요. 두 돌 전에는 칫솔질을 거부할 때도 종종 있었는데 반복해서 충치 이야기를 해주고 충치나 치과치료에 관한 책들을 많이 보여주는 것이 도움이 되었어요.

치아관리, 언제 시작해야 할까?

치과검진은 어금니가 나는 시점부터 정기적으로 하는 것이 좋으며, 생후 18개월 영유아 건강검진표에 구강검진표도 같이 오므로 이때부터는 3개월에서 적어도 6개월에 한 번씩은 반드시 치과에 가서 치아관리를 해주는 것이 좋습니다.

유치관리법

두 돌 전까지는 사실 물로만 닦아주어도 효과가 있다고 하는데, 두 돌 이후에는 다양한 음식을 먹기 시작하므로 양치에 더욱 신경을 써야 합니다. 이때부터는 불소가 함유된 치약을 칫솔 끝에 살짝 묻혀 이를 닦게 하고 입을 헹구어내는 것도 연습시켜야 합니다. 이 사이가 벌어져 있지 않은 아이들은 이와 이 사이에 음식물 찌꺼기가 더 잘 끼므로 치실 사용도 권장합니다. 가끔 아이들 이에 검은색이나 노란 반점이 보이기도 하는데, 검은 반점이라 해도 이가 다 썩은 것은 아니고 색소침착일 가능성이 더 크니 병원에 가서 확인해보아야 합니다. 선천적으로 이가 잘 썩는 아이들도 있으니, 이런 경우에는 음식뿐 아니라 먹고 난 후에 양치를 자주 시켜서 이가 썩지 않도록 잘 관리

해주어야 하며 부득이하게 양치를 못하고 재워야 할 때는 물이라도 먹여서 입안을 헹궈주어야 합니다. 유치는 영구치가 나면 빠지는 치아이긴 하지만, 유치관리를 제대로 하지 못하면 영구치도 쉽게 썩기 때문에 어려서부터 유치를 관리하는 것은 무척 중요합니다.

사고로 이를 다쳤을 때

돌 이후 아이들이 넘어지면서 이를 다치는 경우도 많은데, 잇몸을 다치면 피가 많이 나더라도 스스로 붙기 때문에 그냥 놔두면 되지만, 이가 흔들리거나 이가 계속 아프다고 한다면 치과에 가서 확인해보는 것이 좋습니다. 협조가 되는 월령이라면, 엑스레이 촬영을 권장합니다. 드물지만 뿌리가 손상된 경우 영구치에 영향을 미칠 수도 있으며, 당장 괜찮다 하더라도 시간이 지나고 혹시 변색이 오는지도 살펴보아야 합니다.

이가 부러지는 경우를 파절이라고 하는데요. 대부분 유치의 경우 부러진 이는 부분적으로 레진으로 때우지만, 치아손상이 심해서 레진만으로 힘들면 보철을 하고 레진을 덧입혀야 하므로 치료비가 많이 나올 수 있습니다. 남자아이들은 치아 파절 사고가 드물지 않으므로 유아보험 가입 시에 치아 파절이 포함되는지 확인해보는 것이 좋습니다. 치아 파절은 골절에 해당되나 대부분의 화재보험에서 보상이 안 되고 있으니 꼼꼼히 살펴보아야 합니다.

불소도포하기

치과에서는 보통 생후 36개월 전후로 불소도포를 권하는데, 불소도포는 이에 불소를 도포하여 입안의 세균번식을 막아주는 예방처치법입니다. 이는 치료가 아니라 예방차원에서 하는 것이므로 반드시 해야 하는 것은 아니며, 연한 갈색의 젤을 이에 도포한 후 30분 동안 음식물이나 물을 먹어서는 안 되는 등 아이들의 협조가 필요한 처치이므로 아이가 이를 이해하고 받아들일 때 하는 것이 좋습니다. 불소도포를 한 당일에는 딱딱한 음식이나 사탕, 젤리 같은 것을 먹여서는 안 됩니다.

치아관리

Q 아이들이 칫솔질하기를 너무 싫어하는데, 어떻게 하죠?

A 아기 때부터 입안에 손 넣어서 닦는 것을 싫어하더니 좋아하는 캐릭터 칫솔이나 향이 나는 치약 같은 걸로 이를 닦여도 너무 싫어해서 하루에 한 번 닦이기도 힘들다고 하소연하는 분들이 있습니다. 어릴 때는 대충 물로 헹구기도 하고 티슈로 닦이기도 했는데, 이제는 과자도 먹고 사탕도 먹으니 충치가 생길까봐 걱정을 하게 되는데요. 양치를 거부하는 아이라면 양치에 관한 책이나 영상물을 보여주는 것이 도움이 됩니다. 그리고 이 시기의 아이들은 부모를 따라하는 것을 좋아하기 때문에 엄마와 아빠 온 가족이 다 같이 양치하는 시간을 가진다든가 목욕을 하면서 양치를 같이 하는 것도 아이의 흥미를 유발할 수 있습니다. 또한 아이가 좋아하는 캐릭터가 그려져 있거나 좋아하는 색깔의 칫솔과 컵을 준비해준다든가 아이가 좋아하는 맛의 치약을 준비해서 양치가 즐거운 일이 되도록 노력해야 합니다. 혼자 양치할 수 있게 되면 엄마가 마지막으로 한 번 더 닦아주는 것이 좋습니다.

Q 치약을 자꾸 먹어버리고 뱉지를 못해요. 괜찮을까요?

A 두 돌이 되어가도록 이를 닦는 중에 치약을 뱉지 못하고 먹어버리는 아이들이 있습니다. 일반적으로 치과에서는 생후 18개월경부터 아이가 스스로 양치하고 물로 입을 헹구어 뱉는 연습을 시킬 수 있다고 하지만, 실제로 입안을 헹구고 뱉고 하는 것은 두 돌이 넘어야 가능합니다. 24개월 전까지는 구석구석 잘 닦아준다면 물로만 양치해도 어느 정도의 효과는 있으니 유아용 칫솔로 물만 묻혀서 닦아주어도 괜찮습니다. 입으로 뱉어낼 수 있게 되었고 두 돌이 넘었다면, 불소가 함유된 어린이 치약을 사용할 수 있습니다.

생후 19~24개월 쌍둥이 돌보기

이 시기 아이는 이만큼 자라요

+ 2~3개의 단어를 문장으로 만들어 이야기해요.
+ 체중이 늘고 키가 크는 속도가 점차 줄어들기 시작해요.
+ 걷는 동작이 안정되어 자연스럽게 걸을 수 있어요.
+ 계단의 난간을 붙잡고 혼자 오를 수 있어요.
+ 제자리에서 깡충깡충 뛸 수 있어요.
+ 블록을 6~7개 쌓을 수 있어요.
+ 어른 음식을 먹을 수 있어요.

이 시기 쌍둥이를 돌볼 때는 이렇게 하세요

+ 두 명을 동시에 통제하기가 어려워지는 시기입니다.
+ 아이들이 동시에 떼쓰면 힘들어지니 떼쓰는 상황을 만들지 않도록 신경을 씁니다.
+ 높은 곳에 자유롭게 올라갈 수 있는 시기이니 낙상 사고에 유의하세요.
+ 집 안에서 뛰어다니기 시작하면서 아랫집과 층간소음 문제를 일으킬 수 있습니다. 밤늦게 뛰지 않도록 주의시키고, 두꺼운 매트를 깔아두면 도움이 됩니다.
+ 이 시기에는 마음껏 뛰어놀기를 좋아하는 시기이니 넓은 잔디밭이 있는 곳에 놀러가는 것이 좋습니다.

안전사고와 대처법

【 준서와 성연이 】

두 돌 무렵 아이들을 씻기려고 목욕탕에 들어갔을 때였어요. 준서의 옷을 벗기고 욕조에 집어넣고 있는데 성연이가 이상한 소리를 내기에 돌아다보니, 성연이의 입술에서 피가 뚝뚝 떨어지고 있지 뭐에요. 제가 안 보는 틈에 변기를 딛고 세면대 위로 올라가 아빠의 면도기를 입에 대었다가 면도날에 입술을 벤 것이었죠. 면도날은 특히나 날카롭기 때문에 순식간에 베이게 되더라고요. 피가 여기저기 묻어 있어 처음에는 상처가 어디에 났는지 알기 어려웠는데 물에 씻겨 보니까 윗입술이 3군데가 베였더라고요. 다행히 깊이 베이지는 않아서 쉽게 피가 멎었지만, 그 후로는 면도기를 아이들의 손이 닿지 않는 곳에 넣어두고 있어요.

이런 일도 있었어요. 준서는 평소에 문을 잠그는 것을 좋아하는 편이어서 늘 조심하라고 일렀는데, 둘이서 장난을 치다가 성연이가 방 안에 갇혀버리게 되었어요. 안에서 울고불고하는데 아무리 열쇠를 찾아도 없어 당황스러웠어요. 아이에게 손잡이 아래에 잠그는 것을 돌려보라고 했는데 평소에는 잘하던 아이가 울기만 하고 잘 못하는 거예요. 아이가 놀라지 않도록 계속 말을 시키면서 열쇠 여는 사람을 불러서 겨우 문을 열고 들어가 보니 아이가 울다가 잠이 들었더군요. 그 뒤로는 열쇠를 잘 찾을 수 있는 곳에 두고 아이들에게도 평소에 자물쇠 열고 닫는 방법을 여러 번 가르쳐주었어요.

【 건우와 태우 】

건우, 태우는 모두 두 돌 전후로 이마가 찢어져 봉합하는 일이 있었어요. 건우는 24개월 무렵 공원에서 넘어져 이마가 찢어졌어요. 피가 많이 났고 처음 일어난 사고라 너무 놀라서 119를 불러 근처 대학병원 응급실로 갔어요. 큰 병원이다 보니 환자들이 너무 많아 봉합하기까지 거의 4시간 이상 걸린 듯해요. 엑스레이를 먼저 찍었고 움직이면 안 된다고 해서 진정제를 먹여 재운 뒤에 봉합했어요. 나중에 깨고 나서도 하루 정도는 아이가 휘청거릴 수 있다고 해서 조심해야 했어요.

태우는 28개월 무렵 계단에서 넘어져 사고가 났어요. 계단에서 고꾸라진 아이를 일으키고 보니 눈썹 부위가 벌어지고 피가 나더라고요. 그래도 처음이 아닌데다가 태우가 울음을 금방 멈추어서 저도 진정하고 근처 성형외과에 전화를 해 아이 상처를 봉합해줄 수 있는 곳으로 찾아갔어요. 일반 성형외과에서는 아이에게 수면마취를 해줄 수 없기 때문에 눕혀서 부분마취를 하고 봉합해야 하는데 아이가 움직이거나 울면 해줄 수가 없다더군요. 태우한테 상황을 잘 설명했더니 할 수 있다고 해서 눕히면서도 너무 걱정되었는데, 정말 의젓하고 용감하게 잘 참아서 제가 눈물이 다 났어요. 선생님도 대견하다고 거듭 칭찬해주셨고요. 요즘은 이런 봉합을 해주는 성형외과가 많지 않기도 하고, 아이가 어린 경우는 수면마취가 필요할 수도 있으니 주변에 병원들을 몇 군데 파악해두는 것이 좋을 듯해요.

화상을 입었을 때

어린 아이들이 있는 집에서 가장 위험하고 조심해야 할 실내 사고는 화상입니다. 화상 사고의 약 70%가 집 안에서 발생하는데, 보호자의 부주의로 인하여 뜨거운 물과 음식물에 데는 사고가 대부분입니다. 겨울철에는 가정에서 전열기구 등을 많이 사용하는 시기이므로 더욱 주의해야 합니다. 뜨거운 김이 나오는 가습기, 전열기구, 다리미, 전기담요에도 유의하고, 특히 돌 이후의 아이들은 높은 곳에 오를 수도 있기 때문에 가스레인지, 정수기, 뜨거운 국물 등에 데지 않도록 주의하세요.

특히 쌍둥이는 둘 이상이라는 특수성 때문에 행동반경이 넓고 엄마가 육아에 지쳐 아이들을 매 순간 지켜보지 못할 수 있으므로 화상 사고에 각별히 주의해야 합니다. 화상 사고는 상처가 남기 쉬우므로 사고가 나면 당황하지 말고 응급처치를 신속하게 해야 합니다.

화상 사고가 발생했을 때는 아이의 옷을 무리하게 벗기지 않도록 주의합니다. 옷을 벗기다가 피부가 같이 떨어져 나갈 수 있습니다. 사고 즉시, 화상 입은 부분을 흐르는 찬물에 담가 화기를 빼주세요. 열을 빨리 식혀주면 그만큼 아이의 고통을 덜어줄 수 있습니다. 열을 충분히 식힌 후에 아무것도 바르지 않은 상태로 깨끗한 가제로 상처 부위를 덮고 빨리 병원으로 갑니다. 그리고 주의해야 할 점은 물집이 생겼을 경우에는 절대로 물집을 터트려서는 안 됩니다. 물집이 터지면 터진 부위로 세균이 들어가서 상처 부위를 악화시킬 수 있습니다. 만약 얼굴에 화상을 입은 경우 코나 입, 기관지가 부어 호흡장애가 발생할 수 있으므로 상체를 반쯤 일으킨 상태로 이송해야 하며, 환부를 심장 부위보다 높게 해서 옮겨야 합니다.

날카로운 물건에 베이거나 찢어졌을 때

돌이 넘으면 아이들이 마음대로 돌아다닐 수 있고 높은 곳에 오를 수도 있습니다. 또한 손놀림이 활발해지면 손에 잡히는 다양한 물건을 가지고 놀려고 합니다. 아이들은 위험한 물건에 대한 지각능력이 부족하기 때문에 칼이나 유리컵, 가위 등 주방용품을 가지고 놀면서 베이는 사고가 일어나곤 합니다. 특히 쌍둥이는 잠깐 한눈을 판 사이에 둘이 위험한 것을 만지는 일이 일어날 수 있으므로 아이가 만져서 위험한 물건들은 모두 아이 손이 닿지 않는 곳으로 치워주세요. 날카로운 모서리나 깨진 유리조각, 얇은 종이, 못 등에 의해 상처를 입기도 하므로 주의가 필요합니다.

아이가 손이나 다른 곳을 베었을 때는 지혈을 하는 것이 우선입니다. 지혈을 한 후에 깨끗한 물로 씻어낸 다음 상처를 확인하고, 상처 부위를 소독하고 드레싱을 해주세요. 선혈이 뿜어져 나올 때는 동맥에서 출혈이 생긴 것이므로 깨끗한 가제나 붕대로 꼭 싸매어 지혈합니다. 상처가 깊고 지혈이 쉽지 않다면 바로 응급실로 가세요.

높은 곳에서 떨어지거나 넘어졌을 때

높은 곳에서 떨어지는 낙상 사고는 아기들에게 자주 일어나는 사고 중 하나입니다. 낙상 사고가 잘 일어나는 장소는 침대나 소파에서부터 보행기, 유모차, 창문, 베란다 등 우리가 흔히 접하는 생활공간에서 폭넓게 발생합니다. 또한 낙상 사고는 움직임이 활발하거나 잘 걸어서 활동 범위가 넓은 아이들에게만 일어날 것으로 생각하기 쉽지만, 의외로 겨우 뒤집기를 하는 아기나 이제 막 배밀이를 시작한 아기들에게서도 흔히 발생합니다.

아기가 높은 곳에서 떨어졌다고 해도 머리를 다치지 않았다면 크게 걱정하지 않아도 되지만, 2세 미만의 아기들은 두개골의 성장이 아직 완성되지 않았기 때문에 작은 사고라도 어른보다 더 큰 충격을 받을 수 있습니다. 때에 따라서는 낙상 사고로 팔다리나 목뼈, 척추, 내부 장기 등이 손상되거나 심하면 두개골절, 뇌진탕, 뇌출혈 등이 발생할 수 있으므로 주의해야 합니다.

또한 미끄러지고 넘어지는 사고는 아기들에게 시도 때도 없이 자주 일어나는 사고 중 하나입니다. 물기가 있어 미끄러운 욕실이나 욕조에서 사고가 나기도 하고, 계단이나 방, 거실에서 발을 헛디디거나 물건에 걸려 넘어지기도 합니다. 이러한 사고로 아기는 피부가 긁히고 피가 나며, 혹이 나는 등 외상을 많이 입게 되는데, 때에 따라서는 팔다리 등에 골절을 당하거나 머리에 충격을 입을 수도 있습니다.

일단 아기가 높은 곳에서 떨어졌다면 의식이 또렷한지 살펴야 합니다. 아기에게 말을 시켜보거나 손발을 움직여 아기가 잘 반응하는지 관찰하세요. 아기가 계속해서 심하게 울거나, 떨어진 부위가 보랏빛으로 변하는 경우엔 골절이 의심되므로 바로 병원에 데려가도록 하세요. 병원에서 엑스레이나 CT를 찍어보는 것이 좋습니다. 혹시 뇌 손상이 있을 수 있으므로 사고 발생 후 24시간 동안 아기의 상태를 주의 깊게 관찰해야 합니다.

문이나 창문, 서랍에 손이 끼었을 때

아이들이 마음대로 돌아다니기 시작하면 사물에 대한 호기심 때문에 서랍을 열어본다든가 이 방 저 방을 자유롭게 돌아다니기 시작합니다. 혹은 한 아이가 들어가면서 문을 세게 닫는 경우 뒤따라오는 아이의 손이 문틈에 끼일 수도 있습니다. 이런 사고를 미연에 예방하기 위해서는 서랍이나 문을 여닫을 때 일시적으로 틈이 벌어져 고정되는 안전장치를 설치하는 것이 좋습니다. 또한 책상, 탁자 등 뾰족한 물건의 모서리에 보호대를 붙여 부딪치는 사고를 미연에 방지할 수 있습니다.

아이의 손가락이 문이나 서랍 등에 끼었다면 먼저 흐르는 물에 상처 부위를 식힙니다. 부위가 더 부어오르거나 낀 부분을 움직였을 때 심하게 아파하면 손가락을 고정하고 병원으로 가도록 하세요.

방문이나 현관문을 아이가 안에서 잠갔을 때

아이들이 생후 24개월이 넘어가면 의자 같은 것을 가지고 와서 높은 곳을 만지는 경우도 흔합니다. 문 앞에서 의자를 딛고 올라가 방문을 잠그거나 현관 앞에서 놀다가 현관문을 잠그는 경우도 종종 일어납니다. 혹은 외출해서 들어오는데 아이가 먼저 들어가 현관문을 닫아버리는 경우도 있고 혹은 열쇠로 여는 문인데 아이가 열쇠를 가지고 들어가 문을 잠그는 경우도 있을 수 있습니다.

어떤 경우든지 아이들이 집 안이나 방 안에 갇힌 경우라면 당황하지 말고 아이들을 안정시키도록 해야 합니다. 만약 창문으로 들어갈 수 있는 구조라면 창문을 열어두거나 열 수 있도록 해두는 것도 좋으며, 방 열쇠가 따로 있는 경우라면 미리 여분의 열쇠를 챙겨두고, 잠긴 문을 열어주는 곳의 전화번호도 비상용으로 알고 있는 것이 좋습니다.

분리불안

【 준서와 성연이 】

저희 아이들은 분리불안이 조금 심했어요. 돌이 지나면서부터 분리불안이 시작되더니 두 돌이 지나 세 돌이 다 되어도 점점 심해지기만 했지요. 특히 준서가 훨씬 더 심한 편이었고요. 아무리 힘들어도 엄마가 나갈 때는 아이들에게 인사를 하고 나가야 한다고 말하지만, 저는 인사를 하면 나갈 수 없을 정도로 아이들이 문을 막고 서서 울고불고 난리를 쳤어요. 엄마는 꼭 돌아온다고 설득도 하고 이야기를 해보았지만 나아지는 것이 없었어요. 저는 아이들이 8개월이 되었을 때부터 대학 강의를 나갔는데, 아침 일찍 수업이 있는 경우에는 아이들이 잘 때 나가야 했고 그럴 때면 준서가 엄마를 더 많이 찾으면서 울었다고 해요. 평소에 아이들 컨디션이 좋을 때 "엄마 나갈 때 바이바이 할 수 있어?" 하고 물어보면 그러겠다고 말하지만 막상 제가 나갈 때가 되면 울고불고 난리가 아니었어요. 결국 그래서 인사를 하지 못하고 몰래 나가야만 해서 마음이 항상 무거웠어요. 그런데 세 돌이 가까워지니까 준서가 이제 엄마가 나갈 때 '다녀오세요'라고 인사를 하겠다고 말하더라고요. 그 뒤부터는 아이들에게 인사를 하고 나올 수 있었어요. 저 같은 경우는 아이들이 엄마한테서 잘 안 떨어지는 편이라서 좀 더 마음고생을 많이 한 것 같아요.

[건우와 태우]

태우가 열성경련으로 쓰러지고 고열이 떨어지지 않아 4일간 입원한 적이 있었어요. 열이 쉽게 떨어지지 않아 다른 사람에게 맡길 수도 없고 해서 저는 병원에서 지내며 도우미 아주머니에게 건우를 맡겼는데, 잘 지내고 있기에 다행이다 싶었지요. 그런데 그동안 참았던 것이 폭발했는지 집에 가자마자 저한테서 안 떠나는데, 태우는 아프고 난 직후이고 4일간 엄마와만 있어서 엄마는 자기 거라는 생각에 매달리고, 건우는 건우대로 엄마와 떨어진 시간을 보상 받으려고 화장실까지 쫓아 들어오곤 했어요. 한 달 정도 아이가 원하는 대로 해주고, 화장실 가거나 다른 방에 들어갈 때도 말하고 다녔더니 그제야 안심이 되는지 엄마가 당장 눈 앞에 보이지 않아도 안심하고 놀더군요. 엄마 없는 동안 잘 지내고 있다고 해서 괜찮을 줄 알았는데, 혼자서 참았던 모양이에요. 그래도 좋아질 거라는 생각으로 바로바로 반응해주도록 노력하고, 끊임없이 엄마가 지금 하고 있는 일, 가는 곳, 지금 같이 있어주지 못하는 이유 등을 계속 설명해주었더니 조금씩 안정이 되어가더라고요.
세 돌이 지나서 기관을 보냈는데 처음에는 일주일은 울면서 버스를 타더니, 어느 날엔가 다녀와서는 이제부터 안 울고 갈 수 있다고 하더라고요. 그 이후로는 정말 한 번도 울지 않고 잘 다니고 있어요. 엄마와 떨어져서 놀거나, 엄마가 외출해도 잘 기다릴 수 있게 되었어요.

분리불안의 증상

엄마와의 애착형성이 이루어진 아이들이라면 엄마가 눈앞에서 보이지 않거나 엄마와 떨어질 때 불안감을 느끼기 마련입니다. 특히 돌 전후가 되면, 엄마가 잠시 눈에 보이지 않으면 울음을 터트리고 엄마를 찾는 통에 잠깐 화장실에 가는 것도 어렵지요. 이처럼 아이들이 엄마와 떨어지는 것에 대해 불안과 공포심을 느끼는 것을 분리불안이라고 합니다. 생후 6개월부터 시작해서 만 3세 정도까지 이런 증상을 보일 수 있으며, 이때까지는 정상적인 성장과정이라고 보지만, 만 4세 이상이 되어서도 그런다면 분리불안 장애라고 합니다.

아이들이 보이는 분리불안 증상은 그만큼 아이와 엄마 사이에 애착이 잘 형성되어 있다는 증거이기도 합니다. 아이마다 차이가 있지만 여자아이의 경우 만 3세 정도면 분리불안 증상이 사라지고 남자아이는 이보다 더 늦게 분리불안을 극복합니다. 그런데 엄마와의 애착관계가 형성되지 않은 아이는 분리불안을 겪지 않는 대신 나중에 정서적 문제를 일으킬 수도 있으니 유의해야 합니다.

분리불안 대처법

아이들이 잠시도 엄마와 떨어지지 않으려 하면 엄마는 힘들 수밖에 없습니다. 직장에 다니는 엄마라면 특히 더 힘들겠지만, 전업주부인 엄마도 다른 사람에게 아이들을 맡기고 외출해야 하는 경우도 있는데 이때마다 아이들이 울고 매달리면 나가는 일이 고역이 됩니다. 이처럼 아이와 헤어지는 것이 힘들어서 아이가 놀거나 혹은 잘 때 몰래 나가는 경우가 있는데 이런 경우에는 아이의 불안감이 더 심해집니다. 따라서 외출할 때는 꼭 작별인사를 하고 아이에게 반드시 언제 오겠다는 약속을 해주세요. 시계를 아직 못 보는 아이라도 숫자를 짚어서 엄마가 이 시간에 돌아온다고 말하고 약속을 지키면 아이는 엄마와 떨어지는 것을 점점 두려워하지 않게 됩니다. 아이가 자는 동안 나가는 것은 바람직하지 못합니다. 아이가 깨어났을 때 엄마가 없다는 사실에 더 불안감이 심해질 수도 있기 때문입니다. 아빠와 같이 엄마 외의 가족과 함께 있게 하거나 애착을 느끼는 물건을 주어 불안감을 덜어주는 것도 좋은 방법입니다.

낯선 환경에 적응하기

분리불안은 시간이 지나면 조금씩 나아지긴 하지만, 성격에 따라 두 돌이 지나도 낯선 환경에 처하면 엄마에게 매달려 떨어지지 않는 아이들도 많습니다. 낯선 환경에 두려움을 많이 느끼는 아이라면 낯선 곳에 아이만 밀어 넣는 일은 없어야 합니다. 이 시기쯤 되면 답답했던 엄마들이 아이 손을 잡고 밖으로 나가는 일이 많아지는데요. 집에서 활발하게 잘 놀던 아이들도 엄마가 큰맘 먹고 데려간 문화센터나 공원 같은 곳에서 한 발짝도 움직이지 않겠다고 하거나 그저 울면서 매달리는 경우도 있습니다. 쌍둥이는 외출기회가 적기 때문에 낯선 환경에 적응하는 시간이 좀 더 오래 걸릴 수도 있습니다.

낯선 곳으로 가야 하는 상황이라면 출발 전부터 아이에게 오늘 갈 곳과 할 일을 자세하게 이야기해주세요. 전부 다 알아듣지는 못해도 아이에게 오늘의 일을 설명해주는 것은 아이의 두려움을 감소시키는 데 도움이 됩니다. 사람이 많은 곳이나 낯선 곳에 도착하면 시간 여유를 조금 두고 밖에서부터 둘러보고 천천히 장소를 이동하는 것이 좋습니다. 집에 누가 방문하는 경우에도 가능한 한 아이들이 가장 잘 노는 시간, 졸려 하는 시간과 자고 깨서 시간이 좀 흐른 후에 방문시간을 잡는 것이 엄마에게 두 아이가 매달리지 않게 하는 기본적인 방법입니다.

이런 식으로 아이의 컨디션을 잘 조절한다면 아이의 매달림을 최소화할 수 있습니다. 충분히 자고 잘 먹은 아이는 조금 낯선 환경에서도 쉽게 적응합니다. 아이가 아프거나 졸리면 아무래도 엄마에게 매달리는 일이 많아집니다. 두 아이를 데리고 외출해야 한다면 아이들의 낮잠시간과 식사시간을 잘 배려하고 조절해주어야 아이들이 엄마에게 매달리는 일이 줄어듭니다. 또한 매달리는 아이에게 바보 같다거나, 넌 왜 이렇게 겁이 많냐, 소심하냐 등의 이야기는 하지 말아야 합니다. 소극적인 아이를 비난한다고 해서 성격이 쉽게 바뀌는 것도 아니거니와 아이들은 엄마의 비난에 더욱 상처받을 수 있습니다. 엄마가 아이들에게 기대하는 것을 요구하기보다 우리 아이를 먼저 알고 이해하는 것이 아이들도 엄마도 덜 상처받는 방법이 아닌가 싶습니다.

생후 25~30개월 쌍둥이 돌보기

이 시기 아이는 이만큼 자라요

+ 자전거 페달을 밟을 수 있어요.
+ 혼자서 옷을 벗을 수 있어요.
+ 짧은 문장을 말할 수 있어요.
+ 간단한 노래를 부릅니다.
+ 독립성이 증가하면서 모든 요구에 "싫어!"라고 말하기도 해요.

이 시기 쌍둥이를 돌볼 때는 이렇게 하세요

+ 말을 알아들어도, 뜻대로 되지 않으면 떼를 쓰는 시기입니다.
+ 규칙을 정해서 되는 일과 안 되는 일을 정확히 구분시켜야 하고, 엄마도 일관성 있게 규칙을 지켜야 합니다.
+ 차례와 순서를 알게 하고 기다리는 습관을 들이도록 하는 것이 도움이 됩니다.
+ 2개의 물건이 있다면 이름을 써두어 분쟁을 방지합니다.
+ 뭐든지 입으로 가져가지 않는 경우라면 소근육 발달을 위해서 찰흙 등을 줄 수 있습니다.
+ 아직은 잠투정이 많은 시기이니 외출해야 한다면 낮잠시간을 고려하여 조절하는 것이 필요합니다.
+ 유모차를 잘 타는 아이들이라면 엄마 혼자서 아이들을 데리고 외출하기가 수월해지는 시기입니다.

편식과 간식 문제

【 준서와 성연이 】

저희 아이들은 단것에 대한 집착이 강한 편이었어요. 생후 18개월 전까지는 과자 종류를 전혀 주지 않았는데, 그 후로 둘을 돌보기 어려울 때, 혹은 둘을 얌전히 있게 해야 할 때 사탕이나 과자를 주었더니 그다음부터 계속 사탕이나 과자를 찾았어요. 특히 성연이는 그 집착 정도가 심해 사탕을 내놓지 않으면 집이 떠나가도록 울고 한 시간 이상 울음을 그치지 않았어요. 물론 졸리거나 피곤할 때 그런 경향이 심했지만 유독 단것에 예민한 편이었어요. 주변을 보면 과자나 이런 것에 그다지 관심이 없는 애들도 많던데 성연이는 이름만 나와도 당장 내놓으라고 난리를 치는 통에 집에서 말할 때도 단어 대신에 약어나 영어를 사용해서 말하는 식으로 과자 이름을 절대 입에 올리지 않는 경우까지 있었어요. 사탕에 대한 집착은 서서히 줄어들어서 세 돌 무렵이 되자 많이 나아졌어요. 대신 음료수에 대한 집착이 시작되었는데 이때는 다른 것들, 매실액이나 과실차, 꿀물 등으로 대체해가면서 상황을 해결했어요.

【 건우와 태우 】

건우와 태우는 이유식을 잘 먹어서 밥도 잘 먹을 거라 생각했는데, 착각이었어요. 태우는 호기심이 많아서 새로운 음식을 일단 먹어보는 반면 건우는 자기 생각에 이상하거나 낯선 음식은 입을 꾹 다물고 거부하고, 어떻게라도 입에 넣어주면 뱉거나 토할 것처럼 웩웩거리기까지 했어요. 그래도 시간이 지나면서 이것저것 시도해보고, 외식하면서 다양한 음식을 먹여보고 했더니 조금씩 가짓수가 늘은 것 같아요. 지금까지 제가 건우한테 가장 많이 한 말은 일단 먹어보고 아니면 뱉으라는 말이었어요. 처음에는 엄마를 믿지 못했는지 입도 안 열어주더니 어느 때인가부터 한 번은 먹어보는 음식도 있더라고요. 건우가 맛있다고 하면 무엇으로 만들어진 음식인지 이야기해주고, 잊기 전에 또 한 번 만들어주고 건우가 언제 잘 먹었었지, 그때 참 맛있었지 하는 식으로 반복해서 이야기해주었어요.

반면에 태우는 간이 된 음식이 맛있는지 지금도 반찬만 주로 먹으려고 해요. 식판에 밥을 주면 건우는 반찬만 남기고 태우는 밥만 남기지요. 꼭 같이 먹을 필요는 없다고 생각해서 스스로 다 먹고 나면 남은 밥을 김이나 치즈에 싸서 먹이기도 하고, 건우는 한두 개만 더 지정해서 이것만 먹고 끝내자고 약속하고 거기까지만 먹도록 유도하는 편이에요.

아이들은 왜 편식을 할까?

편식이란 먹는 것에 기호가 분명하여 먹는 음식이 편중된 식사로 영양 불균형을 초래해 아이의 발육이나 영양 상태에 악영향을 미칠 수도 있습니다. 식습관을 바로잡아줄 필요가 있지만, 아이가 한두 번 어떤 음식을 거부한다고 하여 편식으로 단정하거나 아이가 먹지 않는다고 그 음식을 먹이지 않는 것은 바람직하지 않습니다. 이런 습관이 편식을 유발할 확률이 더 많기 때문입니다.

　아이들은 본래 새로운 것에 호기심이 많지만 한편으로는 낯설음과 변화에 대한 반발심도 매우 커서 새로운 음식을 보면 거부감을 갖는 것이 일반적입니다. 예전에 분명 잘 먹었던 음식도 새로운 형태나 질감 때문에 거부하는 일도 많습니다. 따라서 어려서부터 다양한 식품의 맛과 냄새, 질감 등을 느낄 수 있도록 재료의 특성을 살린 유아식을 하는 것이 도움이 되며, 아이가 거부하는 음식의 특성을 파악해 조리법을 바꾸어 아이의 입맛을 찾아내는 것도 중요합니다.

편식 대처요령

보통 많이 하는 방법으로 야채를 잘 안 먹는 아이에게는 볶음밥이나 카레밥, 자장밥 같은 한 그릇 요리가 도움이 되기도 합니다. 각각의 야채는 먹지 않지만 여러 가지 야채를 다져서 전을 부쳐주거나 볶음밥을 만들어주면 잘 먹는 아이들이 많습니다.

특정한 음식의 질감이 싫어서 뱉어내거나 거부하는 경우에는 그 음식을 대체할 수 있는 음식을 주거나 질감을 느끼지 못하는 방법으로 조리해서 먹여볼 수 있습니다. 두부의 물컹거리는 느낌이 싫다면, 고기와 뭉쳐 완자로 만들어줄 수 있지요.

고기류를 거부하는 아이들도 많은데요. 다른 고기를 잘 안 먹는 아이들이라도 닭다리나 닭봉구이, 혹은 너겟류는 손으로 잡고 먹는 재미에 잘 먹기도 하고, 두 돌이 넘은 아이들은 돈가스나 햄버거 스테이크 등에 소스를 활용해볼 수도 있습니다. 소스의 향이나 맛이 강해서 불고기나 양념된 고기를 싫어한다면 동그랑땡이나 로스로 시도해볼 수도 있고, 의외로 오리고기를 잘 먹는 아이들도 있습니다.

생선 또한 흰살 생선부터 다양한 종류로 시도해볼 수 있는데요. 생선 자체를 입에 대지 않는 아이라면 생선 냄새를 없애기 위한 방법을 좀 더 생각해보고, 생선살을 잘게 다져서 야채와 섞어 만든 생선 동그랑땡이나 어묵으로 먹여볼 수도 있겠지요.

보통 식판에 밥, 고기, 야채를 담아주기 마련인데, 이때도 한꺼번에 담아주기보다는 잘 안 먹는 음식을 먼저 주고, 어느 정도 먹고 난 뒤에 잘 먹는 음식을 내어주는 요령도 필요합니다. 앞에서도 이야기했지만, 같이 음식을 만들어보거나 스스로 잘라먹게 하거나, 혹은 식판을 다양하게 바꾸어주어서 흥미를 갖게 해주는 것도 방법입니다.

시기적으로 아이가 한 가지 음식만을 고집하기도 하고, 잘 먹던 음식도 갑자기 거부하며, 한동안 뱉어내거나 전혀 손대지 않기도 하는데요. 무조건 안 먹는 음식이라고 단정 짓지 말고 시간을 두고 다시 시도해보면 잘 먹기도 합니다. 아이에게 필요한 영양소는 일주일 정도의 단위로 고루 채워지면 되므로 매일 5대 영양소를 다 먹여야 한다고 생각하지 말고 더욱 유연할 필요가 있습니다. 고기를 먹지 않아 철분이 부족한 경우에는 영양제 말고도 철분이 많이 함유된 조개, 콩, 달걀, 해초, 녹황색 채소, 참깨, 멸치 등의 다른 식품을 여러 가지 방법으로 먹일 수도 있으니 참고하세요.

간식 먹이기

이유식을 시작하면서 식사시간 사이에 간식을 먹이라고 하지만, 이유식과 우유를 충분히 먹고 있다면 굳이 간식은 따로 필요 없습니다. 과일 한두 쪽 정도가 적당하지요. 간혹 간식을 더 많이 먹여서 식사시간에는 오히려 밥을 안 먹기도 하는 일이 생기는데, 밥을 잘 먹지 않는다면 일단 간식이 너무 많은 것은 아닌지, 간식을 주는 시간이 식사시간에 너무 가까운 것은 아닌지부터 확인해야 합니다. 식사시간 사이에 낮잠시간이 있어 간식을 언제 주어야 할지 모르겠다면, 식후에 붙여서 과일을 조금 주는 것으로도 충분하며, 쌀로 만들어진 과자 한두 개 정도면 적당합니다.

세 끼 밥을 먹게 되고 낮잠이 줄면서 중간에 활동시간이 많아 간식이 필요하다면, 한 번은 과일, 한 번은 감자, 고구마, 옥수수 등의 탄수화물류를 주는 것이 좋은데요. 너무 배불리 먹어 식사를 거르는 일이 없도록 양을 조절해주어야 합니다.

돌 이후에는 하루 400㎖ 정도의 우유도 먹어야 하니 식사시간과 간식시간을 잘 조정할 필요가 있습니다. 우유, 치즈나 요구르트, 아이스크림 같은 유제품을 포함한 권장 섭취량이 400~500㎖입니다. 요구르트는 기계가 있으면 손쉽게 만들 수 있고, 아이스크림은 굳이 기계가 없더라도 우유와 과일을 갈아서 얼려주는 것만으로도 훌륭한 아이스바가 되니, 여름간식으로는 최고이지요. 최근에는 집에서 손쉽게 만드는 과자나 간식을 소개해주는 책들도 많고 인터넷에도 많이 소개되고 있으니 찾아보고 시도해보세요.

편식과 간식 문제

Q 먹을 것에 관심이 없고 먹는 양이 너무 적어요. 어떻게 해야 할까요?

A 쌍둥이들은 보통 단태아에 비해 출생 시 몸무게가 적게 나가는 편이어서 쌍둥이 엄마들은 먹고 크는 문제에 보다 민감한 편입니다. 아이가 밥을 잘 안 먹는다면 혹시 밥 대신 다른 것으로 영양보충을 하고 있지는 않은지, 먹는 것을 거부하는 이유가 무엇인지를 파악할 필요가 있습니다. 하루 우유 섭취량이 400㎖ 이상이면서 밥을 안 먹는 아이는 우유 섭취량부터 줄여야 합니다. 우유로 배를 채우면 밥을 잘 안 먹게 되어서 철분결핍이 오고, 그러면 더 밥을 안 먹게 되는 악순환이 진행될 수 있습니다. 두 돌이 넘으면 피검사로 철분검사를 할 수 있으니 잘 먹지 않아 몸무게나 키가 잘 늘지 않는 경우에는 검사를 받아보고 철분제를 먹이는 것도 좋겠습니다.

아이가 맛이 없어서 혹은 먹기 싫은 음식이어서 거부한다면 억지로 골고루 먹이려 하지 말고 간단한 요깃거리로 식사를 대신하는 것이 낫습니다. 배가 고프면 간식을 찾는 경우가 많으니 지난 식사시간에 아이가 많이 먹지 않았다면 다음 식사를 미리 준비해놓는 것도 좋습니다. 또, 아이가 반찬 먹기를 싫어해서 식사를 거부한다면, 바나나, 우유, 시리얼, 고구마, 감자, 옥수수 등의 탄수화물류를 상비해두었다가 한 끼를 대체할 수도 있습니다.

평소에 그런대로 먹던 아이가 잘 먹지 않으려 든다면 신체적 이상을 살펴보아야 합니다. 아이가 구내염 등에 걸리면 목으로 음식물을 넘기기가 힘들어서 음식 자체를 거부하기도 합니다. 그럴 때는 우유, 요구르트, 밥 끓인 물, 부드러운 치즈케이크 등 차갑고 씹지 않고 넘길 수 있는 유동식을 주고, 열이 많이 나거나 설사를 할 때는 유제품이 구토를 유발하거나 장을 더 자극할 수 있으므로 제한하는 것이 좋습니다.

아이가 골고루 먹지 않거나 양이 늘지 않는다고 해서 억지로 먹이려 들거나 화를 낸다면 아이에게는 먹는 시간이 더 힘들어질 수 있습니다. 먹는 것에 까다롭거나 잘 먹지 않는 아이일수록 조금만 먹어도 잘했다고 격려하고 칭찬해주며 온 가족이 함께 즐거운 식사를 할 수 있도록 도와주어야 합니다. 밖에서 신체활동을 많이 하면 식욕이 생기기도 하므로 가능한 한 신체활동을 많이 하도록 하는 것도 도움이 됩니다.

Q 아이들이 과자와 사탕, 아이스크림을 자주 달라고 해요. 어떻게 해야 하나요?

A 사탕이나 과자에는 유해색소나 식품첨가물 등이 포함되어 있으므로 되도록 안 주는 것이 좋은데요. 특히 단것을 많이 먹으면 폭력적이 된다는 연구결과도 있습니다. 단것은 되도록 주는 시기를 최대한 늦추는 것이 좋습니다. 다만 집에 큰애가 있다거나 어린이집을 다닌다면 집에서 주지 않아도 접하는 경우가 많아질 수밖에 없습니다. 특히 요즘은 어린이 비타민제들도 다양하게 나와 있고 이를 즐겨 먹는 경우도 있습니다.

아이가 달라고 한다고 해서 바로 주기보다는 다른 곳으로 관심을 유도해보는 것도 좋습니다. 아이들이 간식을 달라고 떼를 쓰는 일이 많다면 간식시간을 정하고 규칙을 만들어보세요. 아이와 하루에 몇 개만 먹는다는 식으로 양을 정해봅니다. 이때 아이 스스로 정하도록 하면 더 좋습니다. 또한 아이가 신나게 놀고 난 후나 다른 곳에 집중을 할 때는 간식을 안 찾을 수도 있으니 아이들을 많이 놀게 해주되, 식사시간을 놓치지 않도록 유의하세요.

배변훈련

【 준서와 성연이 】

두 돌이 지난 29개월 여름부터 배변훈련을 본격적으로 했어요. 팬티를 입혀놓아야 아이들이 쉬를 했을 때 척척한 기분이 싫어서 빨리 가린다는 말과는 달리 저희 아이들은 옷을 입혀놓으면 기저귀를 했다고 생각하는지 옷에 싸는 일이 너무 많았어요. 그래서 30개월이 되기 시작하면서부터 본격적으로 바지를 벗겨놓고, 오줌이 마려우면 "쉬 마려워요"라고 말하게 했어요. 처음에는 절반 정도밖에 말을 하지 못했는데 점점 쉬를 하기 전에 말을 하기 시작했어요.

외출할 때, 특히 차에 탈 때는 항상 오줌을 누고 타게 하고 차에서는 가급적 물 종류를 주지 않았어요. 그래도 쉬가 마렵다고 할 때가 많아 빈병을 늘 차에 놔두고 있어요.

어느 정도 배변훈련이 돼서 밤에도 괜찮겠지 싶어서 기저귀를 안 채우고 재웠는데, 밤에는 일주일에 2~3번씩 실수를 하는 거예요. 할 수 없이 밤에는 기저귀를 다시 채웠어요. 낮 기저귀를 뗀 지 1년이 넘도록 여전히 밤에는 일주일에 한두 번씩은 오줌을 쌌어요. 그렇게 48개월 정도까지 밤 기저귀를 채우다가 점점 쉬하는 횟수가 줄어들어 밤 기저귀를 떼게 되었어요.

【 건우와 태우 】

두 아이를 배변훈련 할 엄두가 안 나기도 하고 천천히 떼는 것이 아이나 어른들에게 스트레스 주지 않고 시간도 짧게 걸린다고 해서 27~28개월쯤부터 시작하게 된 것 같아요. 처음에는 집에서만 할 요량으로 유아용 변기를 2개 사다놓고 바지를 벗겨놓고 쉬 마려우면 변기에 가서 누는 거라고 했더니, 그동안 책에서 많이 봐서 그랬는지 거부감 없이 처음부터도 알아서 잘 가린 편이었어요.

건우는 쉬가 마려우면 아랫도리를 만지거나 움켜쥐는 것 같은 제스처를 보이는 편이었고, 태우는 표시도 나지 않고 자주 싸는 편이 아니어서 수시로 확인하고 물어봐야 했는데요. 이 녀석은 쉬하자 그러면 마렵지 않다고 했다가 조금 있다가는 속옷에 묻히고 나서야 쉬 마렵다는 이야기를 하곤 했어요. 어떨 때는 속옷이 다 젖게 오줌을 누고서야 말하는 경우도 있었는데, 워낙 오래 참았다 쉬를 하는 편이라 이런 경우에도 오줌을 다시 누이지 않으면 돌아서서 또 실수를 하곤 했었어요.

밤 기저귀는 40개월이 다 되어 밤에 쉬하는 일이 거의 없고부터 시작했어요. 일주일 정도는 둘이 번갈아 이불에 실례하더니, 저녁에 물 종류를 좀 덜 먹이고 자기 전에 반드시 오줌을 누게 하고 기저귀 없다는 이야기를 반복해서 해주었더니, 아주 피곤한 날이 아니면 11시간을 내리 자도 실수가 없는 편이에요.

배변훈련, 언제 시작해야 할까?

아이들은 보통 생후 18~24개월이 되면 대소변을 가릴 준비가 되지만, 아이마다 차이가 있어 어떤 아이는 생후 30개월이 넘어도 대소변을 가릴 준비가 안 될 수 있습니다. 배변훈련은 생리적으로 방광과 대장을 조절할 수 있을 때 가능하기 때문에 일정한 시기를 정해서 시작하기보다는 대소변을 가릴 만큼의 준비가 되어 있다고 판단될 때 시작하는 것이 좋습니다. 배변훈련을 언제 시작하든지 모든 아이는 일정한 때가 되면 모두 대소변을 가릴 수 있으므로 마음의 여유를 가지는 것이 좋습니다.

우리나라는 배변훈련을 일찍 시작하는 경향이 있습니다. 아직 준비가 되지 않았는데 일찍 대소변 가리기를 강요받으면 아이가 스트레스를 받을 수 있으니 무리해서 일찍 시작할 필요는 없습니다. 보통 생후 24개월 전후로 배변훈련을 시작할 수 있지만 아직 준비가 안 되었다면 30개월 정도에 시작해도 무방합니다.

또한 쌍둥이가 같이 시작한다고 하더라도 두 아이가 똑같은 과정을 보이는 것은 아니므로 각자의 상황과 진도에 맞게 진행하도록 하세요. 좀 더 빠른 진행을 보이는 아이도 있고 더딘 아이도 있을 수 있습니다. 한두 달 안에 금방 기저귀를 뗄 수도 있지만 몇 달 동안 별 진척이 없을 수도 있습니다. 만약에 전혀 나아지는 게 없다면 아이가 준비가 안 된 것일 수 있으므로 조금 기다렸다 다시 시도해보세요.

아이들이 소변을 보는 간격이 두세 시간 이상씩 되고 소변이 마려울 때 표정의 변화나 다른 행동의 변화 등을 보일 때 배변훈련을 시작해보도록 하세요. 그리고 일단 배변훈련을 시작하면 바지에 소변을 보았다고 해서 야단치는 것은 금물입니다. 아이가 바지에 소변을 보았다면, 소변이 마려우면 변기에 누는 것이라고 한 번 더 말해주고 다음번에는 변기에서 소변을 볼 수 있도록 도와주세요. 아이들이 변기에 용변을 보았을 때는 칭찬을 많이 해주는 것이 좋습니다. 집에서 연습할 때는 물 종류를 많이 마시게 하여 여러 번 시도한 후 성공할 수 있도록 도와주는 것도 좋은 방법입니다.

배변훈련을 시작하기 전에

배변훈련을 시작하기 전부터 아이에게 대소변을 가려야 하는 이유를 알려주고 이를 인식할 수 있도록 해주세요. 시중에 나와 있는 배변에 도움이 되는 책들을 많이 읽어주는 것도 좋은 방법입니다. 또한 평소에 '쉬', '응가' 등 대소변에 관한 말을 알려줍니다.

대소변 가리기를 시작하기 전 아이의 배변리듬을 관찰합니다. 평소에 기저귀가 젖는 시간을 확인해 소변 보는 간격을 체크하고, 대변은 하루 중 언제쯤 보는지 시간을 체크해둡니다. 또는 소변과 대변이 마려울 때 아이들이 보여주는 신호 등을 관찰하는 것도 중요합니다. 예를 들면, 하던 일을 갑자기 멈춘다던가, 소변이 마려울 때 바지춤을 잡는다던가 하는 행동이나 표정을 말합니다.

이미 대소변을 가리는 친구나 형제자매가 있다면 그 모습을 보여주거나 엄마 아빠가 시범을 보여줄 수도 있습니다. 배변훈련을 시작하기 전, 변기를 미리 사두고 친숙하게 여길 수 있도록 도와줄 수도 있습니다.

배변훈련의 방법

경우에 따라 소변을 먼저 가리는 아이도 있고 대변을 먼저 가리는 아이도 있으며, 소변은 완벽하게 가리지만 대변은 볼 때마다 기저귀를 채워달라는 아이도 있는 등 아이

마다 성향이 다르니 배변훈련도 아이에 맞게 진행해야 합니다.

아이가 기저귀에 똥을 누면 아이가 보는 앞에서 기저귀에 묻은 똥을 변기에 넣어 변기에서는 무엇을 해야 하는지를 보여줍니다. 여러 번 반복해서 보여주고 아이들이 대변이 마려울 때쯤 기저귀를 벗기고 변기 근처에서 놀게 하면서 "응가가 나올 것 같으면 변기에 앉아서 누는 거야"라고 말해줍니다.

소변의 경우 바지만 입히고 있다가 아이가 바지에 쉬를 하여 척척해지는 것이 어떤 기분인지를 느끼게 합니다. 그리고 아이에게 "소변이 마려우면 여기 변기에다 쉬하는 거야"라고 말해줍니다. 처음 몇 주 동안은 아마 성공하지 못할 것입니다. 그러나 2~3주 지나면 드물지만 변기에서 배변을 성공하는 경우가 생깁니다. 이때 아이에게 칭찬을 많이 해주는 것이 중요합니다. "우아, 변기에 응가 했네. 참 잘했어" 등의 칭찬을 하여 아이에게 성취감을 느끼게 해줍니다. 아이가 변기에 대소변을 보는 것이 꼭 필요한 행동이라는 것을 인식하게 해주세요.

변기에서 배변을 성공하는 횟수가 늘어나면 벗고 입기 편한 고무줄 바지를 입혀주고 아이가 스스로 바지를 내리고 변기에 앉을 수 있게 도와줍니다. 혹시 아이가 바지에 소변을 보더라도 야단을 치거나 화를 내서는 안 됩니다. 아이가 과도한 스트레스를 받을 수 있습니다. 대신 "다음에는 쉬 마려울 때 엄마에게 이야기하거나 변기에 앉아서 하자"라고 말해줍니다.

외출할 때

집에서는 기저귀를 채우지 않고 배변훈련을 하다가 외출할 때는 기저귀를 채우고 나가는 경우가 많습니다. 특히 쌍둥이라서 번거로워 더 그럴 수 있는데요. 배변훈련을 시작한 지 얼마 안 된 시기에는 그렇게 해도 괜찮지만 아이가 50% 이상 성공률을 보이면 외출할 때도 과감하게 기저귀를 채우지 않고 나가도록 해보세요. 집에서 잘 가리는 아이일지라도 외출할 때마다 기저귀를 채우면 아이가 혼란스러워 배변훈련의 기간이 더 길어질 수도 있습니다.

대신 아이가 실수할 때를 대비해 여벌바지와 양말 등을 챙겨야 합니다. 외출이 길어진다면 바지를 각각 2벌 이상씩 챙기도록 하세요. 아이가 쉬가 마렵다고 할 때 빨리 옷을 벗겨줄 수 있도록 입고 벗기 불편한 옷은 피하고 고무줄 바지 등 편한 옷을 입히는 것이 좋습니다.

그리고 차를 타기 전에는 꼭 화장실에 데려가고, 남자아이라면 작은 병을 휴대하는 것이 편합니다. 여자아이는 바로 응고되는 휴대용 변기를 준비하여 차에 휴대할 수도 있습니다. 차를 타고 장거리를 이동한다면 차에 타기 전에 소변을 볼 수 있도록 하고 차 안에서는 되도록 물이나 음료 등을 많이 먹이지 않도록 하세요.

밤 기저귀 문제

낮 기저귀가 훈련의 문제라면 밤 기저귀는 방광의 용량 문제입니다. 처음부터 낮에 곧잘 실수를 하더라도 밤에는 전혀 누지 않는 아이가 있는가 하면, 낮에는 실수를 전혀 하지 않는 아이라도 밤중에는 일어나지 못하고 그냥 누기도 합니다. 중간에 자는 아이를 살짝 깨워서 뉘러 가는 식으로 연습을 시켜야 한다는 이야기도 있는데, 의학적으로 밤 기저귀의 경우 생후 60개월까지는 큰 문제가 없는 것으로 보기 때문에 밤 기저귀 떼기는 조금 더 천천히 진행해도 됩니다.

밤 기저귀를 뗄 시점이 되었다고 생각한다면, 이제 밤에는 기저귀를 안 할 것이라고 미리 이야기해두고, 밤에 자기 전에 소변을 보게 하며, 자기 전에는 물 종류를 많이 먹지 않게 합니다. 또 자는 도중에라도 쉬가 마렵다고 하면 오줌을 누일 수 있도록 가까운 곳에 간이 변기를 준비해두는 것이 좋습니다.

밤에 채운 기저귀가 여러 날 젖지 않는다면 밤 기저귀를 떼는 것을 시도해볼 수 있는데요. 실수할 때를 대비해서 방수요를 깔고 자거나 매트 위에 얇은 이불 하나를 깔고 자는 것이 도움이 됩니다. 단, 방수요는 크기가 그리 크지 않기 때문에 많이 움직이면서 자는 아이에게는 큰 도움이 되지 않을 수도 있습니다. 아무래도 낮에 자주 소변을 보는 아이라면 밤에도 소변을 보는 경우가 많으니, 아이의 평소 배변습관을 잘 알아두고 밤 기저귀를 뗄 시도를 하는 것이 좋습니다.

배변훈련을 돕는 육아용품

유아 변기
변기는 같은 것으로 2개를 준비하는 것이 좋습니다. 두 아이가 동시에 변기를 사용할 때도 있고 또 같은 변기가 아니면 서로 그 변기를 사용하겠다고 싸울 수도 있기 때문입니다. 값비싼 고급형 변기부터 저렴하고 휴대하기 편한 간단한 변기까지 종류가 다양한데, 저렴한 변기를 사도 쓰는 데 크게 불편함은 없습니다.

남아 소변기
남자아이가 있다면 서서 소변을 볼 수 있는 소변기를 화장실에 간단하게 붙여서 쓰는 것이 편합니다. 자석으로 붙이는 것과 진공 밀착하는 것이 있는데, 자석보다는 밀착하는 형태가 잘 떨어지지 않습니다. 욕실 안에 소변기를 설치할 경우에는 아이가 욕실에서 미끄러지지 않도록 주의를 기울여야 합니다.

휴대용 변기
소변이 닿으면 바로 굳어버리는 젤이 들어있는 휴대용 변기와 앉혀서 누일 수 있는 작은 의자형 변기가 있으며, 자동차 안에 구비해두면 여자아이의 경우 화장실을 찾기 힘들 때 요긴합니다.

배변팬티
비닐이 덧대어져 덜 새는 두툼한 팬티를 말하며, 배변훈련이 어느 정도 완료된 아이를 데리고 외출할 때 요긴하게 쓸 수 있습니다.

방수요
밤 기저귀 떼기를 시도할 때 유용하게 쓸 수 있습니다. 특히 침대에서 잘 때 매트 위에 방수요를 깔고 자면 이불빨래를 많이 줄일 수 있지요. 쌍둥이가 함께 잔다면 방수요가 침대 크기보다 훨씬 작으므로 김장비닐 같은 사이즈가 큰 비닐을 침대 매트 위에 깔아놓으면 좋습니다.

변기커버
일반 변기 위에 장착하여 사용하는데, 남자아이라면 소변이 튀는 것을 막는 변기커버를 선택하는 것이 도움이 됩니다. 처음부터 변기커버를 이용하면 유아 변기를 뒤처리하는 번거로움을 줄일 수 있으나 동시에 화장실을 가겠다고 할 때 곤란할 수도 있습니다.

배변훈련  Q&A

Q 둘을 동시에 기저귀 떼기를 할 수 있나요?

A 두 돌 이후의 아이를 가진 부모에게 배변훈련은 아이뿐 아니라 엄마에게도 큰 스트레스가 되는 문제입니다. 쌍둥이의 경우 매시간 화장실로 둘을 데려가는 것도 쉽지 않으므로 혼자인 아이보다는 조금 여유롭게 시작하는 것이 아이들뿐 아니라 엄마에게도 좋습니다.

배변훈련을 시작하게 되면 처음 몇 주간은 아이들이 실수하는 것이 당연합니다. 이때 아이들에게 야단을 치거나 다그쳐서는 안 됩니다. 처음에는 아이가 알아서 변기에 소변을 볼 수 없으니 아이가 소변이 마려운 것을 잘 체크해서 시간대별로 소변을 보게 해보세요. 또는 소변이 마려우면 아이들마다 특징이 있으니 그 신호를 빨리 파악하는 것이 중요합니다.

두 아이를 동시에 배변훈련을 시켰는데도 진행속도가 차이 날 수 있습니다. 같이 태어난 아이라도 방광의 조절 능력이 다를 수도 있고, 기질에 따라서도 배변훈련이 쉽거나 어려울 수 있으니 절대로 비교해서는 안 됩니다. 잘하는 아이에게 칭찬해주고 다른 아이가 따라올 수 있도록 격려해주어야 합니다. 성별이 다른 아이들인 경우에는 배변훈련과 동시에 자신의 성을 인지하고 둘의 차이를 알 수 있도록 엄마가 설명해주는 것도 좋겠습니다.

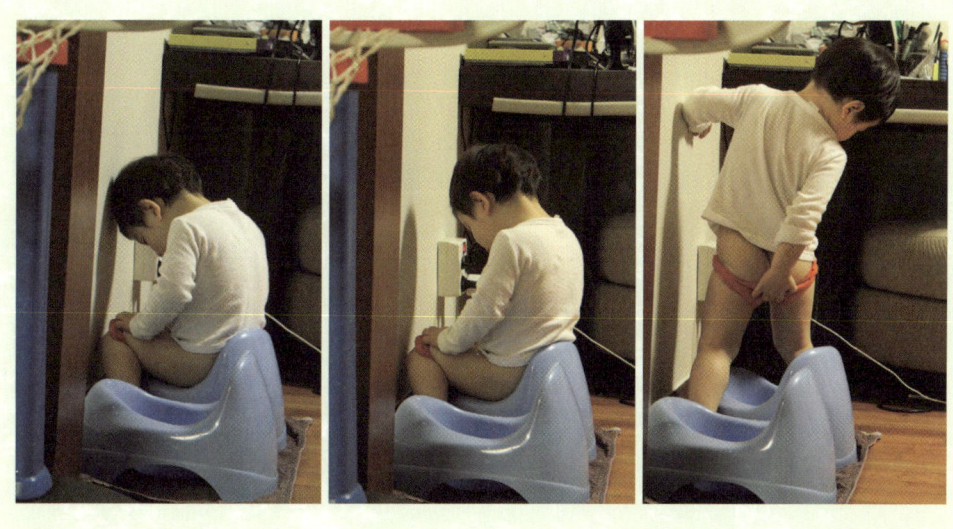

생후 31~36개월 쌍둥이 돌보기

이 시기 아이는 이만큼 자라요

+ 스스로 옷을 입고 벗을 수 있어요.
+ 자기 이름과 나이를 말할 수 있습니다.
+ 계단을 잘 올라가고 잘 뛸 수도 있습니다.
+ 또래 친구와 장난감을 가지고 놉니다.
+ 정해진 규칙을 따를 수 있습니다.
+ 균형감각이 좋아져서 한 발로 설 수 있어요.

이 시기 쌍둥이를 돌볼 때는 이렇게 하세요

+ 엄마 혼자서도 충분히 둘을 데리고 외출이나 여행이 가능합니다.
+ 자기 주장이 강해지면서 말을 안 듣는 일이 많아집니다.
+ 말을 잘하기 시작하면서 서로 요구하는 것이 많아져 힘들어집니다.
+ 아이들이 졸리기 시작하면 떼를 더 심하게 써서 통제하기 어려운 경우가 많습니다.

보육시설 보내기

【 준서와 성연이 】

준서와 성연이는 다섯 살이 되어서 처음 어린이집에 다니게 되었어요. 세 돌이 지나서 어린이집에 다녀볼까 하다가 아이들이 번갈아가며 감기도 자주 걸리고 해서 조금 더 커서 다니는 게 좋겠다고 생각했어요. 그런데 집에 있어도 지루해하지 않던 아이들이 세 돌이 지나자 집에만 있는 것을 심심해하고 새로운 것을 하고 싶어하더군요. 그래서 저는 24개월 이후부터는 주로 백화점이나 마트에 있는 문화센터수업을 다녔고, 세 돌이 지나서는 퍼포먼스 미술수업도 다녔어요.

48개월부터 어린이집에 다녔는데, 그래도 적응하는 데는 둘 다 한 달 가까이 걸린 것 같아요. 분리불안이 심했던 준서는 적응하기 힘들어하고 성연이가 쉽게 적응할 거라 생각했는데, 짐작과는 달리 준서는 일주일이 지나자 더 이상 울지 않았는데 성연이는 계속 울고 힘들어했어요. 그래서 집에서 애착을 가지고 있던 이불을 2주 정도 어린이집에 보냈는데 그 이불 덕분인지 잘 적응하게 되었어요. 아이들이 다니는 어린이집은 외부활동도 많고 현장학습도 자주 나가는 편이라서 아이들이 더 신나하더군요. 어린이집에 다니면서 감기를 달고 살면 어떡하나 걱정했는데 그래도 심한 감기에 걸리지는 않아서 마음을 놓았어요.

【 건우와 태우 】

저도 다섯 살 이후에나 기관에 보낼 생각이었어요. 그런데 생후 34개월 즈음에 친정아버지가 돌아가시면서 몸도 마음도 힘들어서 아이들이 힘들게 하면 저도 모르게 큰소리를 내고 있더라고요. 이렇게 데리고 있는 것보다는 차라리 조금이라도 떨어져 있는 것이 서로에게 도움이 될 것 같아서 36개월째에 아이들을 기관에 보내기로 결정했어요. 다섯 살이 되면 일반 유치원을 보낼 생각을 하고 있었기 때문에 첫 기관으로는 아이들이 재미있게 지내다 올 수 있도록 신체활동이 많은 곳을 선택했어요. 태우는 버스를 타고 친구들이 다니는 곳에 가는 것에 대해 관심이 많았던지라 처음부터 잘 적응해주었어요. 건우는 한동안은 고생할 거라고 생각했는데, 일주일 정도 버스를 안 타겠다고 울긴 했지만, 타고 나면 곧 울음을 그치고 유치원에서는 선생님을 잘 따르고 친구들과도 잘 논다고 해서 안심이 되었어요. 게다가 원래 센터를 같이 다니던 친한 친구와 같이 보낼 수 있어서 적응이 좀 더 빨랐던 것 같고, 3월이 아닌 9월에 보냈더니 다른 아이들이 다 적응되어 있어서 선생님이 저희 아이들을 좀 더 챙겨줄 수 있는 시점이어서 조금 더 쉽게 적응할 수 있었던 것 같아요.

보육시설 선택하기

두 돌이 지나 아이들이 활동적이 되면 집에서만 노는 것을 답답하게 여기기 때문에 많은 엄마들은 보육시설에 쌍둥이를 보내볼까 생각해보기도 합니다. 그런데 막상 보육시설에 보내려고 할 때 어떤 곳에 보내야 할지, 그리고 어떻게 알아보아야 할지 막막할 때가 많습니다.

일단 이 시기 아이들을 보낼 수 있는 보육시설은 가정식 어린이집, 구립이나 민간 어린이집, 놀이학교 등이 있습니다. 가정식 어린이집은 보통 아파트가 밀집해 있는 곳에 놀이방 형식으로 있으며 주로 4세 이하의 어린아이들을 교육보다는 보육 중심으로 맡아줍니다. 아무래도 보육 중심이다 보니 일정 역시 일반 어린이집보다는 아이 돌보는 위주로 되어있을 수 있고, 상황에 따라 일정이 변경되기도 합니다.

민간이나 구립 어린이집은 선생님이 아이를 돌보는 일 이외에도 업무가 많으며 한 선생님이 좀 더 많은 아이들을 맡는 경우도 있습니다. 반면 교육 프로그램이 더 잘 갖추어져 있으며 일정이나 프로그램 등이 잘 짜여져 있습니다.

놀이학교는 보건복지부 관리를 받는 어린이집과는 달리 일반 학원으로 교육부에서 관리합니다. 선생님 1명당 담당하는 아이의 수가 4~5명이며, 다양한 프로그램들이 운영되므로 원비가 비쌉니다. 쌍둥이는 2명 이상의 아이를 동시에 보내야 하니 비싼 원비가 부담이 될 수 있습니다.

보육장소는 먼저 거주지가 서울이라면 서울시 보육포털 사이트(http://iseoul.seoul.go.kr)에 들어가서 집 근처에서 가장 가까운 보육시설을 검색해보세요. 아이사랑 보육포털 사이트(www.childcare.go.kr)에서도 검색이 가능합니다. 몇 군데 검색한 뒤 직접 찾아가서 면담을 해보고 결정하는 것이 좋습니다. 또 지역 육아카페 등에 가입하여 보육시설의 평을 들어보는 것도 참고가 될 수 있습니다.

면담을 할 때는 원장선생님의 교육철학, 담임선생님의 성품, 식사환경, 놀이환경 등을 중심으로 살펴봅니다. 먼저 선생님 한 사람당 몇 명의 아이를 담당하고 있는지, 담임선생님의 성품은 어떤지, 즉 아이들과 상호소통을 잘하고 있는지, 또는 선생님과 아이의 성향이 잘 맞을지, 식사의 경우 조리사 선생님이 따로 있는 곳인지 등을 체크해보세요. 그리고 되도록 새로 생긴 어린이집이나 선생님이 너무 자주 바뀌는 곳은 피하는 것이 좋습니다. 가장 오래 근무한 선생님은 몇 년 정도 되었는지 물어보세요. 그리고 정해진 식단대로 메뉴가 제공되고 있는지 살펴보기 위해 가능하다면 식사시간에 한번 방문해보는 것도 좋습니다.

보육시설 적응하기

처음 어린이집을 다니면 아이들이 적응하는 데 한 달 정도는 걸린다고 보아야 합니다. 처음에는 매일 아침마다 안 가겠다고 울며 떼를 쓸 수도 있습니다. 보통 어린이집에는 적응기간이 있는데, 그 기간은 기관의 방침에 따라 다릅니다. 점점 시간을 늘려서 아이가 서서히 적응할 때까지 기다려주는 곳이 있는 반면, 1~2주의 적응기간 동안만 일찍 하원하는 어린이집도 있습니다. 경우에 따라 처음 며칠은 엄마와 함께 어린이집에서 시간을 보내게 하는 곳도 있습니다. 기관의 방침에 맞게 엄마도 아이에게 잘 설명하고 협조하는 것이 아이가 빨리 적응하는 데 도움이 됩니다. 처음 어린이집을 가면 스트레스로 집에 와서 짜증을 낸다거나 대소변을 잘 가리던 아이도 실수하는 일들이 있는데, 당연히 있을 수 있는 일이므로 너그럽게 받아들이고 기다려주어야 합니다. 한편 처음에 잘 가던 아이들이 갑자기 안 가겠다고 하는 경우도 있습니다. 이 또한 흔히 일어나는 일이므로 걱정하지 않아도 됩니다.

어린이집의 경우에는 알림장을 통하여 선생님과 아이의 적응상태에 대해 이야기할 수 있으므로, 기관에서의 생활뿐 아니라 집에서의 생활도 선생님이 충분히 알 수 있도록 알림장을 적극 활용하는 것이 아이가 적응하는 데 도움이 됩니다.

어린이집에 처음 가게 되면 감기나 유행성 질환에 많이 노출될 수 있습니다. 이에 대비하여 어린이집을 보내기 전 아이의 면역력을 길러주기 위해 노력하고 개인위생에 좀 더 신경을 써주세요.

보육시설 보내기

Q 도우미 아주머니는 언제까지 써야 하나요?

A 처음부터 두 아이를 직접 키우는 엄마들이 많지만, 쌍둥이의 경우 도우미의 도움을 받는 경우도 많습니다. 도우미로부터 독립을 결정하려면 먼저 아이들이 밤에 내리 잘 자야 하는 것이 전제되어야 합니다. 밤에 자주 깨는 아이들을 엄마가 데리고 자면서 낮에도 혼자 보기에는 엄마의 체력 소모가 큽니다. 일단 밤에 8시간 이상 쭉 내리 자는 아이들이라면 혼자 보겠다는 마음을 가져도 될 듯합니다. 엄마도 밤에 휴식을 취해야 낮에 육아와 살림을 할 수 있습니다.

수면에 관한 문제가 해결되면, 도우미분이 해주던 일을 일단 정리하여 그중에서 엄마가 꼭 해야 하는 일, 다른 사람에게 도움을 받을 수 있는 일, 과감히 포기해야 하는 일 등으로 나누어보세요. 한동안 손 놓고 있던 집안일을 다시 하게 되는 것만으로도 벅찬데, 모든 것을 예전처럼 하겠다고 욕심 내서는 안 됩니다.

언제쯤이면 수월해져서 도움이 필요 없게 된다고는 장담하지 못합니다. 백일 전후, 돌 전후에 도우미의 도움으로부터 독립하는 엄마들도 많습니다. 일찍 독립할수록 아이도 엄마도 적응해서 혼자 하는 육아가 더 편하다고 하는 엄마들도 많습니다. 두 돌이 넘어 혼자 보기로 결심했다면 어린이집에 보내서 낮 시간을 조금 여유롭게 쓸 수도 있습니다. 하지만 어린이집은 원하는 시기에 모두 보낼 수 있는 것이 아니므로 장기적인 계획을 세워 어린이집을 결정하고, 아이가 어린이집에 어느 정도 적응한 후에 도우미를 그만두게 하는 방법을 택할 수도 있습니다.

Q 어린이집은 언제 보내야 할까요?

A 육아휴직이 끝나 직장에 복귀하는 엄마들은 따로 아이를 봐줄 사람이 없을 때 어린이집에 보내게 되고, 직장에 다니지 않는 엄마들도 쌍둥이의 위나 아래에 다른 아이가 있거나 쌍둥이 육아가 너무 힘든 경우 어린이집에 보내볼까 한번쯤 고민하게 되는데요.

그러나 어린이집을 다니다가 적응하지 못하고 그만두는 아이들이 있을 만큼 두 돌 전후의 아이들이 어린이집에 적응하는 일이 쉽지 않을 수 있습니다. 만약 이 시기에 어린이집을 보낼 것을 고려하고 있다면 다음 사항들을 체크해보세요. 먼저 아이들이 낯선 장소에 가서도 엄마 없이 잘 노는지, 낯선 사람과도 친화력 있게 잘 노는 편인지 생각해보세요. 또한 의사소통이 어느 정도 잘 되는 편인지도 중요한 요소입니다. 위와 같은 특성을 지닌 아이라면 어린이집에 잘 적응할 수 있을 것으로 예상됩니다. 그러나 월령이 어린 아기들이라면 큰 어린이집보다는 가정식 어린이집과 같은 작은 규모의 어린이집이 더 나을 수도 있습니다. 간혹 아이의 사회성을 위해서 어린이집에 보내보겠다고 생각하는 부모들도 있는데요, 이 시기에는 굳이 사회성을 생각해서 단체생활을 할 필요는 없습니다. 엄마와도 잘 떨어지는지 여부를 판단해서 이런 조건이 되었다고 생각된다면 어린이집에 보내도 좋을 것입니다.

Q 어린이집에 갈 때마다 울어요. 어떻게 하면 좀 더 빨리 적응할 수 있을까요?

A 아이의 성향에 따라 어린이집에 쉽게 적응하는 경우도 있지만 그렇지 못한 경우도 있습니다. 특히 이 시기에 어린이집을 가다가 적응에 실패하여 어린이집을 그만둔 경우도 있는데요. 분리불안 증세가 나타나고 엄마와 떨어질 때마다 너무 심하게 운

다거나 혹은 어린이집에 다니기 시작하면서부터 병원에 입원할 정도로 계속 아파 어린이집을 그만둔 경우도 있었습니다. 사실 아이들이 엄마의 품을 떠나 처음 어린이집에 가게 될 때, 대부분의 아이가 엄마와 떨어지기 싫어합니다.

아이가 전혀 경험이 없이 어린이집에 가서 적응하는 것보다는 어린이집을 다니기 전에 문화센터 수업이나 홈스쿨, 놀이수업이나 미술수업 등을 경험하면서 서서히 엄마와 떨어지는 연습을 해볼 수도 있습니다.

또는 앞으로 다닐 곳에 익숙해질 수 있도록 어린이집 앞에 있는 놀이터에서 미리 놀게 한다거나 오가며 선생님과 친숙해지도록 할 수도 있습니다. 만약 버스를 타고 통학해야 한다면 미리 버스 타는 것에 대해 마음의 준비를 할 수 있도록 계속 설명을 해주고 또래 친구와 노는 것에 익숙해지도록 친구들과 만나서 자주 놀게 함으로써 단체생활의 규칙을 익히게 하는 것도 한 방법입니다.

기관에 있는 내내 울 정도로 분리불안 증세가 심하다면, 그리고 그 정도가 나아지지 않는다면 다른 어린이집을 알아보거나 좀 더 기다려서 다음 해에 보내는 것도 고려해볼 수 있습니다.

언어발달

【 준서와 성연이 】

저는 신생아 시기부터 꾸준하게 노래를 많이 불러주고 들려주었어요. 자장가뿐만 아니라 동요 종류를 주로 들려주었는데, 비행기가 지나가면 〈비행기〉 노래를 불러주고, 자전거를 가지고 놀 때는 〈자전거〉 노래를 들려주는 식으로요. 이런 식으로 책을 보거나 말을 할 때 연관된 동요를 불러주기도 하고 악기를 가지고 같이 연주하기도 했어요. 생후 18개월경부터는 말을 리듬감 있게 많이 해주었어요. 예를 들어, "책을~ 읽으러~ 가자"라는 식으로 높낮이가 있는 노래처럼 반복해서 들려주었어요. 그리고 『꼬마야 꼬마야』, 『어디까지 왔니?』, 『까꿍놀이』와 같은 리듬감 있는 짧은 책을 노래하듯이 들려주었어요. 리듬감 있는 책을 읽어주면 아이도 좋아하고, 금방 익히고 따라하더군요. 그래서인지 저희 아이들은 남자아이치고는 둘 다 말이 빠른 편이었어요. 생후 20개월경에 아이들이랑 같이 방에 누워 있는데 성연이가 "기저귀 높이 있다"라고 말을 해서 깜짝 놀랐어요. 아직 문장을 말하는 시기는 아니었는데 단어를 몇 개 이어서 말한 적은 처음이었거든요.

저는 아이들이 말이 느는 것이 신기하고 재미있어서 많이 기록해둔 편이에요. 아이들의 언어발달 수첩 같은 것을 만들어서 기억해두는 것도 좋을 것 같아요.

【 건우와 태우 】

아이가 말을 시작할 무렵에 말놀이 동요나 말놀이 책을 많이 들려준 게 아이의 언어 확장에 도움이 된 것 같아요. 특히 〈구슬비〉, 〈누가누가 잠자나〉와 같은 동시로 만든 그림책을 보여주면서 노래를 불러주면 정말 좋아했어요. 그리고 돌 전부터 아이들에게 나팔이나 하모니카, 피리 같은 부는 악기류를 많이 주었는데, 이런 악기들이 아이들의 입 근육을 발달시켜서 말하는 데도 도움이 된다고 하더군요.

돌 이후부터 "엄마", "아빠"를 시작으로 생후 17개월경부터 단어들을 말하기 시작했어요. 처음에는 아가, 악어, 아과(사과)를 비롯해서 '아'로 시작하는 단어들부터 말하더니 점점 단어가 늘면서 발음도 정확해졌지요. 그런데 태우는 다양한 어휘를 쓰는 데 비해 발음이 어눌해서 다른 사람들은 태우 말을 잘 알아듣지 못하더라고요. 걱정이 되어서 유치원 선생님과 상담을 할 때 여쭈어보았는데, 다른 아이들에 비해 덜 또렷하긴 하지만 아이들의 언어는 급속히 발전하니 조금 더 지켜봐도 된다고 말씀해주셨어요. 하지만 태우는 자기 말을 잘 못 알아듣는 일이 반복되다 보니 조금만 못 알아들어도 화를 내기도 해요. 그럴 때는 천천히 말하라고 하고, 새로운 단어를 말하고 있으면 그 말이 어디서 나왔는지 상황을 이야기하게 해서 제가 유추해내고는 했어요.

쌍둥이의 언어발달

얼마 전 쌍둥이 옹알이 동영상이 큰 이슈가 된 적이 있었습니다. 말이 아닌 옹알이만으로도 쌍둥이 사이에는 대화가 된다는 점이 신기했기 때문입니다. 흔히 쌍둥이는 단태아보다 언어발달이 더 느릴 수 있다고 하는데 그 이유는 쌍둥이가 단태아보다 유아언어를 더 많이 사용하기 때문인 것으로 알려져 있습니다. 즉, 한 명이 아기언어를 사용해도 다른 한쪽이 그 아기언어를 이해하기 때문이라고 합니다. 그러나 쌍둥이라고 해서 반드시 말이 늦는 것은 아닙니다. 개개인의 차이, 환경적 영향이 있을 수 있으며, 단태아보다 말이 더 빠를 수도 있습니다. 그러므로 적당한 시기에 언어 자극을 반복하면 자연스럽게 언어발달을 이끌 수 있습니다.

언어발달의 단계

태어나서 생후 18개월까지

태어나서 생후 18개월까지는 소리에 민감한 반응을 보이는 시기이므로 아이에게 지속적으로 말 걸기를 하는 것이 좋습니다. 그런데 이 시기는 아이가 말을 못하는 시기이기도 해서 자칫 아이에게 말을 많이 걸지 않을 수도 있습니다. 기저귀를 갈 때, 우유를 먹일 때, 목욕할 때 등 다양한 상황에서 의식적으로라도 아이들에게 다정하게 말을 걸어보세요. 아이와 시선을 맞추고, 만약 아기가 옹알이로 응답을 하는 듯이 보이면 적극적으로 반응을 보여주세요.

이름을 불러주거나 주변 사물의 특징에 대해서도 자주 알려주세요. 그리고 아이한테 말을 걸 때는 다양한 표현으로 할 수 있도록 해보세요. 말 걸기 이외에도 노래를 불러주거나 반복적인 리듬이 있는 말들을 해주는 것도 좋습니다. 이 시기에 수다쟁이 엄마가 되라고 하는 이유는 엄마의 습관도 형성되기 때문인데요. 아이가 어릴 적에 말을 많이 하지 않는 엄마는 아이가 커서도 마찬가지일 수 있기 때문입니다.

생후 18개월부터 36개월 무렵까지

아이들마다 편차가 있긴 하나 18개월이 넘어가면 아이들은 단어들을 말하기 시작합니다. 간단한 단어의 경우는 아이가 말하지 못하더라도 알아들을 수 있기 때문에 언어 자극을 많이 주는 것이 좋습니다. 대부분의 아이들이 틀리게 발음하거나 알아듣기 힘들게 말합니다. 아이의 틀린 발음을 잘 기억하고 있다가 아이의 말에 빨리 반응해주는 것이 필요합니다. 그리고 다양한 언어 자극을 주기 위해 바깥에 나가서 여러 사물에 대해 설명해주세요. 이전보다 호기심이 훨씬 많아져서 아기의 탐색 욕구도 늘어납니다. 문장으로 말하는 것이 가능하기 때문에 사물의 이름만 일러주는 것에 그치지 말고, 사물과 동사를 연결한다거나 사물의 특징을 다양한 수식어로 표현하는 등 문장으로 이야기하면 더 좋습니다.

생후 36개월 이후

36개월 전후가 되면 못하는 말이 없을 정도로 여러 단어를 말하게 됩니다. 그러나 말을 많이 하는 것보다 어떻게 말을 하고 어떤 표현을 하는가가 훨씬 중요합니다. 생활 언어를 많이 사용하는 것보다 사고(생각)와 감정을 표현하는 언어를 많이 사용하는가가 언어발달의 기준이 됩니다. 그런데 여자아이에 비해 남자아이가 이런 부분이 더디고 덜 발달하기 쉽습니다. 그 이유는 남녀 간에는 언어력을 주관하는 뇌의 발달에 차이가 있기 때문입니다. 그러므로 남자아이에게는 더 많은 언어 자극을 주어야 합니다. 다소 귀찮더라도 생각과 감정을 표현할 수 있도록 도와주세요.

더 깊이 생각할 수 있도록 이끌고 질문을 많이 하는 것도 좋은 방법입니다. 손쉽게는 책을 읽어주면서 대화를 많이 하는 방법 등이 있을 수 있습니다. 중요한 것은 엄마 스스로도 다양하게 생각하기를 멈추어서는 안 된다는 점입니다. 아이의 호기심을 끊임없이 자극해주어야만 합니다. 천성적으로 호기심이 많은 아이들도 있지만 그렇지 않은 아이들도 있습니다. 아이가 사물에 호기심을 가져야만 그만큼 상상력과 창의력을 가질 수 있게 됩니다. 따라서 이 시기는 정말 중요합니다. 꼭 공부나 학습을 하라는 것이 아니라 아이에게 다양한 자극을 주어야 한다는 뜻입니다. 많은 곳을 돌아다니고 체험을 해보라고 하는 것도 이 때문입니다. 아이가 많은 것을 접하고 체험하게 되면 추상적으로 이해하는 것이 아니라 구체적으로 이해할 수 있게 됩니다.

언어발달을 도와주는 육아 원칙

아이들의 말을 반복하고 확장시켜준다

말문이 트이기 시작하는 시기는 아이들마다 개인차가 있습니다. 빠른 아이는 돌이 지나면서부터, 늦는 아이는 두 돌이 지나서 말문이 트이는 경우도 있습니다. 한번 말이 트이기 시작하면 아이들은 끊임없이 말하고 싶어합니다. 하지만 자기의 생각을 말로 익숙하게 표현하기 어렵기 때문에 말을 하려고 할 때 몹시 화를 내는 아이도 있습니다. 아니면 자기 말을 못 알아듣는 어른들에게 짜증을 내기도 합니다. 이 시기에 중요한 것은 아이가 말을 하기 시작하면 말을 다 끝낼 수 있도록 기다려주는 것입니다. 아이가 말을 끝냈다면 아이의 말을 반복하여 방금 한 말의 의미를 확인해주세요. 그리고 아이가 한 말의 앞뒤로 단어를 덧붙여서 아이의 말을 확장시켜봅니다. 이렇게 하면 아이의 말이나 표현력이 훨씬 좋아질 수 있습니다. 예를 들어, 아이가 "물 시원해"라고 말했으면 "응. 물이 시원하지?"라고 말한 뒤에 "응, 물을 냉장고에서 꺼냈더니 정말 시원하네" 하고 아이의 손을 병에 대며 "아이, 차가워, 정말 차갑다, 그렇지?" 하는 식으로 말을 하는 것입니다. 여기서 중요한 것은 아이 말에 항상 맞장구를 쳐주는 것입니다. "응, 그렇구나, 정말 그러네"와 같이 아이의 말을 일단 긍정해주면 아이는 더 자신감을 얻게 됩니다.

일상생활에서 외부환경에 대해 설명해준다

아이가 하나의 사물을 통해 다른 사물의 법칙이나 사물 간의 관계를 유추해내는 능력을 가지기 시작하는 시기는 아이마다 편차가 있긴 하지만 대략 두 돌 전후부터입니다. 엄마나 주 양육자가 아이가 새로운 사물을 접할 때 충분히 설명해주면 이해력이나 사고력도 함께 높아집니다. TV 프로그램이나 동영상을 보면서, 혹은 길을 걸어가다가 아이가 묻는 것들을 상세히 설명해주고, 아이의 호기심을 해결하면서 아이에게 이를 이해하고 표현할 수 있도록 도와주세요.

아이의 관심분야가 있다면 더 자극을 해준다

아이가 관심 있어 하는 분야가 있다면 더 자극을 해주도록 하세요. 우리는 종종 좋아하는 외국 스포츠를 보다가 그 분야 영어를 다 익혔다는 아이들의 사례를 들을 수 있습니다. 아니면 일본 애니메이션을 좋아하는 아이가 애니메이션을 보며 일본어를 어느 정도 익히기도 하고요. 이는 외국어나 우리말 모두 마찬가지입니다. 관심이 있는 분야는 누구나 더 집중을 하게 되어 있습니다. 순간 집중력이 높아지면 습득의 속도가 더 빨라질 수밖에 없습니다. 아이가 좋아하는 관심분야가 있다면 그 부분을 더 자주 들려주고 보여주도록 하세요. 예를 들어, 아이가 자동차에 관심이 많다면 자동차와 관련된 용어를 많이 들려주고 자동차 책을 보여주면서 연관단어를 들려줍니다. 소방차, 구급차, 병원차, 트럭, 요트, 배 등 교통수단과 관련된 단어들과 그림을 더 많이 보여주고 이 단어와 관련된 표현들을 알려줍니다. 소방차-빨간색-삐뽀삐뽀-소방관-불, 이런 식으로 연관단어를 확장해서 알려주고 말할 수 있게 자극을 주세요. 이런 연관단어 자극하기는 유추능력을 길러줍니다. 형태적 유사성, 사물의 특성을 연결시키는 능력까지 기를 수 있답니다.

말과 노래를 병행해서 자극을 준다

언어를 습득하는 과정은 어차피 단어를 외우는 과정이어서 암기력이 필요합니다. 많이 들은 단어는 나중에 말하기 쉽지만 많이 듣지 못한 단어는 몇 번 들어도 외우지 못합니다. 그러므로 다양한 표현을 쓰는 것이 중요합니다. 그런데 그냥 단어를 익히는 것보다 노래로 단어를 익히는 것이 훨씬 더 쉽고 빠릅니다. 특히 노래를 반복해서 들으면 암기력이 더 좋아집니다. 따라서 단어를 말해줄 때는 관련된 노래도 함께 들려주면 더 좋습니다. 자전거에 대해서 이야기했으면 "따르릉 따르릉 비켜나세요", 소방차를 이야기했으면 "불났어요, 불났어요. 삐뽀삐뽀" 하는 식으로 노래를 함께 들려줍니다.

계절의 변화와 연계해서 언어 자극을 준다

아프리카의 어느 나라는 사용하는 단어가 200개도 채 안 되는 곳이 있다고 합니다. 200개의 단어로 의사소통을 할 수 있는 것은 그만큼의 단어만으로도 의사소통이 되기 때문이겠지요. 그런데 그 이유 중 하나는 계절의 변화가 없기 때문이기도 합니다.

계절의 변화가 없으니 계절과 관련된 여러 표현들도 필요 없으니까요. 사계절의 변화가 뚜렷한 우리나라는 계절과 관련된 다양한 단어들이 있습니다. 따라서 사계절과 관련된 단어들을 아이들에게 계절마다 들려주고 설명해주는 것이 좋습니다. 예를 들어, 가을이라면 허수아비, 낙엽, 단풍, 은행잎 하는 식으로 중심단어와 그 단어와 관련된 표현들을 다양하게 들려줄 수 있습니다.

아이의 질문에 최대한 성의 있게 대답한다

아이들은 일상생활에서 다양한 체험을 함으로써 언어발달과 함께 이해력도 폭발적으로 발달합니다. 그러다 보니 궁금한 것도 많아지고, 끊임없이 질문하기 시작하지요. "엄마, 이건 뭐야?", "왜 그런데?" 등등 질문이 쏟아집니다. 대부분의 엄마들이 아이의 질문에 처음에는 의욕적으로 대답해주지만 조금만 지나면 금방 지치고 맙니다. 게다가 쌍둥이 엄마는 두 아이가 질문을 하니 그만큼 더 빨리 지치기 마련이지요.

언어발달은 단순히 언어의 발달 문제가 아니라 세계를 이해하는 방식, 즉 사고력과 관련이 있습니다. 따라서 아이의 사고력을 늘려주고 싶다면 사물과 사물의 관계 등을 이해할 수 있도록 도와줘야 합니다. 그러기 위해서는 아이의 답변에 성의 있게 대답해주는 것이 큰 도움이 됩니다. 되도록 "몰라"라는 대답을 하기보다는 "왜 그럴까?", "○○는 어떻게 생각해? 왜 그런 것 같지?" 등으로 아이에게 질문을 돌려 아이 스스로 생각해볼 수 있게 해보세요. 또한 과거에 일어난 일들을 정리해서 연결시켜 말해주는 것도 도움이 됩니다. 예를 들어, 비행기에 대해 이야기하면서 아이가 "엄마, 비행기"라고 말을 하면 "응. 비행기구나. 우리 지난 설에 비행기 타고 할아버지네 집에 갔었지? 비행기는 멀리 떨어진 곳에 갈 때 타고 가는 거지?"와 같은 식으로 아이가 과거에 경험했던 일들과 연관시켜 답변을 해주는 것도 좋습니다.

스스로 말할 수 있게 기다려준다

아이에게 반복적으로 여러 번 말해주는 것이 좋으나, 아이가 말할 수 있는 기회를 주는 것도 중요합니다. 아이들은 요구사항이 있을 때 말을 하게 되는데, 만약 엄마가 다 알아서 해준다면 아이가 말할 기회가 줄어들 수밖에 없겠지요. 그런데 아이가 처음부터 정확한 발음으로 말하지는 못합니다. 말을 처음 시작하는 단계에서 발음이 정확하지 않은 것은 크게 걱정할 필요가 없습니다. 물론 5~6세가 넘어서까지 발음이 불분명하다면 문제가 있을 수 있으니 언어치료를 받는 게 좋지만 이 시기에는 대부분의 아이들이 조음능력이 정확하지 않습니다. 만약 아이의 발음이 이상해서 단어를 못 알아들으면 그 단어를 유추할 수 있도록 물어보고, 너무 계속 물어보면 아이가 짜증을 낼 수 있으니 되도록 빨리 단어를 알아낼 수 있도록 하세요.

책을 많이 읽어준다

책을 많이 읽어주면 언어가 발달하고 상상력도 길러집니다. 흔히 아이가 글을 알게 되면 책을 안 읽어주는 엄마들도 있는데 책은 아이가 글을 읽게 되더라도 계속 읽어주는 것이 좋습니다. 그 이유는 아이가 그림을 통해 이야기를 읽게 되면 상상력을 자극할 수 있는데 글을 통해 이야기를 읽게 되면 문자에 더 집중하게 되어 그림을 통한 상상력 자극이 줄어들 수밖에 없기 때문입니다.

 언어발달

Q 아이들이 말이 늦어요. 어떻게 해야 하나요?

A 대체로 언어발달에 있어서는 여자아이들이 남자아이보다 빠른 편인데요. 이는 뇌량이 남자아이에게 더 적고, 여자아이는 언어신경이 좌우에 퍼져 있는데 반해 남자아이는 한쪽에만 있기 때문이라고 합니다. 그러므로 남자아이의 경우 운동발달이 너무 늦지 않고 말귀를 알아듣는다면 적어도 두 돌까지는 기다려줄 필요가 있습니다. 또한 쌍둥이를 연구한 결과에 따르면 쌍둥이들은 유아언어로 둘만의 의사소통이 가능하기 때문에 오히려 말이 늦어질 수 있다고 합니다. 그러니 언어발달에 있어 쌍둥이 엄마가 이 시기에 해야 할 가장 중요한 일은 아이가 유아언어로 이야기할 때 정확한 단어를 알려주고 반복해서 말해주는 것입니다. 아이의 발음이 불분명한 경우에도 "무울, 물 말하는구나"라는 식으로 정확하게 천천히 말해줍니다. 엄마는 아이가 말하고 있는 불분명한 말을 잘 기억했다가 아이가 다음에 말할 때 빨리 알아채야 아이도 짜증을 내지 않게 됩니다. 그리고 엄마가 자신의 말을 알아듣고 있다고 생각해야 아이도 다음에 또 기억해서 그 사물의 이름을 말할 수 있습니다.

아이의 언어발달이 또래에 비해 늦다고 생각되면 먼저 엄마가 말을 적게 하는 편은 아닌지 생각해보기 바랍니다. 사실 육아에 지친 쌍둥이 엄마들은 아직 말이 서툰 아

이들과 대화하기가 쉽지 않습니다. 하지만 그럴수록 엄마는 엄마대로 말없이 지내서 우울해지고 아이들은 심심해합니다. 엄마가 의식적으로라도 말을 많이 해보세요. 책을 많이 읽어주거나 노래를 많이 들려주는 것도 도움이 되며, 아이가 원하는 책을 반복적으로 리듬을 살려서 읽어주는 것 또한 좋은 방법입니다. 말문이 트이는 돌 전후에는 하모니카나 나팔, 피리 등의 악기가 말하기에 도움이 되는 입 주위의 소근육을 발달시켜준다고 하니 악기놀이를 하거나 엄마와 함께 '아', '오', '이' 등의 소리를 내어보는 놀이를 하는 것도 좋겠습니다.

아이가 말을 잘하지 못하더라도 의사표현에 반응을 해주어야 하며, 친숙한 사물의 이름을 반복적으로 말하며 대화를 이끌어가야 합니다. "우리 밥 먹자", "밥 먹어야 하니까 손 씻을까?", "자, 그럼, 밥 먹게 자리에 앉으세요", "오늘 저녁밥은 뭘까?" 등 아이가 대답을 제대로 할 수 없을지라도 아이에게 반복적으로 사물이나 상황을 알려주고 아이가 아는 단어를 끌어낼 수 있도록 대화를 이끌어가는 것이 도움이 됩니다.

Q 세 돌이 되어가는데 단어 수준의 말밖에 하지 못합니다. 어떻게 하면 좋을까요?

A 일반적으로는 생후 18개월경이 되면 말귀를 알아듣고, 단순한 문장으로 말하면 알아듣고 심부름을 할 수 있으며, '엄마', '아빠' 외에도 5개 정도의 단어를 구사하기 시작합니다. 두 돌 전후로 아이들의 말이 크게 늘어서 보통 30개월이 되면 두 단어를 연결해서 "물 주세요"라든가 "○○가 무엇을 했어"라는 정도의 문장을 구사할 수 있게 됩니다. 말이 늦다고 너무 조급하게 생각할 필요는 없지만, 기본적인 영유아검진 때 아이의 언어발달이 조금 느린 것 같다는 이야기를 듣는다면 언어 자극을 더 많이 줄 수 있도록 노력하고, 생후 30개월이 넘어서도 유아언어 몇 가지 정도만 하는 정도라면 발달전문센터에서 전문적인 검사를 받아보는 것이 좋습니다.

만약 아이가 말이 늦다고 생각된다면 언어 자극을 많이 해줄 필요가 있습니다. 또한 아이의 말문이 터지는 시기를 놓치지 말고 언어발달을 도와주도록 하세요. 이때 사물에 대한 호기심을 많이 자극해주고 다양한 경험을 쌓을 수 있도록 도와주는 것이 좋습니다. 이 시기부터는 책을 통해 다양한 사물 인지를 할 수 있도록 이끌어주세요. 아이가 처음 보게 되는 사물이 있을 경우 자세하게 사물에 대해서 설명해주는 것도 좋은 방법입니다.

Q 두 아이 간 행동발달 차이가 너무 큽니다. 어떻게 해야 할까요?

A 한 아이만 키우는 것과는 다르게 두 아이를 동시에 기르다 보니 두 아이 간의 발달 차이가 엄마한테는 더 크게 느껴질 수 있습니다. 예를 들어, 생후 10개월에 걷는 아이와 생후 16개월에 걷는 아이를 같이 양육하다 보면 16개월에 걷는 아이가 큰 문제가 있는 것은 아닐까라는 걱정부터 하게 됩니다. 하지만 걷는 것은 생후 8개월부터 16개월 사이에 완성되는 행동발달 사항이니 크게 걱정할 필요가 없습니다. 생후 16개월 이상이 되었어도 아이가 걷지 않는 데는 여러 가지 원인이 있다고 합니다. 운동발달이 늦은 아이가 있는 반면 평형감각이 부족하여 섰을 때 두려움을 느끼는 아이들도 있습니다. 아이의 발달이 의심된다면, 먼저 출생 시에 받은 아기수첩 뒤편을 보면

월령별 기본 발달사항이 나와 있으니 체크해보기 바랍니다. 우리 아이가 조금 쳐진다고 생각되면 그에 맞는 놀이법을 같이 해줌으로써 아이 발달을 도와줄 수 있습니다. 두 아이의 발달 차이가 커 보이는 이유는 아이들의 발달이 단기간에 완성되는 것이 아니고, 걷는 것만 해도 8개월의 큰 차이가 있듯이 넓은 폭으로 완성되기 때문입니다. 두 아이의 발달 차이보다 그 시기에 맞는 발달을 하고 있는지 체크해보고, 아이 발달이 너무 늦다고 생각되면 아동발달에 관한 센터들이 많이 있으니 가까운 곳을 찾아 상담 받으세요.

쌍둥이는 경쟁적으로 태어난 아이들입니다. 이 시기 아이들은 서로 엄마를 차지하려 해서 엄마를 난감하게 하지요. 하지만 엄마는 쌍둥이를 모두 품어주어야 합니다. 건강한 애착 형성의 요령을 담았으니 참고해보세요. 아이들이 싸울 때 중재하는 법, 공평하게 대하는 법, 칭찬의 요령 등 쌍둥이만의 문제상황과 감정코칭법도 소개합니다.

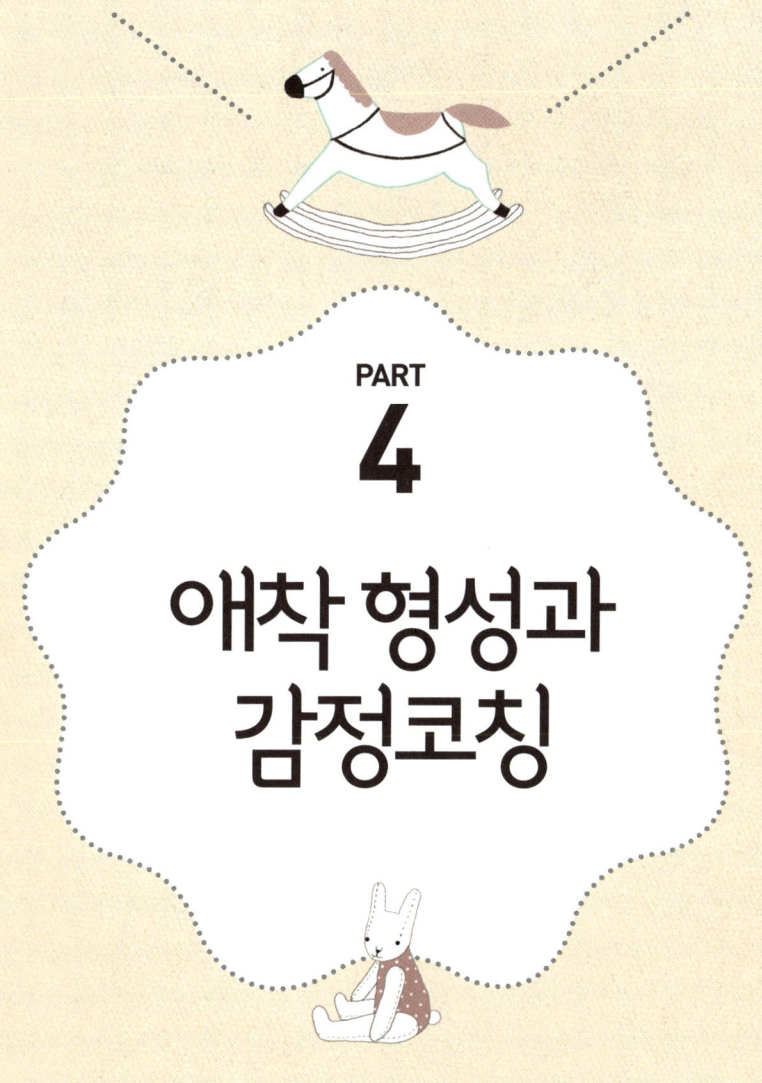

PART 4

애착 형성과
감정코칭

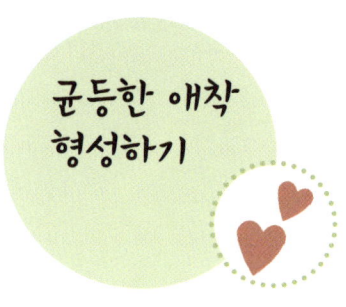

균등한 애착 형성하기

엄마를 서로 차지하려는 아이들

이 시기에 쌍둥이를 키우는 방식은 다양합니다. 엄마 혼자 쌍둥이를 돌보는 경우도 있고, 엄마와 할머니가 쌍둥이를 같이 돌보는 경우, 엄마와 도우미가 같이 돌보는 경우, 엄마 이외에 다른 제3자(도우미나 할머니)가 두 아이를 돌보는 경우도 있습니다. 어떤 경우이든 엄마를 차지하려는 아이들로 인해 문제가 발생하기 마련입니다만, 이를 어떻게 해결하는지가 중요합니다.

도우미나 시댁, 친정의 도움을 받고 있다면 각자 한 아이를 전담하는 양육방식이 일반적인데, 이때 엄마가 전담하는 아이와 애착이 더 많이 형성될 수 있습니다. 엄마의 관심과 애정을 상대적으로 덜 받는 아이는 욕구불만이 생기거나 피해의식이 다른 형태로 나타날 수도 있습니다. 예를 들어, 엄마가 전담하는 아이를 자주 때리거나 무는 일이 생길 수도 있고, 떼를 더 많이 쓰기도 하며, 손가락 빨기에 집착하거나 폭력적인 성향이 나타날 수도 있습니다.

이를 예방하기 위해서는 엄마의 노력이 무엇보다 중요합니다. 엄마가 두 아이 모두 사랑하고 있음을 끊임없이 표현해야 합니다. 한 아이는 엄마, 한 아이는 할머니나 도우미가 키우는 상황일지라도 한 아이만 전담해서 데리고 자지 않고 번갈아가면서 재우고, 번갈아가며 아이를 돌보는 것이 좋습니다. 물론 한 아이와 익숙해지는 것이 엄마나 다른 양육자에게 편한 것은 사실이지만, 소외된 아이의 문제는 머지않아 드러날 수 있습니다. 아이가 엄마를 혼자만 차지하려 한다든가, 혹은 소외감을 느끼지 않도록 노력해야 합니다.

쌍둥이들은 처음부터 경쟁적으로 태어난 아이들입니다. 엄마와 밀접한 관계를 유지하려 하고 엄마를 차지하기 위해 자주 다투기도 합니다. 아기 때는 자신을 먼저 안고 더 많이 안아달라고 울음으로 표현하고, 점점 더 자랄수록 서로 엄마의 사랑을 비교하고 확인하려 애쓰며, 엄마에게 더 잘 보이려고 노력하기도 합니다. 할머니나 도우미 등 다른 사람과 함께 양육할 경우, 엄마의 관심을 포기하고 다른 사람(할머니/도우미)에게 더 집착하는 일도 생겨서 나중에 엄마와의 관계를 회복하기 힘든 경우도 있습니다. 그럴 때는 외출할 때 엄마가 그 아이만을 데리고 나가거나, 의식적으로 주말에 그 아이 위주로 돌보면서 아이와의 관계를 돈독하게 만들어나가야 합니다.

주 양육자가 엄마 혼자인 경우

이 경우는 상대적으로 한 아이가 피해의식을 갖게 되는 일이 덜할 수 있습니다. 아이들 또한 엄마를 인식하고부터 늘 엄마가 혼자 키워왔기 때문에 두 아이가 엄마를 나누는 것에 대해 당연하게 받아들일 수 있습니다.

하지만 엄마가 혼자서 둘 이상의 아이를 동시에 돌보기 어려운 때도 있지요. 예를 들어, 두 아이가 모두 엄마에게 안기기를 원하면서 울고 있을 때 엄마는 두 아이를 동시에 안아줄 수 없습니다. 우는 아이들이 안쓰러워 무리해서 둘을 한꺼번에 안아주거나 안고 업기도 하지만, 아이가 자라면 그러기가 힘들어집니다. 일반적으로 엄마는 더 많이 울고 끈질기게 보채는 아이를 더 많이 돌보기 마련입니다. 이런 상황이 반복될수록 순한 아이가 매번 양보하게 되는데, 순한 아이가 양보하는 것이 당연한 상황이 되는 것도, 매번 순한 아이에게 네가 착하니 양보해라 혹은 양보해서 착하다고 이야기하는 것도 은연중에 아이의 욕구를 억압하는 것입니다.

두 아이가 같이 안아달라고 하는데 그럴 수 없는 상황이라면, 차례차례 안아주겠다고 말해주세요. 말을 알아듣지 못하더라도 번갈아 안아주기를 수차례 해보면 아이는 다음에는 자기 차례가 돌아온다는 것을 이해하고 기다릴 줄 알게 됩니다. 아니면 앉아서 둘을 안아주는 방법으로 습관을 들일 수도 있습니다. 대부분 둘이 같이 안으라고 할 때는 자고나서 엄마를 찾을 때가 많은데, 이때도 같이 누워서 토닥이며 처음부터 안아주지 않는 버릇을 들일 수도 있습니다. 두 아이를 같이 재울 때도 엄마를 차지하기 위해 다툼이 일어날 때가 많은데, 엄마가 자기만을 안아주기를 바라면서 잠투정을 하는 경우도 많습니다. 아이를 재울 때는 처음부터 각자의 잘 자리를 미리 정해주거나, 담요나 베개, 인형 등 아이가 잠들 때 의지할 수 있는 물건을 마련해주는 것도 도움이 될 수 있습니다.

아이들이 지나치게 엄마와만 있게 되면 낯가림이 심해져 다른 사람에게는 잘 가지 않고 엄마와 한시도 떨어지지 않으려 할 수도 있습니다. 물론 아이의 기질에 따라 다르지만, 이런 아이들일수록 억지로 엄마와 떨어뜨리려 하지 말고, 친척집이나 친구집에 자주 놀러가는 등 다른 또래 아이들과 놀 수 있는 기회를 많이 가지는 것이 좋습니다.

한편, 엄마가 혼자서 양육을 도맡으면 육아와 가사노동의 부담으로 인해 아이들에게 화를 내거나 육아 스트레스를 많이 받을 수 있습니다. 무엇보다 엄마가 건강해야 아이들을 즐겁게 보살필 수 있습니다. 앞에서도 말했지만, 아이들을 기관에 보내기 전까지는 어떤 방법으로든 육아 혹은 가사를 도움 받을 수 있는 경로를 마련하는 것이 좋습니다. 아무도 도와줄 수 없는 형편이라면, 집안일을 최소한으로 줄이거나 아이들을 조금 더 일찍 육아기관에 보내는 방법도 고려해볼 수 있습니다.

엄마 혼자 아이들을 돌볼 때는 의도적으로 아이들에게 더 많이 이야기하고 칭찬하고 스킨십을 해주도록 노력해야 합니다. 살림과 육아를 병행하다 보면 아이들의 작은 행동 하나하나를 다 보기도 힘들고, 아이들을 안아주거나 따뜻한 말 한마디 하기가 쉽지 않습니다. 이맘때의 아이들은 엄마의 표정, 말, 행동에서 사랑을 읽고 느끼므로 의도적으로라도 아이들에게 예쁘다, 착하다, 고맙다는 칭찬을 많이 하고, 틈틈이 아이들을 안아주고 뽀뽀해주는 등 스킨십을 많이 해주도록 노력해야 합니다.

- 쌍둥이들은 각각 엄마와 애착형성이 필요하므로 틈틈이 한 아이씩 단독시간을 가지는 것이 좋습니다.
- 아빠가 퇴근한 후나 주말에는 한 명씩 교대로 안고 목욕을 시키거나, 번갈아가며 한 아이에게 엄마는 엄마대로 아빠는 아빠대로 더 많은 스킨십을 해주어야 합니다.
- 아이가 조금 더 자라서 엄마를 차지하고 싶은 욕구를 말로 표현하는 시기가 되면, 외출 시에 아빠와 번갈아가며 한 아이를 맡아 누구와도 나누지 않고 혼자서 온전히 엄마를 독차지할 수 있는 시간을 주어 아이가 충만감을 느낄 수 있게 해줍니다.
- 둘 다 엄마에게 매달리거나 울며 보채는 상황이 아닐 때, 더 신경 써서 순한 아이를 챙기도록 합니다.

주 양육자가 엄마와 할머니인 경우

할머니가 한집에 살면서 돌보는 경우도 있고, 출퇴근 하듯 집에 와서 같이 돌보는 경우도 있습니다. 쌍둥이를 키우는 집에서는 이런 경우가 많은 편입니다. 그런데 할머니와 아이를 키우면 자연스럽게 각자 한 아이를 전담하게 됩니다. 도우미는 엄마의 의지만 있다면 한 아이씩 번갈아가며 돌보거나 데리고 잘 수 있지만, 할머니와 같이 돌보는 경우에는 엄마가 목소리를 높이기가 쉽지 않습니다. 조금 더 편한 아이를 할머니가 돌보게끔 하는 경우도 있고, 할머니가 좋아하는 손자나 손녀를 도맡아 보는 경우도 있습니다.

언제 관둘지 모르는 도우미와는 달리 양육자가 바뀌는 스트레스는 없을 수 있으나, 아이가 엄마보다 할머니와 애착관계가 더 깊어지기도 합니다. 두 돌 정도까지는 아이가 엄마와 떨어져 할머니와 잘 있어주면 엄마는 수월하고 고맙지만, 아이가 자랄수록 엄마와의 애착형성이 안 되는 문제가 드러날 수 있습니다. 할머니가 없는 시간을 견디지 못하고 엄마에게 투정을 부리고 떼쓰거나, 할머니가 감싸주거나 편을 들어주어 아이는 잘못을 하고도 할머니 품으로 달려가 엄마가 제대로 훈육하지 못하는 경우도 있습니다. 엄마는 엄마대로 할머니를 더 찾는 아이에게 서운한 감정을 느끼고, 그럴수록 자신에게 오는 아이가 더 예뻐지면서 두 아이에게 고른 사랑을 주기 힘들어지는 일도 있습니다. 할머니 또한 자신이 돌보는 아이를 편애해서 문제가 발생할 수도 있고요.

울 때마다 할머니가 달래준 아이라면, 할머니가 없을 때 할머니를 찾는 것은 당연하며, 할머니 등에서 잠드는 습관을 가진 아이라면 졸릴 때마다 할머니 등을 찾을 것입니다. 하지만 할머니가 언제까지 엄마를 대신할 수는 없으므로 엄마의 노력이 더욱 중요합니다. 할머니가 한 아이를 도맡아 돌보더라도, 두 아이가 동시에 울며 보채는 경우가 아니라면 아이가 엄마를 필요로 할 때 엄마가 먼저 달려가 아이의 문제를 해결해주도록 하세요. 그리고 요리나 설거지 같은 많이 힘들지 않은 일은 할머니에게 부탁하고, 엄마가 두 아이와 같이 놀아주는 시간을 틈틈이 가지는 것이 좋습니다. 이미 할머니와 애착이 형성되어 할머니와 떨어지기 싫어하는 경우라면, 억지로 할머니와 떼어놓지는 마세요. 아이에게 할머니는 이미 엄마와 같은 존재이므로, 무리해서 떼어놓으려 하면 아이에게는 상처가 될 수 있습니다. 생후 36개월이 지나 아이가 기관에 다니기 시작하면 할머니의 방문횟수를 줄이면서 할머니가 없는 시간에 엄마가 더 많이 놀아주면서 엄마의 자리를 서서히 찾아가는 것이 바람직한 방법입니다.

또한 할머니와 함께 아이들을 키울 때 육아방식의 차이로 부딪히는 경우도 많습니다. 울 때마다 우유를 준다거나 아이를 내내 업고 다닌다든가, 아직 먹이기 이른 음식을 주는 문제와 같이 아이가 어릴수록 엄마들은 이런 문제로 스트레스를 받을 수 있습니다. 하지만 혼자서 키울 자신이 없고 할머니의 도움을 받기로 계획했다면, 책에 나오는 최근의 육아방식만을 고집하는 것보다는 옛 어른의 의견도 존중해야 합니다. 먹이고 입히고 재우는 문제보다는 아이에게 사랑을 주는 것이 더 중요하다는 점을 기억하세요. 단, 엄마가 고수하고자 하는 육아원칙은 처음부터 알려드리고 협조를 구하도록 합니다. 여건이 된다면 육아책이나 TV 육아프로그램도 같이 시청하면서 엄마의 의견을 조금씩 피력하는 것도 한 방법입니다. 그럼에도 엄마의 의사나 육아방식을 전혀 받아들일 준비가 되지 않은 할머니라면, 서로의 관계가 더 악화되고 스트레스만 받을 수도 있으므로 도우미나 기관을 고려해보는 것이 더 바람직합니다.

주 양육자가 엄마와 도우미인 경우

시댁이나 친정에서 도움을 받기 어려울 때 가장 많이 선택하는 유형이며, 경제적으로 가장 많은 지출을 하면서도 엄마가 스트레스를 받는 문제가 자주 발생합니다.

많은 엄마들이 도우미가 아이들을 잘 돌보아주기를 바라면서도 아이가 엄마보다 도우미와 더 친밀한 관계가 되는 것을 내심 두려워합니다. 하지만 도우미 역시 한 아이를 전담하여 보는 일이 많아지기 때문에 이런 상황에서 엄마가 두 아이와 애착관계를 성공적으로 형성하는 것은 쉽지 않을 수도 있습니다.

애착관계 없이 아이를 잘 키우기는 어렵습니다. 도우미와 아이와의 애착형성은 분명 필요한 일입니다. 그럼에도 도우미와의 애착이 두려운 이유는, 무엇보다 도우미는 할머니와는 달리 남이며, 아무리 좋은 사람이고 아이를 예뻐한다 해도 언젠가는 그만둔다고 생각하기 때문입니다. 게다가 실제로 도우미를 장기간 오래 쓰는 경우보다는 여러 번 교체하는 일이 더 많습니다.

입주 도우미를 쓰는 경우라면 밤에 잘 때는 엄마와 도우미가 아이들을 번갈아가면서 데리고 자는 것이 좋습니다. 그리고 밤잠을 길게 자거나 잠투정이 없는 편이라면 엄마가 쌍둥이를 데리고 자는 것이 아이들의 정서를 위해서도 좋습니다. 출퇴근 도우미 역시 한 아이만 전담해서 돌보게 하는 것은 좋지 않습니다. 도우미와 자주 부딪히는 문제 중 하나가 쌍둥이를 돌보는 조건으로 도우미를 구했음에도, 도우미가 한 아이만 돌보게 되어 으레 다른 아이는 엄마가 돌보게 되는 경우입니다. 한 아이를 돌보는 도우미보다 더 많은 비용을 지불하는데도 도우미가 한 아이만 본다고 불평하는 일이 종종 있는데, 이는 처음부터 엄마가 두 아이를 번갈아가며 보게 하지 않아서 생긴 일일 수도 있습니다. 처음부터 아이를 번갈아 돌보지 않으면, 엄마가 해주는 게 습관이 된 아이가 도우미를 거부하고 어떤 상황에서도 엄마한테 하라고 요구하고, 반대로 도우미가 주로 돌보는 아이는 주말마다 도우미와 헤어지는 것으로 주말 내내 힘들어 할 수도 있습니다.

입주 도우미건 출퇴근 도우미건 처음부터 두 아이를 다 보는 것을 분명하게 이야기하고, 엄마가 먼저 번갈아 아이를 맡아보면서 도우미들이 엄마의 방식을 따라오게 하는 것이 중요합니다. 처음에는 번거롭고 더 힘들 것 같지만, 도우미에게 너무 의존하지 않는 것이 도우미를 교체하거나 도우미가 그만둘 때 보다 수월하며, 엄마도 아이도 크게 스트레스 받지 않을 수 있습니다.

이미 도우미와 애착이 형성되어 엄마보다 도우미를 더 잘 따르는 아이가 있다면, 할머니와의 애착과 마찬가지로 엄마는 기다려야 합니다. 도우미와 애착이 너무 심해서 도우미를 관두게 해야겠다고 생각해서는 안 됩니다. 조금씩 아이와 보내는 시간을 늘리고, 도우미는 육아에서 가사로 전환하도록 엄마가 노력해야 합니다. 어느 시기가 되면 아이는 당연히 엄마를 찾고 엄마를 더 좋아하게 되므로, 엄마보다 남을 더 좋아해서 어쩌나 하는 불안감이나 내가 엄마인데 남보다 못하다는 자책감을 가질 필요는 전혀 없습니다.

주 양육자가 엄마가 아닌 경우

엄마가 직장을 다니거나 혹은 다른 사정으로 아이를 전담하여 키울 수 없을 때, 도우미나 할머니 등 제3자가 주 양육자가 됩니다. 엄마의 근무시간이 일정치 않거나 혹은 너무 길어서, 아이들을 각각 다른 곳에서 키우고 주말에만 엄마를 만나게 되는 경우도 있습니다. 엄마가 직장에 다니고, 할머니가 주 양육자이면서 도우미를 쓰는 경우라면 아이들은 대부분 할머니와 애착관계가 주로 형성되면서 엄마의 역할을 할머니에게 기대할 수 있습니다. 이 경우는 할머니와 도우미의 관계정립과 역할분담이 분명히 되지 않으면 또 많은 문제를 일으키기도 합니다. 할머니가 도우미에게 육아와 가사의 힘든 부분은 다 부담시키면서 지시나 간섭만 한다면 이 관계는 잘 유지될 수 없습니다. 엄마 입장에서도 두 사람이 각자의 입장만을 주장하고, 서로의 불만을 엄마에게 토로할 수 있으므로 상당히 곤란해집니다. 처음부터 도우미와 할머니의 역할분

담을 명확히 하고, 엄마는 두 사람 사이에서 균형을 잃지 않고 포용할 것은 포용하고 선을 그어야 할 것은 분명히 해야만 이 관계가 지속될 수 있을 것입니다.

도우미에게 두 아이를 맡기기로 했다면, 도우미의 선택에도 신중을 기해야 합니다. 엄마나 할머니가 같이 있는 경우가 아니므로 무엇보다 솔직하고 성실하며 아이들을 좋아하는 도우미를 찾는 것이 우선입니다. 도우미에게 엄마 역할을 부탁해야 하므로 집안일보다는 아이가 우선임을 반드시 숙지하게 해야 합니다. 엄마 혼자 아이를 보면서 가사를 한다고 생각해보면 집안일을 하는 동안 아이에게는 소홀해질 수밖에 없습니다. 도우미가 주 양육자인 경우에는 아이들과의 애착관계가 보다 친밀해지는 것은 당연하므로 퇴근한 엄마가 아이들에게 다가서려 할 때 아이들이 거부하는 일도 있을 수 있습니다. 서운한 것은 당연하지만, 무리해서 아이들을 도우미로부터 떼어놓는 일은 하지 않는 것이 좋습니다. 입주 도우미의 경우 한 명씩 번갈아 데리고 자거나, 잠투정이 심해서 다음날 엄마의 일에 지장을 줄 정도가 아니라면 두 아이를 재우는 것은 엄마가 맡는 것이 좋습니다. 엄마가 직장에 나가는 그 순간부터 저녁에 퇴근해서 아이를 맡아 보는 부분을 분명히 정해두는 것이 도움이 됩니다. 목욕은 엄마가 꼭 시킨다거나, 자기 전에 동화책은 엄마가 반드시 읽어주고 잠을 재운다거나 하는 식으로 엄마의 역할을 정해두고 엄마의 존재감을 아이들에게 각인시켜주는 것이 좋습니다.

피치 못한 사정으로 아이들만 떨어져서 사는 경우라면, 나중에 아이들과 다시 살게 될 때 여러 가지 문제들이 생길 수도 있음을 고려해야 합니다. 36개월 전에 엄마와의 애착형성이 안 된 아이들은 주말마다 아이들을 찾는다 해도 아이들과 엄마가 친해지는 데는 오랜 시간이 걸릴 수도 있습니다. 또한 나중에 같이 살게 되었을 때 엄마는 아이들을 돌보는 경험이 없거나 아이의 성향을 파악하지 못해 힘겨움을 느끼기도 합니다. 이 경우에는 주말마다 아이들과 함께 몸놀이를 하며 아이들과 친숙해지는 것이 가장 좋은 방법입니다.

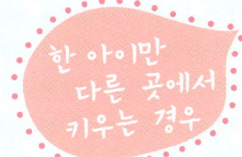
한 아이만 다른 곳에서 키우는 경우

드물게 한 아이만 시댁이나 친정에 맡겨 키우는 경우가 있습니다. 이는 엄마와의 애착관계를 형성할 기회를 처음부터 박탈하는 것이며, 언젠가는 다시 데려와야 하므로 아이에게 있어 또 한 번의 이별의 아픔을 경험하게 하는 일입니다.

나중에 두 아이를 같이 키우게 되었을 때 원래 키우던 아이와 나중에 데리고 온 아이 모두 스트레스를 받게 됩니다. 원래 키우던 아이는 자신만의 엄마를 다른 아이와 공유해야 하는 것에 대해 힘들어할 것이고, 주 양육자와의 헤어짐만으로도 큰 상처였던 아이는 낯선 환경에서 적응해야 하는 스트레스와 주 양육자가 없다는 불안감으로 힘들어할 수 있습니다. 엄마 역시 다른 곳에서 키운 아이를 먼저 배려하다가 원래 키우던 아이에게 상처를 줄 수도 있습니다. 일정기간 떨어져 있었던 아이의 습관이나 방식들이 엄마의 양육방식과 크게 달라 힘들거나, 직접 키운 아이보다 정이 가지 않아 엄마가 미안해하기도 합니다.

이런 경우에는 엄마가 키운 아이에게만 양보를 강요해서는 안 되며, 두 아이를 모두 품어주어야 합니다. 또한 떨어져 지내는 동안에도 가능한 한 두 아이를 주말마다 함께 있게 하고, 집에 있는 아이에게 늘 다른 아이의 존재에 대해 잊지 않도록 많은 이야기를 해주는 것이 좋겠습니다. 만약에 꼭 쌍둥이를 따로 키워야 하는 경우라면 아이를 번갈아 맡기는 것도 한 방법일 수 있습니다.

부득이하게 따로 키웠다면 조금이라도 일찍 데려오는 것이 좋겠지만, 아이가 분리불안이 심한 시기이거나 주 양육자와의 이별을 너무 힘들어한다면 조금 더 기다려줄 필요가 있습니다. 다시 합치는 시기에는 지금껏 키워준 분이 집에 얼마간이라도 있으면서 아이의 불안을 다독여주며 적응할 수 있도록 도와주는 것도 좋습니다.

그러나 한 아이가 장기간 입원을 하거나 격리시켜야 하는 경우가 아니라면, 따로따로 키우는 일은 피해야 합니다. 조금 더 일찍 기관의 도움을 받더라도 가능하면 한 곳에서 키우는 것이 제일 좋습니다.

쌍둥이 아빠의 육아 참여도 높이기

쌍둥이 아빠가 된다는 것은 아빠에게도 쉽지 않은 일입니다. 아이들의 양육비도 2배 이상 들고, 아직 아빠가 된다는 것이 실감이 나지도 않는데 한꺼번에 두 아이의 아빠가 된다는 사실이 부담스러울 수 있습니다. 하지만 두 아이를 가진 엄마의 입장을 조금 더 헤아려 쌍둥이의 아빠가 된다는 사실을 안 순간부터 아빠는 가정과 육아에 관심을 더 가져주길 바랍니다. 이는 도우미나 할머니 등 도움을 줄 수 있는 사람이 있더라도 마찬가지입니다. 태어나는 순간부터 엄마를 나누어야 하는 쌍둥이들에게는 한 명이라도 더 애착을 가지고 사랑을 주고받는 존재가 필요합니다. 할머니나 도우미가 양육을 거들어줄 수는 있겠지만, 아이들에게는 누구보다도 엄마 아빠가 우선입니다. 세 돌 이전의 애착형성은 아이들의 성격형성에도 큰 영향을 미치므로, 아이들이 부족할 수도 있다고 느끼는 엄마의 몫을 아빠가 나누어 더 많이 보듬어줄 수 있도록 노력해야만 합니다. 특히 쌍둥이들은 조금만 자라도 둘이서 잘 놀기 때문에 유아기에 아빠와 충분한 애착을 형성하지 못하면, 아빠는 가족에서 겉도는 일원이 될 수도 있습니다.

물론 아이를 매우 좋아하고 아기 때부터 엄마와 같은 입장에서 아이를 돌보는 아빠들도 있겠지만, 대부분의 남자들은 육아를 매우 낯설고 힘들어합니다. 그렇기에 아이들을 만나기 전에 아내와 육아에 대한 전반적인 이야기를 나누고 계획하고 공부하는 것이 필요합니다. 최근에는 임신 때부터 태교를 같이하는 엄마 아빠들이 늘고 있지만, 대부분의 아빠들은 태담조차 쑥스러워합니다. 태담이 쑥스럽다면, 매일매일 간단한 동화를 읽어주거나, 노래를 불러주는 것도 좋고, 출퇴근 시에 뱃속의 아이에게 인사하며 규칙적으로 아빠 목소리를 들려주는 것도 좋은 방법입니다. 아빠의 목소리를 많이 들은 아이들은 세상에 나와 아빠와 더 빨리 친숙해진다고 합니다.

엄마 역시 아이를 낳고나서는 아빠의 도움을 적극적으로 요청해야 합니다. 일찍 퇴근할 수 있는 아빠라면 목욕 정도는 아빠에게 맡깁니다. 늦게 퇴근하는 아빠라면 밤중수유를 전담한다거나, 아침식사를 준비하는 시간에는 아빠가 맡아서 놀아주는 식으로 아빠에게도 아이를 온전히 돌볼 시간을 주어야 합니다. 아빠의 육아 참여가 저조할수록 혼자서 힘든 엄마는 아빠에게 불만이 쌓이게 되어 부부싸움이 잦아질 뿐만 아니라 아이들에게 짜증과 화를 내게 될 수 있습니다. 엄마가 아이에게 화를 많이 낸다면, 아빠가 집안일에 너무 무심하거나 엄마의 육아 스트레스를 풀어주지 못하고 있는 것은 아닌지 생각해보세요.

이 시기에 아빠가 아이들과의 관계형성을 하는 것은 무척 중요합니다. 특히 여자아이들은 유아기가 아니면 아빠와 목욕을 하거나 아빠와 스킨십을 많이 하고 노는 일이 불가능해질 뿐 아니라, 생후 36개월만 지나도 놀이에서 아빠를 제외시키게 됩니다. 남자아이들은 유아기에 다소 아빠가 소홀했다 하더라도 커가면서 신체운동이나 야외활동을 함께하면서 관계를 회복하기도 하지만, 여자아이들은 그럴 기회가 더 적으므로 조금이라도 어렸을 때 아이와 친밀해지도록 노력해야만 합니다.

물론 아빠가 육아에 많이 참여하는 경우도 있습니다. 이때 활동적으로 놀아주는 아빠와의 놀이만을 좋아하여 엄마한테는 다소 힘에 부치는 활동들을 요구하며 떼를 쓰는 일도 있지요. 아이들이 출근한 아빠를 자주 찾고 보고 싶어할 때, 엄마는 내가 아이들을 만족시켜주는 부분이 부족한 것인가 하는 자책감이 들기도 합니다. 하지만 아이와 아빠가 친밀한 관계를 유지하는 것은 매우 긍정적인 일이므로 엄마가 부족하거나 잘못하고 있다는 생각은 하지 않아도 됩니다. 단, 아빠가 너무 허용적인 것은 아닌지, 그래서 엄마는 늘 아이에게 훈육하는 사람은 아닌지 돌아볼 필요는 있습니다.

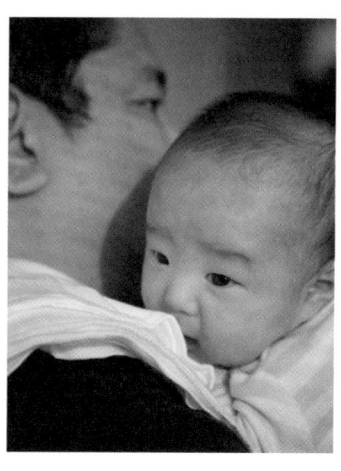

성향과 기질이 다른 아이들 이해하기

쌍둥이들은 성향이나 기질이 비슷하지 않을까 생각하기 쉬운데, 일란성 쌍둥이조차 성격이 많이 다른 경우가 대부분입니다. 돌 이전까지는 아이들의 성격이 별로 부각되지 않지만, 두 돌 전후로 개성이 생겨나고 요구가 다양해지기 시작하면서 좋고 싫은 것들의 차이가 분명해집니다. 심지어 식성마저 다른 아이들이 많습니다. 따라서 아이들의 성격을 빨리 파악하고, 각자의 성격과 개성에 맞게 아이를 개별적으로 대하는 자세가 필요합니다.

사실 각자의 개성을 존중하는 것이 쉬운 일은 아닙니다. 한 아이는 순하고 얌전한데 다른 한 아이는 예민하고 까다롭다거나, 둘 다 예민하고 까다롭지만 그 분야가 각각 다른 경우도 있지요. 예를 들어, 한 명은 식성이, 한 명은 정서적 측면이 까다로울 수 있습니다. 또한 아이들의 기질에 따라서 엄마가 빨리 반응하지 않거나 화를 내는 것에 대해 느끼는 스트레스나 반응도 각각 차이가 있습니다.

타고난 기질은 쉽게 바뀌지 않습니다. 기질이 다른 쌍둥이를 키우는 데 있어서 무엇보다 중요한 것은 아이들의 개별적 성향, 신체발달, 인지발달 등을 있는 그대로 받아들이려는 태도이며, 어떠한 경우에도 둘을 비교하지 말아야 합니다.

부모의 중립적 태도

두 아이의 다름을 인정한다고 하더라도, 두 아이가 요구하는 것을 동시에 들어주기는 쉬운 일이 아닙니다. 또한 아이들의 요구사항을 어느 정도까지 들어주어야 하는 것인지에 관해서도 고민이 될 때가 많습니다. 엄마 혼자 키우는 경우에는 아이들이 각자 자기 요구를 먼저 해결해달라고 아우성칠 때면 외면하고 싶은 심정이 되기도 합니다.

알게 모르게 부모는 예민하거나 고집이 센 아이의 요구를 먼저 해결하려는 경우가 많은데요. 물론 예민한 아이에게는 빠른 반응을 해주어야 하지만, 두 아이가 서로 엄마를 원하거나 하나의 물건을 가지고 다투는 경우, 일방적으로 한쪽 편만 들어주다 보면 달래기 힘들고 고집이 센 아이는 자기가 원하면 다 가질 수 있다고 생각하기 쉽고, 소극적인 아이는 더욱 소극적이 되며 엄마에게 자신의 요구를 말해보기도 전에 거절당하는 상황이 되므로 엄마와의 애착관계 형성에도 문제가 생길 수 있습니다.

한편, 돌 전에는 아이의 요구에 민감하게 반응해주려고 노력하다가도, 두 돌이 넘어 아이가 어느 정도 엄마 말을 알아듣는다고 생각이 되면 아이들의 요구에 갑자기 단호한 모습을 보이는 경우도 종종 있습니다. 엄마가 원하는 방향으로 아이를 끌고 가려 하지 마세요. 길게 보고 아이를 더 이해하고 다독거릴 필요가 있습니다. 하지만 이해하고 다독거리는 것과 징징거리는 것을 받아주는 것은 다른 문제이므로, 요구는 재빨리 들어주고 반응해주되 징징거리지 말고 차분히 말하라고 반복해서 이야기해주어야 합니다. 안 되는 것이라면 안 되는 이유를 짧고 명확하게 설명하고, 다른 것으로 관심을 돌려서라도 그 상황을 벗어나는 것이 현명한 방법입니다.

예민한 아이일수록 엄마가 아이의 감정을 빨리 읽고 이해하며 다독여주어야 아이는 감정을 조절하는 법을 배웁니다. 이렇게 감정을 바로 알아주고 안아주는 엄마와 함께 성장한 아이는 타고난 기질이 예민해도 6세경이면 그 정도가 많이 완화됩니다. 예민한 아이가 있어서 그 아이에게 평소 더 많은 반응을 해준다면, 한 번씩 시간을 따로 내어 다른 아이와 시간을 갖고, 그 아이가 원하는 대로 해주어서 두 아이간의 형평성을 조절할 필요도 있습니다.

쌍둥이 육아를 위한 감정코칭 원칙
구체적으로 상황을 설명해준다

두 아이가 서로 좋아하는 것이 다르다 보면 각자 자기가 좋아하는 활동을 엄마와 하자고 할 때가 있습니다. 한 아이는 블록놀이를 하자고 하는데 한 아이는 공놀이를 하자고 하거나, 어딘가에 가서 한 아이는 더 있자고 하는데 한 아이는 무섭거나 싫으니 나가자고 하기도 합니다. 의사표현이 분명해지기 시작하면 각각 다른 간식이나 밥을 달라고 하기도 합니다. 물론 도와줄 사람이 있거나 시간이 충분한 경우라면 아이들의 의견을 들어줄 수 있겠지만, 보통의 경우 혼자인 엄마가 두 아이의 다른 요구를 모두 들어주기는 힘듭니다. 엄마의 판단으로 한 아이의 요구만 들어주게 되었거나, 요구를 들어주지 못하는 상황이라면, 무조건 '안 돼'라고 부정적으로 말하기보다는 "A가 어떤 것이 하고 싶구나. 그렇지만 지금은 B가 이것을 먼저 하자고 했으니 이것 열 번 하고 난 뒤에 B랑 놀자"라던가 "지금은 엄마가 혼자라서 안 되니 나중에 아빠와 함께 하자" 혹은 "지금은 늦었으니 다음에 다시 오자" 등 구체적인 상황설명과 대안을 제시해주는 것이 아이가 받아들이기가 조금 더 쉽습니다.

손이 덜 가는 아이를 더 다독여준다

두 아이의 욕구를 모두 충족시켜주는 것은 상당히 어려운 일입니다. 들어주기 쉬운 일이 있고 엄마 혼자서는 힘들어서 들어주지 못하는 일도 있습니다. 또한 아이의 성향에 따라 더 많은 것을 자주 요구하는 아이도 있고, 자기 주장을 관철시키기 위해 고집을 부리거나 끊임없이 요구하는 아이도 있습니다. 달래기 힘든 아이, 더 자주 요구하는 아이의 욕구를 먼저 해결해주다 보면, 다른 아이는 상대적으로 엄마와 보내는 시간이 줄어들 수도 있습니다. 이럴 때는 따로 시간을 내서라도 평소에 양보를 많이 하거나 다른 아이를 잘 챙기는 편인 아이를 더 다독여주어야 합니다. 말이나 스킨십으로 엄마의 감정과 마음을 더 많이 표현해보세요. 칭찬도 많이 하고 목욕을 하거나 다른 놀이를 할 때도 더 많이 안아주며 아이가 엄마에게 충분히 사랑받고 있음을 느낄 수 있도록 해야 합니다.

남매 쌍둥이의 경우 여자아이들이 더 양보를 하거나 순한 경우가 있으며, 한 명이

주도권을 잡아서 다른 한 명이 양보를 많이 하게 되는 경우도 있습니다. 이럴 때도 순한 아이를 더 챙겨줄 필요가 있습니다. 엄마가 매번 중재를 시도하기 어렵기 때문에 개별적인 시간을 가져서라도 아이의 마음을 다독여줘야 합니다.

다양한 대안을 제시한다

같이 자라는 두 아이는 아무래도 자신의 뜻대로 많은 것을 할 수가 없습니다. 그런데 아이들이 어지르는 게 힘들거나 귀찮다는 이유로 아이들이 원하는 것을 처음부터 거절하면, 아이들은 자신의 의사를 표현하는 데도 소극적이 될 수밖에 없겠지요. 뿐만 아니라 평소에 엄마 혼자라서 못해주는 일이 많기 때문에 엄마가 작은 일에도 안 된다고 거절을 한다면, 아이들은 마음속으로 '엄마는 늘 안 된다고 말하는 사람'이라고 생각하기 쉽습니다. 단호하게 안 된다고 하는 일은 아주 제한적으로 정해두고, 위험하거나 남에게 해를 끼치지 않는 행동이라면 가능한 한 수용해주어야 합니다.

또한 아이들이 조금 더 크면 아이들에게 여러 가지 대안을 제시하고 서로의 의견을 조율해볼 수도 있습니다. 처음에는 자기 주장만을 내세우던 아이들도 이 같은 과정을 반복하다 보면, 자기가 제시한 것보다 더 좋은 방법이 있다는 것도 알게 되고, 서로 한걸음씩 뒤로 물러서 양보하며 좋은 방안을 찾는 법을 배우게 됩니다.

칭찬하기

두 돌이 넘어가면 아이들은 무슨 일이든 스스로 하려 애쓰고, 칭찬을 해주면 더 잘하려고 합니다. 칭찬은 고래도 춤추게 한다는 말이 있듯이, 아이를 변화시키는 데 칭찬은 큰 힘이 되지요. 하지만 단순히 잘했다거나 똑똑하다는 칭찬을 반복하는 것은 아이들의 행동 변화에 큰 영향을 미치지는 못합니다. 효과적인 칭찬을 위해서는 칭찬하는 이유에 대해 구체적으로 말해주고, 결과보다는 노력한 과정에 더 중점을 두며, 뽀뽀나 안아주기와 같은 스킨십으로 아이들이 부모로부터 정말 사랑받고 있다는 느낌을 받게 하는 것이 중요합니다.

간단한 일이라도 아이가 스스로 해냈다면 칭찬을 아끼지 말고 해주세요. 칭찬할 때는 네가 어떤 일을 해내서 자랑스럽다, 기쁘다 등 엄마의 느낌을 포함하여 구체적으로 이야기해주는 것이 좋으며, 반대로 부모가 실수를 한 경우에도 그냥 넘어가지 않고 바로 사과하는 것이 좋습니다.

특히 두 아이를 같이 키우다 보면 칭찬에 소홀해지거나, 묶어서 하게 되는 경우가 많은데요. 같이 칭찬 받을 일을 했을 때도 이름을 부르며 아이마다 따로따로 칭찬해주는 것이 좋고, 못하는 부분을 비교하는 것보다는 아이마다 잘하는 것이 다르므로 아이가 잘하는 것에 중점을 두어 칭찬해야 합니다.

칭찬 받을 일을 자주 만들어준다
쌍둥이를 키우다 보면 자연스럽게 칭찬보다 야단을 많이 치게 됩니다. 아이들에게 칭찬 받을 기회를 자주 만들어주세요. 예를 들어, 무슨 일을 시키기 전에 "누가 엄마를 도와줄래?"라고 물어보면 서로 자기가 하겠다고 합니다. 그러면 아이들에게 각각 작은 일 하나씩을 시키고 다하고 나면 잘했다고 칭찬해줍니다. 엄마가 주방에서 일할 때 함께하고 싶어하는 아이들도 있습니다. 이때 번잡스럽다고 무조건 못하게 하기보다는 아이가 할 수 있는 일들을 부탁해봅니다. 수저를 식탁에 놓아달라고 하거나 무겁지 않은 작은 접시를 옮겨달라고 하고 아이가 잘 도와주면 칭찬을 해줍니다.

칭찬의 이유를 구체적으로 말해준다
아이들이 잘한 일이 있으면 구체적으로 칭찬해주세요. 예를 들어, "준서야. 네가 쓰레기통에 휴지를 버려주니 엄마가 참 편하구나", "태우야, 네가 밥 차려주는 것을 도와주니 엄마가 한결 수월하구나. 태우가 도와주니 엄마가 참 고맙고 기뻐", 이렇게 어떤 점이 고마운지, 어떤 점을 잘했는지 구체적으로 이야기해줍니다.

스스로 하는 일이 있을 때도 칭찬해준다
엄마를 도와주는 일에 관심이 많은 아이도 있지만 별 관심이 없는 아이도 있습니다. 이런 아이에게는 자기 혼자서 어떤 일을 해냈을 때 칭찬을 해줄 수 있습니다. 원래 혼자서 옷을 벗지 않는 아이인데, 혼자서 벗으려 하는 모습을 보았다면 놓치지 말고 크게 칭찬해주세요. 다음부터는 칭찬을 바라고 혼자서 하는 일이 생기곤 합니다. 스스로 하는 일에 재미도 붙이고 자신감도 얻게 되면 매사에 스스로 해보려고 노력하게 될 것입니다.

칭찬 스티커를 이용한다
말로 하는 칭찬도 좋지만 쌍둥이의 경우 분쟁이 자주 일어나므로 스티커를 이용하는 것도 좋은 방법입니다. 작은 종이에 스티커판을 붙여두고 엄마를 돕거나 착한 일을 할 때마다 스티커를 나누어주어 판에 붙이게 합니다. 스티커를 어느 정도 모으면 아이가 가지고 싶어하는 것을 사주겠다고 약속을 할 수도 있습니다.

훈육하기

쌍둥이들이 성장해서 마음대로 움직이기 시작하면 "하지마", "안 돼"라는 소리를 많이 하게 됩니다. 아이가 둘이기 때문에 아무래도 위험한 행동을 하면 더 쉽게 다칠 수도 있고, 밖에 나가서 두 아이를 통제하다 보면 더 그럴 수밖에 없습니다. 그런데 여기에도 요령이 필요합니다. 집 안에서는, 아이가 만져서는 안 되는 것들을 미리미리 치워두고 절대로 해서는 안 되는 일에 대해 왜 하면 안 되는지 반복해서 설명해줍니다. 처음에는 당연히 아이가 알아듣지 못하지만 반복해서 이야기하다 보면 아이들도 규칙을 알게 됩니다.

물론 아이들을 키우다 보면 야단을 칠 경우가 많이 발생합니다. 이때 유의할 점은 아이의 잘못된 행동에 대해서만 꾸짖고 아이에게 감정적으로 화를 내지 않아야 한다는 것입니다. 또한 어느 한 명만 잘못을 했을 때 두 아이를 함께 혼내지 말고, 개별적으로 잘못한 것에 대해서만 꾸짖어야 합니다. 또한, 아이가 잘하려고 하다가 실수했다면 화를 내거나 야단치지 않도록 합니다. 물을 마실 때 물을 쏟았다면 아이가 손동작이 미숙하기 때문에 일어나는 실수인데 이러한 실수에도 혼을 내게 되면 아이가 자괴감에 빠질 수도 있습니다.

아이들이 해서는 안 되는 일을 했을 때

다른 아이를 때리거나 물거나 민다든가 혹은 엄마를 때리거나 물건을 던지는 등 폭력적인 행동을 할 때, 또는 다른 아이의 물건을 뺏는 경우, 다른 아이들이 놀고 있는데 놀이를 방해하거나 괜히 건드리고 훼방 놓을 때와 같이 해서는 안 될 일에 대해서는 아이에게 단호하게 안 된다고 말해야 합니다. 어떤 상황에서든지 일관성 있게 말하는 것이 중요합니다.

아이들이 위험한 행동을 할 때

엘리베이터 문 앞에서 장난을 치거나 주차장에서 뛰어다니는 경우, 엄마 손을 놓고 갑자기 뛰어가는 경우, 방문 앞에서 문을 꽝 닫으면서 장난치는 경우, 자동차에서 카시트를 탔을 때 혼자서 풀거나 문을 열려고 하는 경우, 복도나 위험한 곳에서 서로 밀고 장난치는 경우, 계단에서 서로 장난치는 경우 등과 같이 위험한 행동은 곧 사고로 이어질 수 있으므로, 이를 미연에 방지하기 위해 위험한 행동에 대해서는 왜 해서는 안 되는지 설명해줍니다. 물론 설명한다고 해서 아이들이 이런 행동을 하지 않는 것은 아니지만, 이런 행동들을 할 경우에는 그 자리에서 단호하게 안 된다고 말합니다. 그리고 다시 한번 이유를 설명합니다. 반복적으로 하다 보면 아이들도 해서는 안 되는 행동에 대해서 인지하게 됩니다.

아이들이 심하게 고집을 부리고 과도하게 떼쓸 때

우선 되도록이면 아이가 떼쓰게 될 환경에 노출시키지 않는 것이 좋습니다. 예를 들어, 무엇을 사달라고 떼쓰는 아이들의 경우, 가장 좋은 방법은 가급적 아이들을 마트나 장난감이 많은 곳에 데려가지 않는 것입니다. 그러나 어쩔 수 없이 가야 할 때는 아이가 엄마의 말을 어느 정도 수용하는 편이라면 말로 설득하고, 설득이 불가능한 경우라면 아이에게 가장 가지고 싶은 것 한 가지만 사준다고 한 뒤 한 가지만 고르게 합니다. 가기 전부터 미리 규칙을 정해놓는 것이 중요하며, 가기 전에 "오늘은 장난감을 사지 않는다"든가, "오늘은 1개만 산다" 하는 식으로 약속을 합니다. 아이가 약속을 하고 나서도 약속을 안 지키고 더 사겠다고 떼를 써도 정한 것을 번복하지 않는 것이 중요합니다. 아이들은 보통 자신의 욕구를 관철시키기 위해 떼를 쓰는데, 떼를 쓰면 들어준다고 생각하게 되면 떼쓰기가 더 심해집니다. 공공장소에서 떼를 쓴다고 해서 달래주려고만 하는 것도 문제지만, 반대로 아이의 마음과 상관없이 어떻게 해서든지 아이의 고집을 꺾으려 하는 것도 좋은 방법은 아닙니다.

아이가 의도적으로 말을 안 들을 때

흔히 '미운 네 살'이라는 말이 있듯이, 아이가 세 돌에 가까워지면 엄마의 말을 듣지 않는 경우도 많고 무조건 "싫어", "안 해"라는 말을 하기도 합니다. 엄마가 시키는 행동을 하지 않으려고 할 때 아이들에게 스스로 선택권을 주게 하는 방법이 있습니다. 즉, "장난감 정리해"라고 하면 "싫어"라고 대답할 수 있지만, 대신 "블록을 정리할까, 장난감 자동차를 먼저 정리할까?"라고 물어보서 아이에게 선택권을 주어 행동을 유도할 수 있지요. 놀이터에서 노는 아이에게 집에 가자고 하면 흔히 아이들은 집에 안 가고 더 논다고 합니다. 이럴 때 "집에 가서 맛있는 간식 먹을 건데, 집에 갈래, 아니면 여기서 더 놀래?" 하고 물어보아 아이가 선택하게 하면 불필요한 힘겨루기를 줄일 수 있습니다.

또는 밤에 잘 시간이 되어 자러 가자고 했을 때도 "이제 그만 자자"라고 하면 엄마가 일방적으로 지시를 내린다고 생각하고 "싫어"라고 대답하게 되는데, 이때 "10분 있다 잘래, 15분 있다 잘래?" 하고 선택권을 줍니다. 행여 아이가 두 경우 다 싫다고 해도 더 선심을 쓰듯이 "그럼 특별히 오늘만 20분 있다 자도록 하자" 하는 식의 방법이 효과가 있을 수 있습니다.

화내거나 소리 지르지 않고 쌍둥이 훈육하기

육아 스트레스를 해소한다
엄마가 행복해야 아이도 행복합니다. 쌍둥이를 기를 때도 여유를 가질 수 있도록 노력해야 합니다. 나만의 시간을 확보하고 자신에 대해 투자를 하면 더 좋겠지요. 혼자서 쌍둥이를 보고 있다면 주말에라도 남편에게 아이들을 잠시 맡기고 자기 시간을 가져보세요. 아이들의 낮잠시간 동안 남편에게 부탁하고 잠깐 외출해봅니다. 아기돌보미 서비스를 이용할 수도 있습니다. 외출이 아니더라도 나만의 육아 스트레스 해소법을 가지는 것도 좋습니다. 인터넷 카페 등을 통해 이야기를 나눈다든가 친구와 전화통화를 하는 등 어떤 식으로든 힘든 상황을 나눌 수 있는 방법을 찾도록 노력해보세요.

바로 화내지 말고 3초만 기다려본다
잠시만 화를 참아도 화가 조금 줄어듭니다. 처음에는 어렵지만 습관이 되면 익숙해질 수 있습니다. 훈육할 때는 되도록 화를 내지 말고, 인내심을 가지고 단호한 말투로 말해보세요.

아이와 눈높이를 맞춘다
어른들한테는 당연한 일이지만 아이들은 미숙하기 때문에 못하는 것이 당연합니다. 아이의 입장에서 생각해보세요. 이 월령의 아이들이 혼자 무언가를 알아서 치우고, 흘리지 않고 음식이나 물을 마시는 것은 불가능하겠지요. 물론 잘하는 아이들도 있겠지만요. 또한 어른이 하는 것들을 다 해보려 하는 것이 이 시기 아이들의 특징입니다. 아이들의 특성을 한 번 더 생각하고 대하면 그나마 화가 조금 덜 나지 않을까요?

훈육에 일관성을 가진다
같은 행동을 해도 어떤 날은 상관하지 않다가 어떤 날은 몹시 화를 내면 아이 입장에서는 상당히 당황스러울 수밖에 없습니다. 잘해줬다가 화를 냈다가 하는 것은 특히 좋지 않아요. 아이도 상황 판단을 하기가 어려워집니다. 안 되는 것이 있으면 처음부터 안 된다고 일관성 있게 말해주세요. 그러면 아이도 이해하게 됩니다.

아이의 기질을 이해한다
아이가 개성이 강하고 굽히지 않는 성격인지, 유순하면서도 온순한 성격인지, 아이의 성격을 잘 파악하는 것이 중요합니다. 무조건 엄마 스타일로 끌고 나가려고 하면 안 됩니다. 성격이 강한 아이라면 당근과 채찍을 병행해야 하며, 무조건 이를 누르려고 하기보다는 아이의 성격을 파악하고 여기에 맞추어서 키우는 것이 좋습니다.

중재하기

쌍둥이를 키우면서, 그리고 아이들이 크면 클수록 힘든 일 중 하나가 싸우는 아이들을 어떻게 중재하는가입니다. 하루에도 수십 번씩 싸우는 아이들을 어떻게 중재하고 어떻게 달래야 하는지 매번 진땀을 흘리는 경우가 많습니다.

아이들은 장난감이나 물건들을 서로 뺏으면서 싸우고, 사소한 일에도 의견 충돌하는 경우가 점점 많아집니다. 어느 한쪽이 양보를 잘하는 편이면 싸움이 덜 일어나는데, 서로 한 치의 양보도 없는 경우라면 늘 싸움이 일어날 수밖에 없습니다. 특히 아들 쌍둥이는 자랄수록 싸움이 점점 더 과격해지기까지 합니다. 여기서 제시하는 방법들도 일상적으로 일어나는 싸움을 모두 방지하는 해결책이 되지는 못합니다. 다만 싸움을 줄여나가고, 두 아이가 모두 만족할 만한 중재방법을 소개합니다.

끊임없이 싸울 때

쌍둥이들이 돌이 넘어 신체활동이 활발해지면서 서로 싸우는 일도 잦아집니다. 싸우는 이유는 상황에 따라 다르지만 둘이서 싸울 때 어떻게 중재해야 할지 몰라 당황스러워하는 엄마들이 많습니다.

만약 집 안에서 너무 많이 싸운다면 아이들에게 야외에서 신체활동을 하게 하는 것이 싸움을 줄이는 좋은 방법이 될 수 있습니다. 특히 싸움이 잦은 아이들이라면 적극적으로 놀아주고 에너지를 발산할 수 있도록 도와주는 것이 좋습니다. 또, 아이들이 졸리거나 배가 고프면 더 예민해지고 싸움이 자주 일어날 수 있으니 컨디션을 좋게 유지해주거나 욕구를 제때 해결해주는 것도 도움이 됩니다.

왜 싸우면 안 되는지, 왜 사이좋게 지내야 하는지에 대해 지속적으로 설명해준다면 좋은 효과가 있을 수 있습니다. 또한 아이들이 활동할 때는 집안일을 하기보다는 아이와 같이 시간을 보내면서 아이의 욕구에 재빠르게 반응하여 싸움의 횟수를 줄이는 것도 좋습니다.

한 아이가 일방적으로 다른 아이를 물거나 때릴 때

쌍둥이 간에 서로 무는 일은 일상적으로 부딪히는 문제입니다. 서로 물고 때리는 경우보다는 일방적으로 한 아이가 물거나 때리는 경우도 있고, 체력적으로 열세에 있는 아이가 다른 아이를 물거나 때리는 경우도 있습니다.

이럴 경우 물고 때리는 아이가 어떤 상황에서 그러는지 상황을 잘 살펴보는 것이 좋습니다. 무조건 나무라거나 야단치는 것은 별 효과가 없을 수 있는데요. 아이에 따라서 짜증이 나 있는 상황이거나 엄마의 관심을 끌기 위한 행동일 수도 있습니다. 혹은 졸리거나 배고픈 상황에서 빈번하게 일어날 수도 있습니다. 또는 다른 한 아이를 힘으로 당해낼 수 없는 경우 입으로 물 때가 있습니다. 이럴 경우 아이를 꾸짖기보다는 꼭 끌어안아서 달래주고, 아이에게 물지 않게끔 잘 가르쳐주는 것이 좋습니다.

『쌍둥이 잘 기르기』의 저자 패트리셔 맬름스트롬은 서로 무는 쌍둥이들이 있을 경우 다음과 같이 하도록 권합니다. 첫째, 무는 아기와 물리는 아기 모두를 달래주는 것이 필요합니다. 일반적으로 많은 쌍둥이 엄마들이 무는 아이만 혼내는 경우가 많은데, 무는 아이도 무는 이유를 파악해서 달래줄 필요가 있습니다. 둘째, 무는 행동이 특정상황이나 시간대에 나오는지 확인하고, 특히 지치고 배고픈 상황인지 체크해보는 것이 좋습니다. 셋째, 무는 행동이 계속될 경우는 일과를 바꾸어주거나 따로 놀 수 있는 방법을 찾아서 빨리 관심을 다른 곳으로 유도하는 것이 좋습니다.

특별한 경우가 아니라면 이 시기가 지나면 이런 현상은 서서히 줄어듭니다. 아이에게 다른 아이를 무는 것이 잘못되었다는 사실을 일관성 있게 잘 가르쳐주면서 이와 같은 상황을 줄여나갈 수 있도록 해보세요. 아이가 처음에는 잘 알아듣지 못하더라도 계속해서 물거나 때리는 행동은 안 된다는 것을 주지시킬 필요가 있습니다. 특히 처음으로 그런 행동을 보였을 때 엄마가 어떻게 대처하느냐가 중요합니다. 단호하게 안 된다라고 말해줌으로써 아이에게 해서는 안 되는 행동임을 인식시켜주세요.

쌍둥이들이 서로 물건을 뺏으려고 싸울 때

이 시기의 쌍둥이를 둔 부모라면 가장 일상적으로 부딪히는 문제입니다. 특히 특정한 물건에 애착이 강한 아이가 있다면 더 빈번하게 다툼이 일어납니다. 서로 물건을 가지고 싸움이 일어날 때, 보통의 경우 엄마들은 먼저 집은 아이에게 물건을 주고 뺏으려고 하는 아이에게는 다른 물건을 주거나, 싸움이 일어난 물건은 치우고 둘 다 되도록

같은 물건을 찾아 쥐어주는 경우가 많습니다.

먼저 장난감을 살 때 처음부터 각자의 것을 나누어서 가지게 하는 방법이 있습니다. 자기 것이라는 개념이 생기면 아무래도 덜 싸울 수 있으니까요. 이러한 방법은 다른 물건에도 유용하게 쓰일 수 있습니다. 특히 색을 알기 시작할 무렵에는 더 잘 교육시킬 수 있습니다. 되도록 장난감을 2개씩 사는 것도 방법입니다. 경제적으로 힘들긴 하지만 싸움을 줄일 수 있는 가장 효과적인 방법이 될 수 있겠지요. 특히 아이가 좋아하는 종류의 장난감이라면 더 그러합니다. 남자아이들이 좋아하는 차 종류 장난감이나 여자아이들이 즐겨 노는 역할놀이 장난감 등의 경우에 더 싸움이 날 수 있으므로 같은 것을 준비해봅니다. 그러나 쌍둥이들이 물건을 뺏을 때는 장난감이 아닌 생활용품일 때도 많아서 이런 방법으로는 물건 뺏기 싸움을 완전히 멈추게 할 수는 없지요.

무엇보다 '물건은 서로 빼앗지 않는 것'이라고 설득하는 일이 가장 중요합니다. 서로 가지고 놀다가 바꿀 수도 있으므로 기다리라고 말하는 것도 좋습니다. 특히 체력적으로 우세한 아이가 열세에 있는 아이의 것을 일방적으로 계속 뺏는다면 문제가 커질 수 있는데, 이럴 때 혼을 내거나 화를 내기보다는 단호하고 엄격한 말투로 서로 먼저 선택한 장난감은 빼앗지 않는 것임을 알려주고, 다 놀고 난 장난감을 다음 사람에게 준다는 규칙을 익힐 수 있도록 해보세요.

일관된 육아태도 형성하기 Q&A

Q 둘이 동시에 떼를 쓰면서 울어요. 어떻게 해야 하나요?

A 어떤 이유로 떼를 쓰는지 파악하고 일관되게 대처해야 합니다. 밖에서 떼를 쓰는 경우는 아이가 피곤해서 떼를 쓰는 일이 가장 잦습니다. 아이가 너무 지치거나 덥거나 배가 고픈 것은 아닌지 체크해보고 아이의 컨디션 때문에 벌어진 일이라면 가능한 볼일을 빨리 마치고 집에 돌아와 아이를 쉬도록 하는 것이 좋습니다. 밖에서 떼를 쓰는 아이가 창피하다고 무조건 아이의 말을 들어주거나, 먹을 것을 주는 버릇을 하면 밖에 나가서 점점 더 떼를 많이 쓰게 됩니다. 이번 한 번만이라고 말하겠지만, 한 번 용납하게 되면 다음번에는 아이가 기억하고 떼를 쓴다는 것을 유념하세요.

안 되는 것 가지고 떼를 쓰는 경우에도 아이의 컨디션이 좋으면 포기가 빠르고 다른 것으로 관심을 돌리기도 쉽습니다. 또한 둘이 동시에 떼를 쓰는 경우라도 성격에 따라서 다른 반응을 보이는데요. 호기심이 많은 아이들은 다른 물건들로 시선을 돌리기 쉽지만, 차분하고 진득한 아이일수록 자기가 원하는 것을 관철하고자 합니다. 쉽게 다른 곳으로 주의를 돌리는 아이라면 아이가 좋아하는 것을 기억했다가 꺼내주거나 관심을 가질 만한 것으로 유도하는 것이 좋은 방법이겠지만, 그렇지 않은 아이라면 계속 떼를 쓸 수도 있는데요. 이런 아이의 경우에는 좀 더 힘들더라도 처음부터 규칙을 익히게 하고 한 번 안 되는 것은 안 된다고 일관성 있게 알려주어야만 합니다. 둘이서 하나의 물건을 서로 갖겠다고 떼를 쓰는 경우에는 처음엔 울음바다가 되겠지만 순서대로 번갈아 갖는 규칙을 정해서 순서를 지킬 수 있도록 도와주고, 이렇게 할 수 없는 경우에는 단호히 그 물건을 치우는 것이 좋습니다. 받아주어야 하는 떼인지 둘 다 울리더라도 단호하게 안 된다고 할 것인지를 판단하는 것이 가장 중요합니다.

이 시기에는 놀이법도 한 아이와 쌍둥이가 다릅니다. 쌍둥이의 놀이와 교육에서는 쌍둥이 간의 행동발달 차이뿐만 아니라 기질, 성향까지 고려해야 하지요. 기존의 육아책에서 다루지 않아 늘 아쉬웠던 쌍둥이 놀이법을 소개합니다. 또, 초보 엄마가 궁금해하는 교육 정보를 각각의 장단점과 함께 소개하고, 아이들이 책과 친해지는 요령도 담았으니 참고하세요.

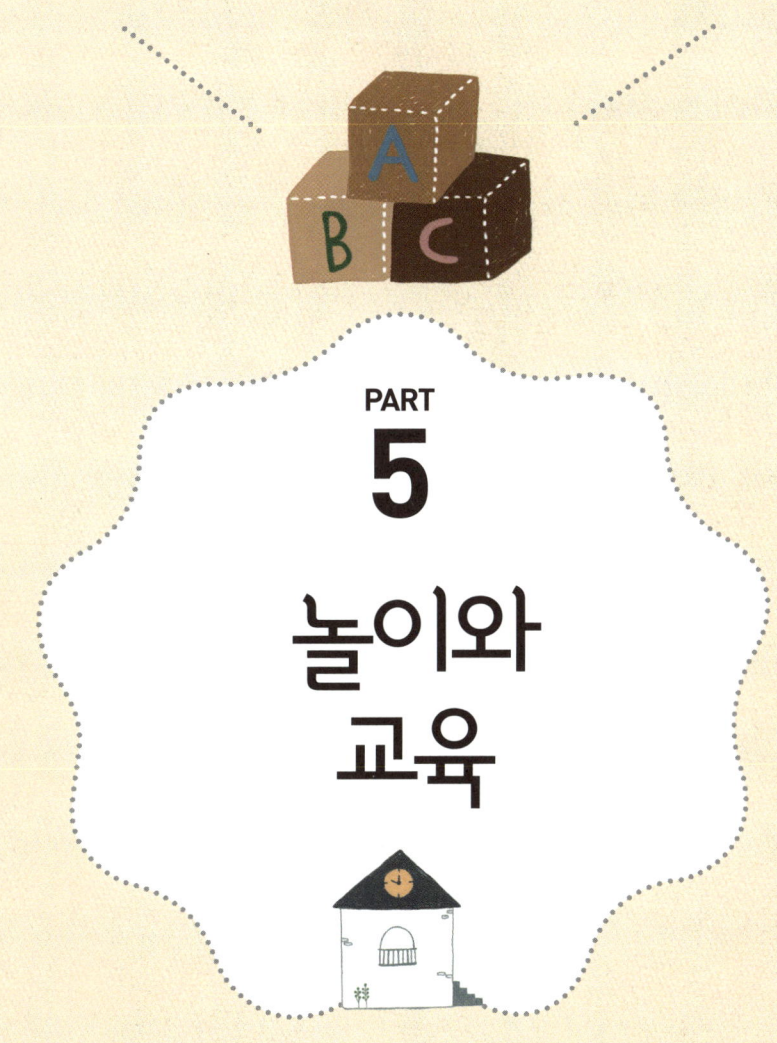

PART 5

놀이와 교육

월령별 놀이법

쌍둥이를 기르다 보면 마음은 놀아주고 싶어도 육아 자체가 너무 힘들어 몸이 지친 나머지 제대로 놀아주지 못하는 경우가 많습니다. 혹은 어떻게 놀아줘야 좋을지 모르겠다는 엄마 아빠도 있고요. 되도록 체력소모가 심하지 않은 간편한 놀이 위주로 놀아주거나 둘이 같이 잘 논다면 아이들끼리 놀게 하는 것도 좋은 방법입니다. 아이들이 시기에 따라 각각 다른 활동을 좋아하니 각 월령에 맞는 놀이를 시도해보세요.

0~12개월

주로 누워 있거나 기어 다니는 시기이므로 활동적인 놀이가 많이 필요하지는 않습니다. 돌 이전에는 아이들의 몸을 만지고 자극해주는 활동이 필요합니다. 낮잠을 자고 일어나거나 기분이 좋을 때 팔과 다리를 주물러주고 쫙 펴주도록 합니다. 또는 엄마의 손가락이나 손을 잡고 일어날 수 있게 해줍니다. 보통 생후 8개월경이 되면 거울 속 자신의 모습을 인지합니다. 거울을 이용하여 놀이를 하거나 헝겊이나 이불 등을 이용하여 까꿍놀이를 해주면 아이들이 좋아합니다. 이 시기는 쌍둥이라고 해서 특별히 다른 놀이가 필요한 시기는 아니므로 아이들에게 청각적, 시각적으로 자극을 주는 놀이 위주로 진행하면 됩니다.

12~24개월

신체적으로도 급성장하지만 그 밖에 언어나 인지능력도 모두 발달하는 시기이므로, 신체활동 위주의 다양한 놀이를 할 수 있습니다. 또한 함께 노래를 부르고 율동을 하는 활동도 가능합니다.

이 시기의 아이들은 다양한 신체활동을 좋아합니다. 아이들을 등에 태우고 말을 태워주거나 아이의 손을 잡고 몸을 오르게 하는 등 이전보다 활발한 활동을 함께해볼 수 있습니다. 겨드랑이에 손을 끼워 넣고 그네를 태워주거나 하늘 높이 뛰어오르게 하는 활동 또한 아이들이 좋아합니다. 그런데 문제는 아이가 둘이기 때문에 이렇게 활동적으로 놀아주다 보면 엄마가 체력소모가 심하여 쉽게 지칠 수 있습니다. 따라서 체력이 뒷받침되지 않고 아빠나 다른 사람의 도움을 받을 수 없는 날이라면 아이들이 함께 놀 수 있는 놀이를 더 많이 유도하는 것이 좋습니다.

또한 호기심이 많은 시기이므로 하루에도 몇 번씩 주방기구를 꺼내놓기도 합니다. 어지른다고 화를 내기보다는 한정된 주방용품을 가지고 놀이를 할 수 있도록 해보세요. 또한 여러 가지 종류의 냄비나 국자 등을 이용하여 연주를 하게 하는 등 다양한 놀이를 해보아도 좋습니다. 쌀이나 콩, 팥과 같이 사이즈가 다른 곡물류를 페트병에 넣어 흔들어서 소리를 들어보거나 굴려보게 하는 방법도 있습니다. 점프놀이 등을 할 때는 위험할 수 있으니 밑에 쿠션이나 이불을 까는 등 안전사고를 방지해야 합니다.

24~36개월

다른 친구들과 함께 뛰어놀기를 좋아하는 시기이므로, 또래와 놀면서 규칙과 협동의 의미를 익힐 수 있습니다. 실외활동을 통해 에너지를 마음껏 발휘할 수 있도록 해보세요. 쌍둥이라서 외출하기가 힘들어 바깥에 많이 못 나가는 경우도 있는데, 집 근처 놀이터나 공원에서라도 함께 뛰어놀 수 있도록 해보세요.

집에서 하는 놀이로는 둘이서 함께 역할놀이 등을 즐겁게 할 수 있는 시기입니다. 예를 들어, 병원놀이를 한다면 한 명은 환자를 하고 한 명은 의사가 되어 역할놀이를 할 수 있습니다. 주방놀이나 소꿉장난 역시 아이들이 함께 협동하여 할 수 있으므로 다양한 놀이가 가능합니다.

종류별 놀이법

음악놀이

탬버린이나 캐스터네츠, 마라카스 등 아이들이 손쉽게 조작할 수 있는 것들이 좋습니다. 또 북처럼 두드리는 악기, 나팔처럼 입으로 부는 악기, 실로폰이나 피아노와 같은 건반악기도 돌 이후의 아이들이 좋아하는 악기입니다. 노래를 부를 때 피아노와 같은 건반악기를 이용해서 도레미파솔 등의 음의 높낮이를 익히게 할 수도 있습니다. 실제 악기가 없는 경우라도 페트병에 쌀, 콩, 팥 등을 넣고 흔들어서 소리를 내게 할 수도 있고, 주방용품을 뒤집어놓고 마음껏 두드리게 해도 좋습니다.

미술놀이

가장 다양하게 할 수 있고 생활용품들을 가지고도 무궁무진하게 활용이 가능한 것이 바로 미술놀이입니다. 종이는 일상에서 가장 손쉽게 구할 수 있는 미술재료입니다. 색종이, 도화지, 한지, 습자지 등 여러 종류의 종이로 접기, 자르기, 그리기, 조형물 만들기 등 다양한 놀이가 가능합니다. 예를 들어, 흰 종이에 아이에게 익숙한 그림을 크레파스나 색연필 등으로 그리게 한 후 그린 것을 다시 오리고, 오린 것을 붙이고, 붙인 것으로 다시 조형물을 만드는 등 다양한 활동을 연계해볼 수 있습니다. 또는 흰 종이에 그림을 그리고 여기에 스티커를 붙인다던가 하는 식으로 꾸미기 놀이를 해도 좋습니다.

클레이는 손쉽게 사용할 수 있는 재료 중 하나입니다. 손에 잘 묻지 않고 가벼우며 아이들이 잘 섞을 수도 있어서 쉽게 가지고 놀 수 있습니다. 밀가루나 모래 등은 다소 뒤처리가 어렵지만 다양한 놀이가 가능하며 이런 가루가 주는 촉감을 느끼는 것도 좋은 체험입니다. 부드러운 밀가루를 만지면 아이는 정서적으로 편안함을 느끼게 됩니다. 또한 밀가루에 물을 더하면 성질이 변하면서 반죽을 만들 수 있는데 반죽이 되는 과정을 통해 덩어리 모양을 만들어보는 등 변화를 배울 수도 있습니다.

역할놀이

역할놀이는 성별에 상관없이 잘할 수 있는 놀이입니다. 여자아이들도 자동차로 역할놀이를 할 수 있고, 남자아이들도 주방놀이나 소꿉놀이 하기를 좋아하는데, 굳이 성별을 나누어 놀아줄 필요는 없습니다. 장보기, 요리하기, 아기 돌보기 등은 엄마를 따

라서 할 수 있는 놀이이기 때문에 아이들이 더욱 좋아하며, 경험한 일들이나 관심분야가 확장됨에 따라 병원놀이, 주방놀이에서 미용실놀이, 장보기 등 다양한 방법의 역할놀이를 즐기게 됩니다.

이런 역할놀이는 그냥 행동이나 말로도 가능하지만, 집 안의 소품이나 장난감을 이용하면 아이들이 더 즐거워하고 상상력에 자극을 받을 수 있습니다. 장난감 경찰차나 소방차를 이용하여 사건현장에 출동하는 놀이나 블록으로 집을 만들어놓고 소방관 놀이를 할 수 있고, 한 아이가 다친 상황을 연출하며 구급차로 출동해서 병원놀이까지 연결해볼 수 있습니다.

소꿉놀이는 클레이로 요리활동을 같이 하면 아이들이 더 흥미로워 하는데, 쇼핑카트 같은 것이 있으면 장보기 놀이부터 시작해서 클레이로 빵이나 피자를 만들어서 오븐에 구워보거나 길게 늘여 비벼서 국수를 만들어보고 칼로 잘라서 국을 끓여보는 등 다양한 활동을 같이 할 수 있습니다.

장난감이 없는 경우에도 가상의 공간을 엄마가 설정해주면 아이들은 상상의 나래를 펼치며 놀 수 있습니다. 가령 소파 아래로 떨어지면 바다라거나, 저기 먼 곳은 깊은 숲 속이어서 공룡이 살고 있으니 찾아보자고 하거나, 악어가 등장하는 늪 등 아이가 흥미로워하는 것들로 상황을 설정하면 아이들은 더 많은 상상력을 동원해서 재미나게 놀기도 합니다. 아이가 재미있어 하는 책의 인물이나 동물들, 혹은 상황을 설정하면 또 다른 재미있는 놀이를 만들어낼 수도 있습니다.

일상생활에서 손쉽게 하는 엄마와의 놀이

다양한 재료나 뒤처리가 필요한 놀이를 힘들어하는 사람도 많으므로 특별한 준비물 없이 일상생활에서 손쉽게 하는 놀이 몇 가지를 소개합니다. 이불이나 박스 등 집 안에 흔히 있는 생활용품을 이용하여 엄마가 아이들과 간단하게 할 수 있는 놀이들입니다.

이불에 태워주기

이불 위에 두 아이를 올려놓고 끌어줍니다. 아이가 떨어지거나 넘어지지 않도록 주의해야 합니다. 보호자가 한 명 더 있을 때는 이불을 양쪽에서 잡고 그네처럼 이불 위에 태워줄 수 있습니다. 아이들이 크면 너무 무거우니 월령이 어렸을 때 주로 해주는 것이 좋습니다.

까꿍놀이

여러 가지 생활용품들을 이용해 까꿍놀이를 하면 아이들이 정말 좋아합니다. 아이가 어리면 자리에 앉아서 비치는 스카프나 헝겊 등을 이용하여 까꿍놀이를 하고, 돌 이후의 아이들이라면 커튼 뒤에 숨거나 이불 안에 숨는 식으로 숨바꼭질 놀이와 병행하여 까꿍놀이를 합니다. 반복적으로 해도 아이들이 좋아하는 놀이입니다.

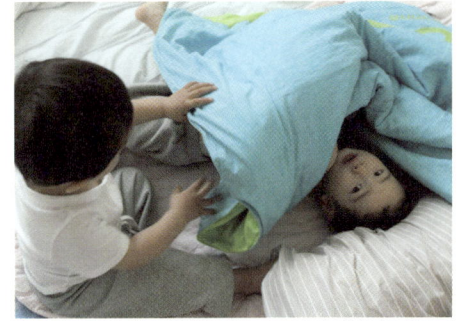

터널 통과하기

엄마 몸으로 터널을 만들어 아이들에게 지나가게 합니다. 엄마 몸 이외에도 의자나 테이블 등을 길게 연결해서 통과하게 할 수도 있습니다. 아이들이 서로 부딪히지 않도록 지나가는 방향을 정해줘야 합니다.

박스나 바구니에 넣고 태워주기

집에 있는 박스나 장난감 바구니, 빨래 바구니에 아이들을 넣고 태워줍니다. 간단하지만 아이들이 가장 좋아하는 놀이 중 하나입니다. 바퀴가 있는 블록박스 등도 훌륭한 탈것이 될 수 있는데 다만 무게중심이 앞으로 쏠리면 넘어질 수도 있으니 조심해야 합니다.

끈이나 줄을 이용한 놀이

끈이나 줄을 묶어 엄마와 아이들이 안으로 들어가 칙칙폭폭 기차놀이를 하며 집 안을 돕니다. 의자를 이용하여 양쪽으로 고무줄을 묶고 위로 건너가게 하거나 점프를 하게 해봅니다. 엄마 다리나 베개 등을 이용하여 점프를 하게 할 수도 있습니다. 또는 줄을 바닥에 일자로 펴놓고 아이에게 줄을 따라 걷게 해봅니다. 줄로 세모, 네모, 동그라미, 하트 모양을 만들고 아이에게 그 모양을 손으로 따라 그리게 하는 놀이도 할 수 있습니다.

전단지나 신문지를 이용한 놀이

신문지를 잘게 찢어서 공중에 뿌리고 놉니다. 찢어진 종이를 뭉쳐서 공을 만들어 발로 차고 놉니다. 신문지로 링을 만들어 고리 던지기를 하거나 돌돌 말아 골프채를 만들어 놀 수도 있습니다. 전단지를 이용해 비행기를 만들어 날린 뒤 아이들에게 집어 오게 하거나 종이배를 만들고 물에 띄워볼 수도 있습니다.

목욕 놀이

욕조 안에서 물감을 묻히고 스프레이를 뿌리거나 붓으로 물감을 칠하게 합니다. 이런 놀이가 부담스럽다면 물총을 쏘거나 물놀이용품을 가지고 놀게 합니다. 다만 욕조가 미끄러울 수 있으니 미끄럼방지장치를 붙이는 것도 좋습니다. 작은 자동차나 주방놀이의 그릇과 야채들을 욕조에 넣고 '오늘은 세차하는 날', '오늘은 설거지 하는 날' 등으로 이름 붙여서 목욕하며 장난감도 씻게 합니다. 이때 붓이나 못 쓰는 칫솔을 주고 닦게 하면 아이들이 더 즐거워합니다. 윈도우 크레용이 있다면 벽에 그림을 그리게 할 수도 있습니다. 윈도우 크레용은 물에 잘 지워지기는 하나 타일 틈 사이에 들어가면 색이 안 빠질 수도 있다는 것이 단점입니다.

숨바꼭질 놀이

쉽게 할 수 있으면서도 아이들이 가장 좋아하는 놀이 중 하나가 숨바꼭질 놀이입니다. 쌍둥이이기 때문에 더 역동적으로 놀이를 할 수 있습니다. 아이들을 숨게 하고 엄마가 술래가 되어 아이들을 찾는데, 아직 아이들이 잘 숨어있지 못하니 보이는 데 숨어 있어도 못 찾는 척 하는 것이 포인트입니다.

의자나 미끄럼틀을 이용한 집 만들기 놀이

식탁의자 4개를 가져와서 사각형 모양으로 세운 뒤 넓은 이불을 가져와서 그 위에 크게 덮습니다. 아이들이 안에 들어가서 노는 것을 좋아합니다. 텐트나 인형집이 없어도 아이들이 재미를 느끼고 숨을 수 있기 때문에 더 좋아합니다. 미끄럼틀이나 책상 식탁 위에 얇은 이불을 덮어줘도 근사한 동굴이 완성됩니다. 아이들은 동굴 같은 공간을 좋아하기 때문에 이 안에서 신나게 놀 수 있습니다.

무궁화 꽃이 피었습니다

그냥 하면 재미없을 수도 있으니 엄마가 벽에서 "무궁화 꽃이 피었습니다"를 외치고 아이들이 와서 공을 담아 도망가게 하는 식으로 변형해서 할 수도 있습니다. 아이가 아직 어리기 때문에 "무궁화 꽃이 피었습니다"를 외치면 움직이지 않아야 한다는 규칙을 익힐 수 있도록 도와줘야 합니다. 동요 〈그대로 멈춰라〉를 자주 부르면 움직이지 않고 멈추는 것에 대한 규칙을 익히는 데 도움이 됩니다.

상자 쌓기 놀이

상자를 크기별로 높이 쌓게 합니다. 그리고 쌓은 상자를 다시 쓰러뜨리게 합니다. 상자를 쓰러뜨릴 때 스트레스를 해소할 수 있어 아이들이 즐거워합니다. 또는 상자 안에 물건들을 집어넣고 주고받는 놀이도 할 수 있습니다.

두루마리 휴지 쌓기 놀이

두루마리 휴지를 아이 키만큼 쌓아보거나 굴려볼 수 있습니다. 또는 휴지를 징검다리처럼 놓고 건너가는 놀이를 해보아도 좋습니다. 다만 휴지를 많이 뜯는 아이라면 이 놀이는 피하는 것이 좋습니다.

보물찾기 놀이

아이가 좋아하는 장난감이나 물건 중 하나를 감춰두고 아이에게 찾게 합니다. 아이가 숨긴 물건을 찾을 만큼의 월령이 되지 않는다면 반대로 아이에게 숨기게 하고 엄마가 찾을 수도 있습니다.

동화책의 내용을 응용한 놀이

동화책을 읽은 후에 내용에 맞는 동작이나 상황을 설정하여 아이들과 함께 놀이를 즐기는 방법입니다. 예를 들어, 그림책 『곰 사냥을 떠나자』를 읽은 다음에 베개나 이불, 방석 등을 이용하여 책 내용과 같이 건너가 봅니다. 그리고 방에 들어가 이불 속에 숨은 다음에 곰이 나타나면 도망을 갑니다.

또 『아기 돼지 삼형제』를 읽은 후에 베개나 이불, 블록 등을 이용하여 집을 만들고 엄마가 바깥쪽에서 쓰러트립니다. 이런 놀이는 아이들로 하여금 동화책의 내용을 더 흥미 있게 기억하게 만들고 이야기의 즐거움을 느낄 수 있어 좋습니다. 엄마가 실감나게 연기하면서 아이들에게도 연기를 유도하는 것이 중요합니다.

간단한 체조

한 다리로 누가 더 오래 서있나 해보는 학다리 서기, 낮은 물건 혹은 엄마 다리 위에서 점프하기, 훌라후프에서 다른 훌라후프로 뛰어보기, 앞구르기 등 간단한 체조를 하는 것도 아이들이 좋아합니다.

같이 요리하기

엄마가 하는 요리를 따라하고 싶어하고 전반적으로 얌전한 아이들이라면 요리활동을 같이할 수 있습니다. 야채를 썰거나 달걀을 깨트리고 젓게 하거나 주먹밥을 만들게 하는 등 요리에 동참하게 합니다. 케이크 만들기의 경우, 장식이나 과일을 얹는 등 마무리를 하게 할 수 있습니다.

스티커 붙이기 놀이

커다란 종이에 밑그림을 그리고 스티커를 아이들에게 붙이게 합니다. 예를 들어, 밑그림으로 바다 그림을 그리게 한 후 물고기 스티커를 붙이게 하거나 나무 그림을 그리고 과일 스티커를 붙이게 하는 등 직접 꾸미게 합니다.

야채 도장 찍기나 손바닥 발바닥 물감 찍기 놀이

당근이나 감자 등 단단한 야채로 도장을 만든 뒤 물감을 묻혀 도장 찍기 놀이를 할 수 있습니다. 야채를 단면으로 자르고 간단한 모양을 새긴 뒤 아이들에게 도장을 찍게 합니다. 또는 손바닥이나 발바닥에 물감을 묻혀 찍기 놀이를 할 수 있습니다. 바닥에 신문지나 비닐을 깔고 하면 뒤처리가 더 쉽습니다.

버스 놀이, 버스정류장 놀이

의자를 나란히 놓고 버스나 기차를 타고 어디를 갈까 하는 놀이입니다. 혹은 붕붕카가 있다면 정류장 위치에 의자를 놓고 붕붕카를 기다리며 번갈아 태우기를 할 수도 있습니다. 이런 놀이는 붕붕카로 다툼이 있을 때 더 유용하게 할 수 있습니다. 아이들이 번갈아가면서 운전하게 하고 엄마가 옆에서 "이 버스는 어디로 가나요"라고 물으면 아이들은 "놀이공원", "동물원"이라고 답을 하고 신나게 출발합니다.

시장놀이

바구니나 장난감 카트를 가지고 다니면서 집안의 장난감 소꿉놀이의 야채들을 쇼핑하고 계산해보는 역할놀이입니다.

아이가 좋아하는 것 중심으로 놀아준다
보통 아이들은 각자 좋아하는 놀이가 있습니다. 블록, 인형, 자동차, 퍼즐 등 아이가 좋아하는 장난감을 늘 손닿는 곳에 놓아두고 쉽게 놀이를 시작할 수 있도록 도와주세요. 아이가 충분히 몰입해서 논다면 각자 스스로 잘 놀 수 있게 두고 아이가 싫증을 내면 다른 놀이로 자연스럽게 이끌어주세요.

아이들 눈높이에 맞춰서 함께 놀아준다
아이와 즐겁게 놀아주기로 결심했다면 아이의 눈높이에 맞춰서 놀아주는 것이 중요합니다. 엄마 관점에서 바라보면서 놀이를 이끌지 말고 아이의 눈높이에 맞춰서 놀이를 이끌어보세요. 엄마 스스로도 즐길 수 있어야 합니다. 아이들은 열심히 놀아주는 사람보다는 즐기면서 놀아주는 사람을 더 좋아합니다.

내가 못하는 부분은 다른 사람(아빠)이나 외부 활동으로 보완한다
사람마다 타고난 능력이나 취향이 다르므로 엄마가 모든 놀이를 다 해줄 수는 없습니다. 역할놀이는 잘하나 미술놀이는 못 해줄 수도 있으며 그 반대일 수도 있습니다. 따라서 본인이 가장 자신 있는 놀이를 주로 해주면서 놀고 자신이 부족한 부분은 아빠와 함께 놀 수 있도록 하거나 문화센터를 이용해볼 수 있습니다.

아이디어가 떠오르면 곧바로 실행에 옮긴다
아이들과 놀아줄 아이디어가 떠오르면 미루지 않고 바로 실행에 옮깁니다. 예를 들어, 정리를 하다가 줄을 발견했는데 이것으로 기차놀이를 하면 재미있겠다는 생각이 들면 바로 아이들과 해보는 것도 좋습니다.

집 안이 어질러지는 것에 너무 연연해하지 않는다
아이들과 잘 놀아주지 못하는 엄마들의 성향 중 하나는 집 안이 어질러지는 것을 싫어한다는 점입니다. 아이들과 놀아줄 때만이라도 어질러지는 것에 신경 쓰지 말고 마음껏 놀 수 있게 해보세요. 예를 들어, 신문지로 종이 찢기 놀이를 했다면 놀이를 끝내고 난 뒤 온 집 안이 찢어진 신문지로 뒤덮여 있을 것입니다. 이것을 큰 봉투에 아이들 스스로 담게 해보세요. 아니면 찢어진 신문지를 동그랗게 공처럼 말아 테이프로 붙인 뒤 공놀이를 하는 등 놀이 후에 정리하는 것도 재미있는 놀이로 만들어볼 수도 있습니다.

아이들이 잘 놀 때는 아이들이 원하는 방향을 따른다
두 돌 전의 아이들은 엄마가 아이들을 리드하며 적극적으로 놀이를 유도하는 것이 좋습니다. 그런데 아이들이 각자 몰입해서 잘 논다면 굳이 엄마가 다른 놀이를 유도해가며 아이의 몰입을 방해할 필요가 없습니다. 두 돌이 넘어가면 어떤 아이들은 자기만의 놀이에 빠져들기도 합니다. 이때는 아이들이 하고자 하는 방향에 맞추어 따라가면 됩니다.

리액션을 크게 하고 감탄사나 반응을 과장한다
아이들과 놀아줄 때는 목소리의 톤도 조금 높게 이야기하도록 해보세요. 아이가 어릴수록 엄마의 소리뿐 아니라 몸짓에도 민감하게 반응하기 때문에 동작을 보다 크게 해야 아이들이 더 잘 받아들입니다. 엄마의 반응이 빠르고 클수록 아이도 즐거워하며 엄마와의 놀이에 집중할 수 있으니, 엄마가 먼저 적극적으로 반응해주세요.

양보다는 질이 중요하다
세 돌 이전의 아이들에게는 인지나 학습보다는 얼마나 열심히 놀아주느냐가 중요합니다. 다만 양적인 시간에 너무 얽매이지는 마세요. 직장맘이라 놀아줄 시간이 부족하다면 단 한 시간을 놀아주더라도 아이가 만족감을 느낄 수 있도록 놀아주면 됩니다.

 쌍둥이 놀이법

Q 둘이서 집 안에서 뛰고 놀면 층간소음 때문에 불안해요. 어떻게 대처하나요?

A 돌이 지난 아이들은 걷기 시작하고, 걸음에 익숙해지면 뛰기 시작합니다. 이 시기의 아이들은 말귀를 알아듣는다고는 하지만, 하지 말라고 해서 제어할 수 있는 것도 아니며 조금 더 커서도 아이들이 뛰어다니는 것을 통제하기란 상당히 어렵습니다. 특히 쌍둥이는 한 아이가 하는 행동을 다른 아이가 따라하려는 경향이 있어서 사고의 위험도 더욱 클 뿐 아니라 활동성이 강한 아이들로 인해 층간소음 문제가 발생할 수 있습니다. 실제로 층간소음 문제 때문에 아예 1층으로 이사를 간 경우도 많습니다. 시중에 다양한 소음방지용 매트가 나와 있지만, 아이들이 다니는 집안 전체를 매트로 깔기에는 비용도 만만치 않을뿐더러 청소하기도 어렵습니다.

낮에는 아이들이 바깥에서 충분히 에너지를 발산할 수 있도록 도와주고, 집 안에서는 무조건 뛰지 말라고 하기보다는 차분히 앉아서 할 수 있는 놀이로 유도해보세요. 앉혀놓고 책을 읽어준다든가, 블록 쌓기, 스티커 붙이기, 그림 그리기, 퍼즐 맞추기 등 월령에 맞는 놀이를 다양하게 활용하여 아이들과 앉아서 지내는 시간을 늘리는 것도 좋은 방법입니다. 특히 저녁시간에 너무 활발한 활동을 하는 것은 수면에도 방해가 되니 정적인 활동을 다양하게 활용하여 저녁시간을 보내보세요.

활동이 많아지는 월령에 계절적인 영향으로 바깥활동을 하기 힘들다면, 트램폴린이나 침대 매트리스를 거실이나 방에 깔아서 아이들이 활동할 수 있게 해주거나, 방 하나에 두툼한 이불을 전부 깔아놓고 김밥말기, 이불에 올려놓고 끌어주기, 앉아서 하는 체조 등의 놀이로 아이들의 신체활동을 늘려주는 것도 좋습니다. 엄마와의 신체놀이는 뛰고 구르는 활동량이 요구되는 아이들에게 욕구를 해소해줄 수 있을 뿐 아니라 엄마와의 애착관계에도 더 큰 도움이 됩니다.

하지만 무엇보다 층간소음은 이웃 간의 이해와 배려가 필요한 문제입니다. 같이 생활하는 엄마가 보기에는 심하게 느껴지지 않는 소음일지라도, 아이들은 체중을 실어 걷고 뛰기 때문에 아이들의 발걸음에도 아래층에서는 많이 울릴 수 있습니다. 평소 이웃 간의 인사에 신경 쓰고, 시간 날 때 아이들과 미리 찾아가 인사를 해두는 것이 이웃 간에 잘 지낼 수 있는 요령이 아닐까 합니다.

0~3세를 위한 유아교육

홈스쿨 방문 수업

앉기 시작하면서부터 시작할 수 있는 대표적인 영유아 대상의 홈스쿨로는 몬테소리, 프뢰벨, 신기한 아기나라 등이 있습니다. 이런 홈스쿨들은 대부분 전집이나 교구를 구입해야만 수업을 받을 수 있고, 월교육비로 5~9만 원 정도를 내야 하므로 교구나 전집의 신중한 선택이 필요합니다.

그룹수업에 비해 홈스쿨은 유아와 선생님과의 일대일 학습이므로 아이가 좀 더 집중력 있게 수업을 받을 수 있고, 아이의 특성이나 발달 정도도 체크하기 쉽습니다. 또한 쌍둥이는 번갈아 진행한다면 다른 한 아이와의 시간을 가질 수 있다는 장점이 있고, 두 아이를 데리고 외출하기 힘든 쌍둥이의 특성상 집에서 학습이나 놀이를 보다 다양하게 해줄 수 있다는 장점이 있습니다. 아이 특성상 차이가 있겠지만, 엄마와 떨어지는 경험을 익숙한 환경인 집에서 해볼 수 있다는 장점도 있습니다.

홈스쿨 수업에 적응하는 기간이나 집중력은 아이마다 편차가 있으나, 경험 많은 선생님들은 아이들의 관심사를 이용하여 아이들의 흥미를 이끌어주기 때문에 선생님을 잘 만나는 것이 중요합니다. 까다롭거나 좋아하는 분야가 특정한 곳에 집중된 아이라면 선생님에게 아이의 특성을 미리 이야기하고 이를 고려해서 수업을 해달라고 부탁할 수 있습니다. 센터 수업과는 달리 선생님과의 일대일 수업이므로 선생님과 아이가 맞지 않을 경우는 선생님을 바꿀 수도 있으나, 앞서 말했듯이 아이들의 적응력은 차이가 있으므로 신중하게 결정해야 합니다.

초보엄마에게 홈스쿨은 아이의 학습이나 놀이자극뿐 아니라 월령별로 엄마와 아기와의 놀이방법, 양육, 아기의 발달상황을 체크하는 데 도움이 되기도 하며, 집에서 수업하기 때문에 번거롭지 않아서 좋습니다. 또한 아이들이 많은 곳에서 걸리기 쉬운 호흡기 질환이나 유행성 질환을 조금 덜 걱정해도 된다는 장점도 있습니다.

단, 두 아이가 같이 수업을 하면 수업료는 조금 절감되나, 적극적인 아이 위주의 수업이 될 수도 있고, 수업 분위기가 더 산만해질 수도 있습니다. 얌전한 아이들이라면 같이 수업하는 것이 서로 의지하는 데 도움이 되겠지만, 활동적인 아이들은 수업에 집중하는 것을 서로 방해하므로 아이의 특성을 고려해서 결정할 필요가 있습니다. 생후 30개월이 넘으면 학습지나 책읽기 등의 홈스쿨도 진행해볼 수 있습니다.

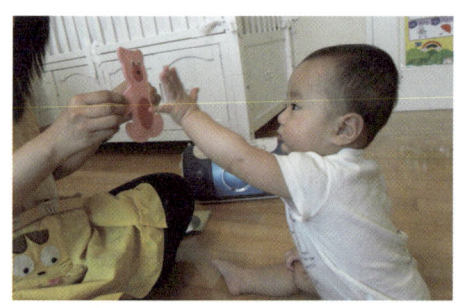

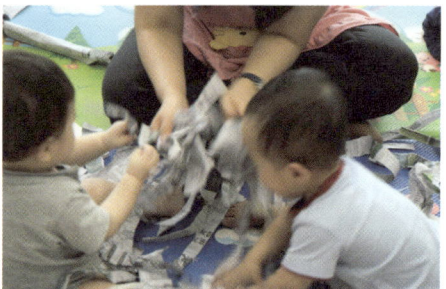

엄마표 홈스쿨

최근에는 기관에 의존하지 않고 엄마들이 집에서 계획표를 짜서 다양한 홈스쿨을 해주는 경우도 많습니다. 두 아이를 앉혀놓고 엄마가 수업을 하는 것은 쉬운 일이 아닙니다. 특히 아이들의 특성이 많이 다르거나, 한 아이가 유독 활동적인 경우 다른 아이도 휩쓸리면 같이 앉아서 무언가를 하기가 쉽지 않습니다. 그러므로 아이들의 성향을 파악해서 최소 생후 30개월 전후는 되어서 시도해보는 것이 좋으며, 남자아이들의 경우 48개월이 되어도 앉혀놓고 무언가를 하기가 쉽지 않을 수도 있으니 처음부터 무리하게 욕심을 부리지 않는 것이 좋습니다. 일단 시작하기로 마음먹었으면, 정해진 시간에 규칙적으로 진행하는 것이 좋고, 처음에는 두 명이 같이 흥미를 가질 수 있는 수업으로 일주일에 한두 번 정도로 시작합니다. 처음 시작하기 좋은 수업으로는 책을 읽고 할 수 있는 독후활동, 요리, 미술수업 등이 있습니다.

대부분 세 돌이 지나면 마음이 급해져서 한글, 수학, 영어, 가베 등 다양한 프로그램을 진행하려고 하는데, 책상에 앉는 것이나 엄마와 이런 작업을 같이하는 것이 익숙하지 않은 아이들에게는 세 돌이 지났다고 해서 바로 진행하기는 어렵습니다. 그러므로 36개월 이전부터 의자에 앉아서 잠깐이라도 책을 보거나 독후활동을 하는 등 습관을 들인 이후에 수업을 진행하는 것이 도움이 됩니다.

엄마표 홈스쿨을 위한 커리큘럼이나 활동자료들은 인터넷으로 검색을 하면 유료사이트나 인터넷 카페에서 다양하게 접할 수 있습니다. 집에서 하는 미술활동이나 요리놀이 같은 것도 인터넷으로 검색해보면 다양한 사이트에서 많은 정보를 찾을 수 있는데요. 많은 정보 속에서 가장 중요한 것은 내 아이와 즐겁게 활동할 수 있는 것이어야 하므로 다른 이의 정보를 그대로 받아들이기보다는 아이가 좋아하고 잘할 수 있는 것부터 시작해보세요.

문화센터 수업

어린이집이나 유치원을 다니기 전 가장 많이 다니는 곳 중 하나가 문화센터입니다. 문화센터는 백화점이나 마트 등에 있으며 신체활동, 인지, 음악, 언어 등의 다양한 커리

큘럼으로 진행됩니다. 문화센터 수업은 비교적 비용이 저렴한 편이며, 지점이나 수업에 따라 상이하지만 쌍둥이는 할인을 받을 수 있습니다. 문화센터 수업은 평일은 물론 토요일, 일요일에도 진행하는 수업이 있으므로 주말에 남편과 함께 수강할 수도 있습니다. 아이들은 문화센터 수업을 통해 새로운 장난감이나 교구 등을 접하며 호기심을 자극받을 수 있으며, 순서를 기다리고 활동용품을 정리하는 습관이나 규칙을 익힐 수 있습니다. 또한 기관에 다니기 전 단체생활에 대한 준비를 할 수도 있으며 다양한 수업을 접할 수 있는 기회가 되기도 합니다.

반면 한 클래스당 수강인원이 보통 15명 내외(보호자까지 포함해서 30명 이상)이기 때문에 개별적인 혹은 수준별 수업을 받을 수는 없습니다. 그리고 수업시간에 빠진다고 해서 보강이 되지 않습니다.

문화센터 수업은 엄마 혼자 쌍둥이 둘을 데리고 수업할 수 있는지가 중요한 문제인데요. 이는 아이들의 성향, 수업 종류에 따라 다릅니다. 대체로 두 돌 이전의 아이라면 주말에 아빠와 함께 가거나 다른 보호자와 함께 가는 것이 좋습니다. 엄마 혼자서는 둘을 동시에 해줄 수 없는 경우가 있기 때문입니다. 두 돌 전후라도 음악이나 간단한 미술수업 등 앉아서 하는 위주의 수업이거나, 아이들이 잘 앉아 있는 편이라면 혼자서 둘을 데리고 수업할 수도 있습니다. 그러나 신체활동 수업은 아이를 들어올리는 등의 활동이 많기 때문에 혼자서 둘을 데리고 수업하기가 힘듭니다.

문화센터 수업은 보통 학기가 시작하기 전 일일특강이 개설되어 있는 경우가 많으니 아이와 잘 맞을지 미리 들어보는 것도 좋습니다.

그 외 유아교육 기관들

퍼포먼스 미술 수업

최근 퍼포먼스 미술 수업이 인기를 끌고 있습니다. 이 수업의 가장 큰 장점은 물감, 밀가루, 진흙 등을 이용하여 집에서 하기 어려운 큰 작업을 할 수 있다는 점입니다. 특히 쌍둥이를 돌보느라 지쳐 집에서 뒤처리가 어려운 놀이를 시키기 어려웠던 엄마들에게 좋은 기회가 됩니다.

보통 퍼포먼스 미술 수업은 2명부터 인원이 구성되어 최대 4명으로 반이 구성되므로 쌍둥이 둘만으로도 수업이 가능합니다. 인원수가 적기 때문에 아이 수준에 맞는 수업이 가능합니다. 그런 만큼 가격이 비싸다는 단점이 있습니다. 수업의 종류와 지점에 따라 가격이 다른데, 보통 12회 수업(주 1회 수업에 3개월이 한 학기)에 쌍둥이의 경우 60만 원 이상의 수업비를 내야 합니다. 수업에 빠지게 될 경우 한 학기에 2회 정도까지는 보강이 가능합니다.

수업의 시작은 돌 이후부터 가능하지만 두 돌 정도는 지나야 어느 정도 원활한 수

업이 가능합니다. 엄마와 분리하여 수업을 하기 때문에 엄마와 떨어지는 연습도 해볼 수 있습니다. 수업 종류에 따라 물감놀이 수업을 한 뒤에는 엄마 혼자서 씻기고 뒤처리를 하는 작업이 힘들 수도 있습니다.

유아 놀이체육 수업

월령에 맞춘 신체발달과 놀이를 결합한 유아체육기관들이 최근 들어 더욱 다양해지고 있습니다. 기어다니기 시작하면서부터 시작하는 프로그램들도 있지만, 걸음마를 시작한 후부터 이용할 수 있는 프로그램들이 더 많습니다. 이런 곳을 선택할 때는 공간은 얼마나 넓은지, 채광이나 통풍은 잘 되는 곳인지, 수업에 들어오는 인원과 선생님 수는 몇 명인지를 먼저 확인하는 것이 좋으며, 기관에 따라 기구를 많이 이용하는 곳이 있는 반면 매트 위에서 구르거나 뛰기를 더 많이 활용하여 게임식으로 진행하는 곳도 있으므로 아이의 발달이나 성향, 엄마가 원하는 방향을 고려하여 선택해야 합니다.

아이들의 대근육 발달은 뇌 발달과도 큰 연관이 있으므로 뒤집기 전부터도 엎어놓는 것이 좋다고 할 만큼 다양한 자극을 주는 것이 좋습니다. 기고 잡고 서고 걷기 시작하면 아이들의 활동은 더 다양해지고 요구도 많아지므로 활동량이 많은 남자아이들의 경우 신체운동을 많이 해주는 것이 아이들도 즐겁고, 에너지 발산에도 큰 도움이 됩니다.

또한 이런 전문기관에서의 활동은 아이들의 발달 특성에 맞추어 오르내리고 점프하고 매달리기 등의 다양한 신체활동을 통해 아이들의 성장발달을 돕고 성취감을 느끼게 해주어 아이들이 자신감을 가지는 데 도움이 되며 그룹 활동을 통해 질서의 개념을 배우는 데도 도움이 됩니다. 타고난 성격이 소극적이더라도 반복적인 활동을 통해 신체활동에 자신감을 얻어 놀이터 같은 곳에서 기구를 이용하는 데 자신감 있게 행동할 수 있게 됩니다.

하지만 이런 기관은 보통 생후 36개월 전까지는 한 아이당 한 명의 보호자를 필요로 하므로 쌍둥이를 데리고 가는 경우는 한 아이를 맡기고 번갈아가거나, 다른 보호자와 동반해야만 참가할 수 있다는 것이 가장 큰 단점이며, 기구나 시설의 사용 특성

상 가격이 다소 비싼 편입니다. 또한 같이 활동해야 하는 어른들에게도 체력소모가 커서 할머니, 할아버지와 함께 가기에는 힘들 수도 있습니다.

음악센터 수업

최근에는 음악수업도 다양해지고 있는데 음악센터 수업은 간단하게는 노래와 율동을 하는 수업부터 여러 악기를 만져보고 다양한 소리를 들으며 실제로 연주까지 해보는 수업까지 여러 형태의 센터들이 있습니다.

보통 음악센터 수업은 그룹형식으로 약 10명의 학생과 보호자가 함께하는 식으로 진행되며, 월령에 따라 다른 프로그램으로 구성되어 있습니다. 어릴수록 악기를 연주하는 것보다 음악을 듣고 노래 부르는 것 위주의 활동이나 악기 외에도 여러 가지 도구들에서 나는 다양한 소리를 접하는 활동을 많이 하며, 월령에 맞는 신체놀이나 인지놀이를 접한 음악수업을 같이 진행하는 경우가 많습니다. 전문적인 악기를 시작하는 것은 보통 만 4세가 되어야 가능하므로 그 이전의 수업들은 아이의 청각을 자극하고, 음감, 리듬감을 발달시키는 데 도움을 주는 프로그램들로 구성되어 있습니다. 이런 음악센터 수업들 중 몇몇 프로그램들은 문화센터에서 같은 이름으로 진행되는 수업도 있습니다. 문화센터 수업과의 차이점이라면, 문화센터에는 선생님이 그날 프로그램에 맞는 악기나 도구들을 준비해 와서 수업하는 것에 반해 음악센터 내에는 보다 다양한 악기들이 구비되어 수업시간에 더 많이 활용할 수 있다는 점이고, 대부분 음악센터 수업에서는 기본적으로 피아노 반주를 곁들일 수 있다는 장점이 있습니다.

0~3세를 위한 유아교육 Q&A

Q 집에서 홈스쿨을 하려고 해요. 어떤 수업을 받을 수 있나요?

A 돌 전에 홈스쿨을 시작하는 경우도 있지만, 홈스쿨을 가장 많이 고려하게 되는 시점은 두 돌 전후로 아이들이 말귀를 잘 알아듣고 의사표현을 말이나 행동으로 할 수 있으며 앉아서 무엇인가를 하기 시작할 때입니다.

홈스쿨은 통합적 교육을 하는 홈스쿨, 수학, 한글, 영어, 가베 등이 있습니다. 통합 홈스쿨은 몬테소리나 프뢰벨 등이 있는데 모두 교재를 별도로 구매해야 합니다. 리틀 몬테소리는 생후 30개월 정도부터 수업이 가능하고, 프뢰벨 다중지능은 레벨에 따라 가능 시기가 다른데 레벨 1은 생후 20개월 정도부터 가능합니다. 수학은 모두 만 3세 이후부터 가능한 프로그램들이 많습니다. 한글 홈스쿨은 한솔, 대교, 프뢰벨, 몬테소리 등에서 나오고 있으며, 시작은 생후 24개월 이상부터 가능하지만 너무 일찍 시작할 필요는 없습니다. 영어 홈스쿨은 한솔의 신기한 영어나라, 튼튼영어, 몬테소리의 스토리붐붐, 몬테소리 영어만세, 프뢰벨의 마더구즈 등 여러 곳에서 출시가 되었는데요. 만 2~3세부터 시작할 수 있고, 모두 교재를 함께 구입해야 합니다. 가베의 경우, 몬테소리 메르토이가베, 오르다 자석가베, 기탄가베, 해법가베, 플레이가베, 글렌도만 가베 등에서 출시되었고, 가베를 직접 구입해야 수업이 가능합니다.

Q 쌍둥이가 홈스쿨을 하려면 따로 수업을 받아야 하나요, 같이 받아야 하나요?

A 홈스쿨은 같이할 수도 있고, 따로 받을 수도 있는데, 수업의 특성에 따라 차이가 있겠지만, 두 아이의 인지발달이 비슷하다면 홈스쿨을 같이하는 것이 서로 의욕을 높여주고 차례를 기다리는 것을 배울 수 있어 좋습니다.

두 돌이 지나면 같이 수업을 하는 것보다 따로 수업을 받는 것이 효과적입니다. 그 이유는 아이들마다 발달속도가 다르기 때문에 비교가 되는 면도 있고, 간혹 차이가 나게 되면 한쪽 아이가 스트레스를 받을 수 있기 때문입니다.

Q 쌍둥이라 키우는 데 바빠 교육에 신경을 못 쓰고 있어요. 너무 늦은 건 아닐까요?

A 지금 시기는 엄마와의 관계 형성이 중요한 시기이므로 충분히 놀아주고 있다면 교육에 그리 치중하지 않아도 됩니다. 쌍둥이를 먹이고 놀아주는 것만으로도 큰일을 하고 있는 것입니다. 이 시기의 교육이란 비싼 교구나 교육 프로그램으로 하는 것은 아닙니다. 대신 엄마가 아이들에게 많은 기회를 제공하고, 아이에게 다양한 것을 체험하게 해주는 것이 중요합니다. 집 안에서 많이 시간을 보내야 한다면 일상생활에서 엄마가 하는 것을 체험하게 해주고, 다양한 물건을 만져보거나 냄새 맡게 해주는 것도 교육이라고 할 수 있습니다.

장기적으로 보더라도 교구를 통한 교육이 실제 학습과는 연결되지 않을 수 있습니다. 놀이나 엄마(주 양육자)와의 애착관계를 통해 정서적 안정감을 가지게 하는 것이 더 중요하며, 학습은 세 돌이 지나서 시작해도 늦지 않습니다.

놀이활동을 할 때는 말로만 설명하지 말고 동작으로 직접 설명해주는 것이 좋습니다. 엄마가 먼저 천천히 그 과정을 직접 보여주고 아이가 실수를 하더라도 직접 할 수 있는 기회를 주는 것이 필요합니다. 그리고 엄마가 모두 다 완벽하게 해줄 필요는 없습니다. 아이가 실수하더라도 혼자 할 수 있는 방법을 깨우치는 것이 나중에 더 수월할 수 있습니다.

책읽기 교육

월령별 책놀이법

이 시기의 아이들에게 책은 장난감이 될 수도 있고 즐거운 놀이터가 될 수도 있으므로 자연스럽게 책과 친해지는 기회를 만들어주도록 합니다. 생후 36개월까지 매 시기마다 책을 읽어주는 방법이 다를 수 있으니 시기별 특성을 고려하여 책을 읽어주세요. 또한 교육적 효과를 생각해서 책에 흥미가 없는 아이에게 과도하게 책읽기를 해줄 필요는 없으며 자연스럽게 책을 접할 수 있도록 유도해주는 것이 좋습니다.

0~12개월

아이들이 이야기를 이해할 만한 시기는 아니므로 그림을 보여주는 것에 초점을 맞추어 책을 보여주세요. 아이들이 일상생활에서 자주 접하는 사물이나 친숙한 느낌을 주는 동물들이 나오는 책을 선택해서 보여주는 것이 좋습니다. 이 월령의 아이들은 무엇이든지 물고 빨고 하는 시기이므로 두꺼운 보드북이나 사이즈가 작은 책이 적당합니다. 장난감처럼 가지고 놀 수 있는 헝겊책이나 누르면 소리가 나는 오디오북도 이 시기 아이들이 좋아하는 책들입니다. 이 시기에는 책을 처음부터 끝까지 읽어줄 필요는 없으며 아이가 책에 관심이 없으면 그냥 한 장만 읽어주고 가지고 놀게 해도 좋습니다.

12~24개월

하루 중 일정한 시간을 정해서 책을 규칙적으로 읽어주면 좋습니다. 아침에 일어났을 때 혹은 밤에 잠자기 전 30분 정도 책을 읽어주는 등 규칙을 정해 반복적으로 책을 읽어주세요. 엄마가 가운데 앉고 아이들을 양옆에 앉게 하여 책을 보여주거나 아이들을 같이 앉히고 엄마가 앞에서 책을 읽어줄 수도 있습니다.

만약 아이가 특별히 좋아하는 책이 있다면 반복해서 읽어주어도 좋습니다. 책을 읽어주는 데 아이가 안 본다고 해서 책보기를 강요할 필요는 없습니다. 되도록 컨디션이 좋을 때, 책을 수시로 보여주세요.

내용을 모두 이해하기는 힘든 시기이니 한두 줄 정도의 짧은 내용의 책을 선택하는 것이 좋습니다. 의성어나 의태어 등이 많이 나와 있는 리듬감 있는 책이나 반복적인 문구나 내용이 들어있는 책 등도 이 시기 아이들이 좋아하는 책 종류 중 하나입니다. 일상생활에서 접할 수 있는 생활동화 등을 읽어주어 식사습관이나 생활습관 등을 자연스럽게 익힐 수 있게 해주는 것도 좋습니다. 특히 배변훈련을 시작하기 전에 이와 관련된 생활동화 등을 많이 접할 수 있게 하면 많은 도움이 됩니다.

또한 책읽기를 즐거운 놀이로 생각할 수 있도록 책을 이용하여 집을 짓거나 징검다리 놀이나 도미노 놀이를 하는 등 책을 익숙하고 친근하게 느낄 수 있도록 도와주는 것도 좋습니다.

25~36개월

아이들의 언어가 발달하면서 책에 많은 관심을 보일 시기입니다. 아이들에 따라 편차가 있을 수는 있으나 아이가 이야기나 내용에 관심을 보이기 시작하면 본격적으로 책을 읽어주도록 하세요. 이 시기에는 책읽기를 통해 사물인지를 할 수 있고 언어발달을 이끌어낼 수 있습니다. 아이들은 책에 나온 사물을 반복적으로 보며 대상에 대해 인식할 수 있고 사물인지를 통해 언어도 습득할 수 있게 됩니다. 또한 책을 많이 읽어주면 그림을 통해 연상력과 상상력이 발달할 수 있으므로 이 시기에는 다양한 책을 읽어주는 것이 좋습니다. 다만 과학적 지식이 나오는 동화나 전래동화 등도 글밥이 많지 않은 범위 안에서 읽어주세요.

이 시기는 아이들이 문장으로 말을 하려고 하는 시기이므로 책을 읽어줄 때도 문장 전체를 읽어주는 것이 좋습니다. 아이들이 책을 읽으면서 질문할 때는 성의 있게 답변해주세요. 책을 읽어줄 때는 감정을 살려 책을 읽어주도록 하세요. 다양한 목소리와 풍부한 몸짓으로 구연동화를 하듯 책을 읽어주면 아이들도 재미있어합니다.

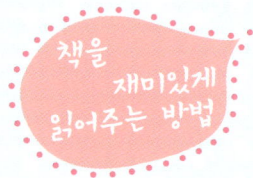
책을 재미있게 읽어주는 방법

엄마가 먼저 책을 읽어보고 내용을 충분히 파악한다
책을 읽어주기 전에 책을 읽어보고 내용을 충분히 파악한 다음, 책 표지와 제목 등으로 아이와 이야기를 나누며 관심을 유발합니다. 예를 들면, "○○에게 무슨 일이 일어났는지 우리 알아볼까?" 혹은 아이에게 책 표지를 똑똑 두드리게 하면서 "이제 우리 여기 들어가볼까?"라고 말해보는 것이지요.

찾기놀이를 하며 책읽기를 시작한다
그림책에는 줄거리 외에 그림 속에도 많은 이야기가 숨어있습니다. 앞장에서 전체를 보여주거나 크게 나온 사물이 뒷장에는 숨어있거나 부분으로 보여지는 경우도 있고, 페이지를 넘겨가며 숫자 개념을 익히는 책이라든가 주인공이 숨어있는 책들도 있습니다. 어린 월령의 아이들에게도 이렇게 찾기놀이를 하면서 책을 읽으면, 아이들이 책에 더 관심을 가지고 집중하며 책을 보게 됩니다. 예를 들면, 앞장에 보였던 자동차가 작아지거나 부분만 보인다면, "아까 그 자동차는 어디 있지?" 혹은 "어, 이건 뭘까?"라는 식의 질문을 합니다. "강아지는 몇 마리야?", "어떤 동물들이 있어?" 등 그림에 나온 사물이나 동물들을 좀 더 자세히 관찰하도록 유도합니다.

아이가 관심을 가지는 테마 중심으로 책을 고른다
남자아이들은 자동차나 탈것, 혹은 공룡에 관심을 가지고, 여자아이들은 공주 이야기에 관심을 가지게 됩니다. 이럴 때는 굳이 다른 내용의 책을 강요하기보다는 아이가 좋아하는 종류의 책을 선별하되 내용이 다른 책들로 읽어준다거나, 공룡이나 자동차가 등장하는 이야기라도 다양한 스토리의 책을 선별해서 읽어주는 것이 좋습니다. 박물관이나 동물원을 다녀왔을 때나 새로운 것을 보고 왔을 때는 그와 관련된 주제의 책을 한두 권 골라서 접하게 해주는 것도 아이들의 책읽기를 다양하고 폭넓게 확장시키는 데 도움이 됩니다.

책에 나와 있는 문장을 그대로 읽지 않아도 된다
글밥이 다소 많은 책일지라도 아이가 관심 있어 하면 "어려워서 안 돼"라고 하기보다는 그림 위주로 엄마가 요약해서 읽어주거나 아이가 이해되는 구절만 읽어주는 것도 방법입니다. 그러다가 아이가 좀 더 이해력이 생기면 조금씩 구절을 늘려가거나 이야기를 길게 해주면 됩니다. 글이 전혀 없는 그림책은 매번 같은 방식으로 읽어주기보다는 스토리를 구성해보기도 하고 중간중간 숨은 그림을 찾는 식으로 상호작용을 많이 시도하면서 읽어줍니다.

표정이나 목소리를 캐릭터에 맞게 연기한다
어른뿐 아니라 아이들도 재미나게 읽은 책을 더 좋아하고 인상도 깊게 남습니다. 잘하지 못해도 엄마가 억양이나 높낮이 등을 조절해서 성별이나 등장인물의 나이를 고려해 읽어주면 확실히 아이들이 더 잘 보고 좋아합니다.

의성어나 의태어가 있는 문장은 리듬감을 살려 읽는다
'살금살금'은 정말 기어가듯이 '살금살금', '쿵쿵' 같은 소리는 크게 '쿠웅 쿠웅' 하고 역시 목소리의 톤이나 리듬감을 살려서 읽어주는 것이 아이의 언어발달에도 도움을 줍니다. 이렇게 읽어주기 위해서는 엄마가 먼저 책을 읽어서 어떻게 읽어주는 것이 더 효과적일지 생각해보는 것이 좋습니다.

되도록 매일, 짧은 시간이라도 정해진 시간에 규칙적으로
활동적인 시간에는 신나고 큰소리로 읽어도 되는 책을 읽어주고 잠자기 전에는 차분한 내용의 이야기를 읽어주어서 잠자리에 들 준비를 하는 것이 좋습니다. 엄마가 앞에 앉아 아이들에게 책을 보여주며 마주 보며 읽어줄 수도 있고, 엄마가 가운데에 앉고 아이를 양옆에 앉혀서 책을 읽어줄 수도 있는데, 전자는 낮 시간에 추천하고, 후자는 잠자리에서의 책읽기 시간에 추천합니다.

좋아하는 책이 있다면 반복해서 읽어준다
아이들은 책의 구성이 반복적인 것도 좋아하고, 좋아하는 책을 수십 번 읽는 것도 재미있어합니다. 아이가 흥미를 보이는 책이 있다면 자주 읽어주어도 좋습니다. 같은 책을 각각 다른 사람이 읽어주는 것도 좋고요. 엄마가 읽어줄 때와 아빠가 읽어줄 때의 방식이 다르기 때문에 색다른 경험을 할 수 있습니다. 아빠도 책읽기를 해줄 수 있도록 이끌어주세요.

책읽기 교육 Q&A

Q 두 아이에게 동시에 책을 읽어줄 때는 어떻게 해야 하나요?

A 두 아이에게 동시에 책을 읽어줄 경우, 둘을 무릎에 앉혀서 읽거나 혹은 둘 다 의자나 바닥에 앉혀놓고 책을 읽어줄 수 있습니다. 이 시기에 책을 읽어줄 때는 한 번에 30분 정도 읽어주는 것이 좋습니다. 그리고 아이가 좋아하는 책이 있다면 한 책을 여러 번 읽어줄 수도 있습니다. 책은 날마다 규칙적으로 읽어주는 것이 좋습니다. 책의 종류도 읽을 책을 아이들이 직접 선택하게 하여 방으로 가져가서 그만큼만 읽어준다거나 하는 식으로 아이가 고르게 해보세요. 만약 서로 원하는 책을 읽어달라고 하거나, 자기 책만 읽어달라고 한다면 밖에서 따로 읽고 들어가는 것도 좋습니다. 두 돌 이전의 책 읽어주기의 목적은 아이들이 책과 친숙해지게 하는 데 있습니다. 물론 교육적 효과로 사물인지나 언어발달을 도울 수도 있겠지요. 그러나 이보다 더 중요한 것은 아이가 책을 친숙하게 느낄 수 있도록 하는 것이므로 아이가 좋아하는 책을 읽어주는 것이 좋습니다.

Q 책보다는 유아 TV 프로그램이나 DVD 등 영상물을 너무 많이 봐요. 어떻게 하죠?

A 한시도 가만히 있지 않는 쌍둥이를 키우면서 휴식을 취한다거나 집안일을 하기가 힘들어 아이들에게 교육용 비디오나 유아 TV 프로그램을 틀어주는 일이 많습니다. 이 시기 아이들의 적정한 시청시간은 20분씩 끊어서 보면서 전체 시청시간이 2시간을 넘지 않을 정도입니다. 어쩔 수 없이 TV를 보여주어야 하는 경우라면 엄마나 보호자가 옆에서 같이 보면서 함께 반응을 해주고 너무 가까이에서 보지 않도록 해야 합니다. 말귀를 잘 알아듣고 의사소통이 되는 아이들이라면 가장 보고 싶어하는 프로그램의 수를 정해서 그것만 보게 한다든가, 아니면 시간을 정해서 보게 하는 방법도 좋습니다.

특히 밤에 잠을 안 잔다고 해서 비디오를 틀어주는 것은 좋지 않습니다. 자야 할 시간에 영상물을 보게 되면 아이가 흥분하게 되고 더 보기 위해서 잠을 더 안 잘 수도 있으니 잠잘 시간에는 차분하게 앉아 책 읽는 습관을 들이는 것이 좋습니다. 어려서부터 잠자기 전에 책을 읽는 습관을 들이면 커서도 자연스럽게 자기 전에 책 읽는 것을 규칙으로 여기게 됩니다.

에필로그

3년, 아이와 엄마가 함께 성장하는 시간

  2009년부터 매년 쌍둥이 카페 정기모임에 참석했습니다. 첫 모임자리에 갔을 때 한 둥이맘께 들었던 이야기가 아직도 기억이 납니다. 둥이들이 아직 어렸을 때 길을 가다가 선배 쌍둥이 엄마를 만났더랍니다. 그런데 아무 말도 꺼내지 못한 채 길거리에 서서 한참을 펑펑 울었다고 합니다. 선배 쌍둥이 엄마는 그냥 말없이 등만 두드려주었고요. 그 이야기를 듣는 순간 저도 눈시울이 젖어왔습니다. 아마 쌍둥이를 키우는 엄마들이라면 아무 설명 없이도 그 마음을 이해하리라 싶습니다.

  저희 아이들은 '꿈의 세 돌'을 넘기고 어느덧 다섯 살이 되었습니다. 네 돌이 훌쩍 넘은 지금도 여전히 쌍둥이 육아는 쉽지 않다는 걸 느낍니다. 각 시기마다 힘들었던 문제들은 그 시기가 지나면 어느 정도 해결이 되기도 하지만 곧이어 또 다른 문제가 생겨납니다. 세 돌이 지난 후부터는 서로의 의사표현이 더 확실해지면서 주장을 굽히지 않는 일이 빈번해지다 보니 둘과의 싸움을 중재하는 일이 힘들었습니다. 저희 둥이들은 남자아이들이다 보니 몸싸움도 격해져서 싸움이 일어날 때마다 어떻게 중재해야 하나 고민이 계속되었습니다. 또한 서로 좋아하는 것과 즐겨하려고 하는 것이 점점 더 분명해지면서 두 아이에게 같은 활동을 시키는 것이 쉽지 않았습니다. 특히 학습의 습득이나 인지발달에 있어 차이가 두드러지게 되면 혹시나 다른 한 아이가 상처를 받지는 않을까 걱정이 되기도 했지요.

하지만 매번 새로운 문제가 발생할 때마다 가장 중요한 것은 엄마가 아이들을 믿고 기다려줄 수 있는 마음을 갖는 것이라는 걸 새삼 느낍니다. 당시에는 힘들고 속상한 일들도 지나고 보면 아이가 자라면서 스스로 고쳐나가거나 해결해나가는 경우가 많았습니다. 돌이켜 보니, 지나치게 걱정하고 조급하게 생각했을 때 육아가 배로 힘들어졌던 것 같습니다. 마음의 여유를 갖고 아이의 성장을 응원해주는 것이 엄마의 역할이라는 것, 쌍둥이 엄마가 꼭 기억해야 할 마음가짐이 아닐까 싶습니다.

지금도 아침마다 두 아이의 등원 준비로 전쟁을 치르지만 이젠 둥이들을 데리고 나서는 일이 이전처럼 힘들지만은 않습니다. 두 아이가 사이좋게 손을 잡고 등원하는 모습을 보거나 서로를 챙겨주는 모습을 보면 정말 뿌듯하기만 합니다. 몇 년째 함께해온 또래 쌍둥이 엄마들 모임에 아이를 데리고 나가면 이제는 엄마를 찾지 않고 서로 재미있게 잘 놉니다. 얼마 전까지만 해도 엄마한테서 떨어지지 않고 울고불고하던 아이가 어느새 이렇게 컸구나 싶어 늘 불안하기만 하던 마음도 이젠 제법 안정을 찾게 되었습니다. 안정과 여유가 생기다 보니 저희들도 육아 때문에 미루어놓았던 일들을 올해부터는 한두 가지씩 새롭게 시작할 수 있었습니다. 이처럼 '꿈의 세 돌'이란 것이 아이들만의 변화가 아니라 엄마도 성장하고 변화하는 시간인 것 같습니다.

이 책을 쓰면서 아이들과 나와의 문제에 대해 생각해보며 더 좋은 방향으로 나가기 위해서 노력할 수 있었고, 아이들과 함께했던 시간들을 많이 기억하고 남길 수 있어서 좋았습니다. 더 많은 이야기들을 적고 싶었지만 두 아이를 돌보느라 바빠 기록해두지 못한 부분이 아쉽기도 합니다. 또, 아이들과 나들이하고 여행하는 이야기도 많이 썼는데 지면관계상 모두 싣지 못했습니다.

아이들을 키우는 시간은 더디지만 아이들이 자라는 시간은 너무 빠르다는 걸 느낍니다. 세 돌까지의 시간은 제일 힘든 시기이기도 하지만 가장 기억하고 싶고 간직하고 싶은 시간이기도 합니다. 훗날 아쉬움이 남지 않도록 아이들과 더 많이 경험하고 더 많은 것들을 시도해보시길 바랍니다.

천하무적 쌍둥이 생생 육아
© 문화라 최호경 2012

1판 1쇄 2012년 10월 25일
1판 8쇄 2022년 6월 14일

지은이   문화라 최호경
펴낸이   김정순
책임편집 오세은
디자인   김덕오
마케팅   이보민 양혜림

펴낸곳   (주)북하우스 퍼블리셔스
출판등록 1997년 9월 23일 (제406-2003-055호)
주소   04043 서울시 마포구 양화로12길 16-9(서교동 북앤빌딩)
전자우편   editor@bookhouse.co.kr
홈페이지   www.bookhouse.co.kr
전화   02-3144-3123
팩스   02-3144-3121

ISBN 978-89-5605-609-8 13590